NOUVELLES PRATIQUES SOCIALES

Volume 4, numéro 2
Automne 1991

Dossier
La réforme vingt ans après

Sous la direction de
Denis Bourque et Clément Mercier

1992
Presses de l'Université du Québec
Case postale 250, Sillery, Québec   G1T 2R1

La publication de ce numéro a été rendue possible grâce au soutien de l'Université du Québec à Montréal, de l'Université du Québec à Hull, de l'Université du Québec à Chicoutimi, de l'Université du Québec en Abitibi-Témiscamingue et du siège social de l'Université du Québec.

Révision linguistique : Gislaine Barrette

Montage : Info•1000•Mots inc.

Nouvelles pratiques sociales est une revue avec comités de lecture.

Pour toute correspondance concernant la direction et la rédaction de la revue, s'adresser à :

Secrétariat de *Nouvelles pratiques sociales*
Département de travail social
Université du Québec à Montréal
C.P. 8888, Succ. A
Montréal (Québec)
Canada H3C 3P8

Pour toute correspondance concernant les abonnements, les autorisations de droits d'auteur et la publicité, s'adresser à :

Presses de l'Université du Québec
C.P. 250
Sillery (Québec)
Canada G1T 2R1

Sommaire

❖ **Éditorial**

La réforme
vingt ans après

Clément MERCIER
Département de service social
Université de Sherbrooke
et Denis BOURQUE
CLSC Jean-Olivier-Chénier

À la mémoire d'Hélène Caron-Gaulin

Avant toute considération de contenu, il importe de signaler que la préparation du dossier du présent numéro a été initiée par une équipe plus large que les deux personnes signataires du présent texte.

Avec nous, au départ, il y avait Jean-Bernard Robichaud. Assumant depuis l'automne 1990 les fonctions de recteur de l'Université de Moncton, il n'a pu maintenir sa participation à l'élaboration du dossier; malgré la distance physique et psychologique créée par cette nouvelle tâche, il a quand même collaboré activement en acceptant de se prêter au jeu de l'entrevue du numéro. Pour cette contribution et pour sa collaboration à l'élaboration du numéro, nous tenons à le remercier chaleureusement.

Dans l'équipe initiale, il y avait aussi Hélène Caron-Gaulin, à qui nous voulons dédier ce numéro.

Hélène est décédée l'automne dernier, des suites d'un cancer qui l'a emportée en l'espace de quelques mois. Nous tenons à ce que ses proches et les personnes qui l'ont côtoyée et appréciée sachent que son départ nous laisse nous aussi orphelins. Présente au Comité de rédaction de la revue depuis 1989, Hélène nous apportait le témoignage vivant d'une pratique sociale engagée, critique et constamment en recherche de renouvellement. Elle incarnait pour nous le modèle de l'intervenante soucieuse et capable de relier théorie et pratique, et nous apportait non seulement le vécu du terrain, mais des analyses et questionnements originaux au regard des orientations de la revue. Ce numéro sur la réforme, elle a activement contribué à en définir la thématique et elle devait en être une artisane par sa participation à la production d'un texte. Des changements au plan de sa vie professionnelle l'ont détournée de ce projet et la maladie l'a empêchée de participer avec nous à la finalisation du numéro. Nous tenons néanmoins à l'y associer, en espérant que ce numéro nous aide tous et toutes à garder d'Hélène Caron-Gaulin un souvenir bien vivant.

Il y a eu 20 ans en décembre 1991 que le fameux projet de loi 65 sur les services de santé et les services sociaux était voté à l'Assemblée nationale du Québec. Lancée dans la foulée de la vaste entreprise de modernisation générée par la Révolution tranquille et directement inspirée des premiers travaux de la Commission Castonguay-Nepveu, la réforme ainsi amorcée entraînera des vagues de changements profonds aux effets inégalement désirables et désirés selon les aspects considérés et les points de vue adoptés. Voulant profiter de cette occasion qui coïncide avec la « réforme de la Réforme » annoncée par « la loi 120 », la revue *Nouvelles pratiques sociales* a décidé d'en faire le thème du dossier du présent numéro.

LES TENDANCES LOURDES
DE L'ÉVOLUTION DES PRATIQUES SOCIALES

Les articles retenus présentent des analyses et des témoignages produits aussi bien par des gens de la pratique que des chercheurs universitaires. Tout d'abord, ils font une large place à l'évolution des conditions de pratique professionnelle institutionnelle et communautaire, aussi bien à travers la réforme Castonguay qu'à l'orée de la réforme Côté. Nous n'avons pas la prétention de présenter ici un bilan ou un diagnostic sur l'état des pratiques sociales; il reste que les divers témoignages et analyses proposés nous donnent, par touches successives, un portrait d'ensemble de ce qu'ont été et de ce que sont devenues les conditions de la pratique sociale. À l'instar de plusieurs analyses et témoignages antérieurs, ce portrait ne laisse guère de doute quant à l'effet d'institutionnalisation que les nombreuses transformations introduites par la réforme ont imposé aux diverses composantes de la pratique. Il apparaît manifeste qu'au regard de la pratique en établissements, les déterminants bureaucratiques et technocratiques n'ont fait que s'amplifier et se généraliser, et que la pratique professionnelle n'a eu de cesse de se réaligner sur des modèles de plus en plus « technicistes ». Dans le champ communautaire et l'action bénévole, ces mêmes déterminants ont étendu de plus en plus leur emprise, tel un champ magnétique qui cherche à influencer les pratiques alternatives et bénévoles à travers ce qui se présente de plus en plus comme la généralisation des approches communautaires dans la pratique sociale. Les orientations qui se dessinent avec la nouvelle loi (*Lois du Québec, 1991*, chap. 42) semblent ajouter à cet enfermement des pratiques en les réduisant encore davantage aux dimensions rationnelles, légales et administratives de la protection sociale et aux cadres organisationnels et méthodologiques du modèle médical et de l'épidémiologie sociale. Malgré l'ouverture plus grande que lui avait faite la Commission Rochon dans son programme de recherche et son rapport, c'est encore une fois le social qui risque de voir accentuer son statut de sous-produit et de parent pauvre du système. Il y a d'ailleurs lieu d'être inquiets et même sceptiques face à la portée réelle de cette nouvelle réforme, dont on dit qu'elle ne saurait être finalement qu'une refonte de structures, de par le manque de liens avec une politique de santé et de bien-être et l'absence indue des objectifs de résultats que devait fournir la politique promise. Par le pouvoir accru qu'elle a accordé au lobby médical, la réforme Côté semble elle-même dès le départ handicapée dans sa volonté et sa capacité de répondre aux intentions qui la guidaient et aux espoirs qu'elle a suscités. L'expérience toute récente vécue aux premières élections aux conseils d'administration des établissements en vertu de la nouvelle loi ne semble pas non plus fournir les indications d'un réel renouveau dans les efforts de démocratisation du processus électoral.

Malgré la présence de ces nuages fort sombres, il ne semble pas qu'il faille tomber dans le défaitisme. On ne peut conclure à la récupération totale du communautaire et à la complète mainmise de l'institutionnel-étatique sur le social. L'action des mouvements sociaux et celle de l'engagement professionnel et syndical au regard du renouvellement des pratiques sociales ont été et demeurent les principaux moteurs du changement. Cet aspect positif ressort malgré le refoulement que le système opère sur le social, lequel n'est jamais aussi hermétique et cohérent qu'il n'y paraît. C'est l'espoir qui nourrit nos interlocuteurs et, en même temps, l'appel qu'ils semblent finalement transmettre. Cette perception semble se dégager nettement de la table-ronde réalisée par Denis Bourque avec Françoise David, Yvon Boucher, et Paul Langlois. Elle se dégage aussi de l'analyse de Lorraine Guay sur la participation des organismes communautaires aux Plans régionaux d'organisation de services (PROS).

Selon Boucher, David et Langlois, dans les années 60, la pratique était sans doute plus artisanale, marquée parfois par l'arbitraire des élites locales

– cléricales et politiques – impliquées dans la gestion de l'assistance à forte teneur socio-économique; mais elle était aussi plus libre et plus adaptable aux réalités des milieux. La réforme a certes entraîné plus de rigueur, plus de moyens, plus de reconnaissance aussi, mais la rationalisation qui en a résulté s'est traduite par une spécialisation qui a compartimenté la pratique autour de mandats et de populations cibles et l'a « technicisée » et bureaucratisée. La situation est plus marquée dans les CSS, avec les programmes cadres, la *Loi sur la protection de la jeunesse* et le sentiment d'une perte de contrôle sur son travail. Toutefois, elle est aussi ressentie dans les CLSC, avec la CTMSP, l'avènement des programmes-cadres et l'approche des « groupes à risques ». Certes, selon nos panélistes, il y a encore place pour une intervention professionnelle engagée et novatrice, pourvu qu'on ne se soit pas réfugié dans la professionnalisation et l'hyperspécialisation des approches à la mode. L'abolition des CSS et le renforcement du volet médical des CLSC représentent cependant un danger réel pour une pratique sociale autonome et novatrice, car l'intervention sociale risque d'être plus fortement soumise au pouvoir médical.

Dans le communautaire, la pratique aurait évolué d'une récupération des initiatives communautaires locales, à une politisation étroite et stérilisante, pour ensuite donner lieu autour des années 80 à la résurgence des réseaux communautaires où l'on a pu réconcilier l'action politique et le service individuel. Avec la réforme Côté, le communautaire est certes appelé à jouer un rôle plus grand, mais rien n'est acquis sur le plan du financement et du respect de sa spécificité et de son autonomie. Les organismes communautaires feront-ils les frais de la complémentarité sur laquelle reposent les nouvelles approches communautaires et de concertation ? Pour éviter que le secteur institutionnel annexe le communautaire et lui refile les clientèles et mandats moins intéressants ou moins coûteux, il faudra entre autres que les professionnels des établissements créent des alliances et développent des complicités avec le communautaire; cela suppose que la culture professionnelle change de manière à s'ouvrir à une approche plus globale et socioculturelle, à faire plus de place à la prévention et à devenir moins psychologisante dans sa lecture des pratiques d'intervention.

LA CULTURE COMMUNAUTAIRE ET LE BÉNÉVOLAT MIS AU PAS ?

C'est à une critique serrée de cette culture professionnelle et à son pendant institutionnel-technocratique que Lorraine Guay se livre dans son article. Selon elle, la concertation à laquelle conduisent la complémentarité et le partenariat à travers les PROS comporte des risques énormes d'homogénéisation et d'uniformisation des pratiques et des modes de pensée, et ne va pas dans le sens d'une pluralisation des pratiques et de leur inscription dans les dynamiques communautaires. C'est d'ailleurs inscrit dans la logique même des « approches communautaires » dont se réclament maintenant les institutions et l'État, qui y voient bien plus des occasions d'harnacher et d'intégrer les organismes communautaires au réseau et de réorganiser ce dernier plutôt que de le réorienter. L'analyse faite par Guay des expériences de concertation indique d'ailleurs que la planification des PROS a été dominée par la logique technocratique, les opportunités de débattre les orientations et le constat qu'il est difficile de trouver des façons d'intervenir, tout comme de donner une place significative aux usagers. En somme, ce qui domine dans ces pratiques de concertation, c'est l'approche épidémiologique et la logique des services basée sur le modèle médical. Quant à la communauté, elle demeure un lieu commode de découpage administratif et un ensemble de ressources à gérer.

Quels sont alors les avantages pour les organismes communautaires de participer à ces opérations, d'autant plus que celles-ci n'assurent même pas leur consolidation financière ? Pour Guay, il y a malgré tout des gains réalisés; on pense avoir pu attaquer l'hégémonie du modèle hospitalo-médical en psychiatrie, avoir fait avancer une conception plus dynamique de la communauté et avoir fait progresser l'approche alternative dans la politique de santé mentale. En somme, c'est un nouveau terrain de lutte : il ne faut pas s'attendre à la convivialité angélique, mais il ne faut pas non plus y voir une exploitation bête et méchante du communautaire. Tout en étant conscients que la marge de manœuvre est étroite et que les dangers de récupération sont constants, les organismes communautaires veulent saisir l'occasion de faire avancer leur propre vision du communautaire et du social. Ils font le pari de tenter de profiter de toutes les tensions inhérentes à tout modèle dominant pour négocier leur participation à des conditions qui garantissent le plus possible leur identité et leur dignité de partenaires égaux.

Belhassen Redjeb nous renvoie à d'autres volets de cette pratique non institutionnelle, dans ce qu'elle a de gratuit, de spontané et d'autonome. À partir de l'examen du discours et de certaines pratiques des regroupements de centres d'action bénévole, Redjeb constate que le regain qu'a connu le bénévolat dans les deux dernières décennies passe par un processus d'institutionnalisation qui le différencie du bénévolat traditionnel, sans pour autant l'amener à s'en démarquer complètement. Cette institutionnalisation amène les pratiques d'assistance bénévole dans le champ institutionnel de l'État et de la science, d'où elles tirent de nouvelles façons de faire qui les distinguent et les rendent autonomes par rapport aux pratiques anciennes définies par l'amateurisme, la spontanéité et la référence à l'Église sur le plan normatif et organisationnel. Tout en s'appuyant sur la valeur du don volontaire qui marque l'essence même du bénévolat, le néo-bénévolat se caractérise par le second souffle qu'il prend en incorporant les savoirs développés par la science dans les domaines de l'aide et de la gestion et par les règles de reconnaissance et d'encadrement de l'État. Il fonde néanmoins sa raison d'être et sa légitimité sur l'espace démocratique qu'il contribue à maintenir dans le champ de l'assistance et sur la touche d'humanité qu'il introduit dans un système menacé par les excès de la rigueur technocratique. D'où une méfiance constante face à l'État et à l'expertise technique.

Il reste que par leur fonctionnement caractérisé par des réseaux d'encadrement de type bureaucratique, des règles de recrutement, de sélection, de formation et de contrôle de même que des modes de promotion et de financement de type technocratique, plusieurs organisations bénévoles adoptent des modes d'opération où les relations aidants-aidés empruntent largement aux organisations parapubliques et à la rationalité technocratique. Ces emprunts peuvent contribuer à renouveler la pratique sociale bénévole dans la mesure où ils aident à accroître l'efficacité des organisations. Dans les organismes communautaires et populaires, on voit se développer sensiblement les mêmes modèles, avec les mêmes risques et les mêmes craintes; dans ces cas-là, dans la mesure où l'idéologie de référence et le militantisme sont assez dynamiques pour entretenir une analyse critique et une mobilisation continue de la base, on peut arriver à préserver l'organisation de la dérive techno-bureaucratique et de la récupération tranquille. Ce qui est plus difficile dans les organisations dites de néo-bénévolat où, comme le souligne Redjeb, les référents idéologiques et institutionnels nouveaux ont tendance à être occultés par un discours autosuffisant et des pratiques d'autoreproduction. Ce qu'il faut alors craindre, c'est que le néo-bénévolat devienne un sous-produit de la culture professionnelle et du modèle institutionnel dénoncé par Lorraine Guay.

LES CSS ET LE RENOUVELLEMENT DES PRATIQUES SOCIALES

Par contre, dans l'entrevue où il nous relate sa trajectoire personnelle et professionnelle, qui coïncide pour une bonne part avec des moments forts de la réforme Castonguay-Nepveu, Jean-Bernard Robichaud nous signale que, dans son essence, même l'institution a de la difficulté à respecter la nature particulière des services sociaux professionnels. Pour lui, la mise sur pied d'un CSS aussi gros que celui du Montréal métropolitain obéissait à une logique de rationalisation fort souhaitable, avec des résultats probants. Il croyait d'ailleurs que les institutions pouvaient réellement être au service de la population; c'est ainsi qu'il voyait l'approche territoriale (plutôt que linguistique ou religieuse) comme un moyen d'adapter l'institution et l'intervention aux réalités locales. Pour éviter cependant que la politique n'intervienne indûment dans l'institutionnel, comme il en a été le témoin et la victime en quelque sorte, il favorise maintenant un modèle « public-communautaire » d'institution; par là, il veut indiquer la nécessaire marge de manœuvre dont l'institution devrait disposer face à l'État et en même temps le contrôle que la communauté doit pouvoir exercer sur la gestion et sur les approches d'intervention. Cette ouverture sur la communauté permettrait de contrer l'enflure bureaucratique qui s'est développée dans le système de services sociaux, au détriment de la nécessaire complicité qui doit lier gestionnaires, intervenants, usagers et communauté.

Cette complicité pourrait peut-être revenir plus en force dans les pratiques organisationnelles, à tout le moins entre intervenants et gestionnaires, à travers une nouvelle façon de définir, de produire et d'utiliser la recherche sociale. C'est la perspective qu'ouvre Jacqueline Martinez avec les réflexions qu'elle nous propose sur le rôle de la recherche sociale dans le renouvellement de la pratique sociale. S'inquiétant avec justesse de l'accent mis sur l'évaluation quantitative de résultats qui semble privilégiée dans la réforme Côté, – tout comme dans le *Rapport Rochon* d'ailleurs – Martinez constate que la communautarisation de la pratique suggère plutôt d'ouvrir la recherche sociale au paradigme naturaliste, plus flexible et plus sensible aux données qualitatives et subjectives. L'objectivité en soi du paradigme « classico-expérimental » est une illusion, nous dit-elle; ce qui importe, c'est de replacer la démarche scientifique dans son contexte social et d'insérer la recherche dans un processus dialectique, « où l'échange devient essentiel entre théorie et pratique, entre producteurs et utilisateurs de connaissances ». Le rapport à l'action amène la recherche à être conçue comme « le résultat d'une interaction entre un savoir systématique et une pratique consciente », les deux systèmes s'alimentant mutuellement pour développer une recherche utile à une pratique sociale nouvelle. En somme, selon Martinez, le grand défi est de réussir à renouveler une pratique sociale capable de nourrir la recherche de questions ou d'objets pertinents et valides, et de faire en sorte que cette pratique renouvelée puisse se servir des résultats de cette recherche. À cet effet, il faudra que cesse la dichotomie entretenue par les organismes subventionnaires et les chercheurs, entre recherche fondamentale et recherche appliquée et que soit comblé le fossé séparant le champ scientifique, le champ professionnel et le champ politique ou « technogestionnaire », selon l'expression de Lefrançois (1983). Il faudra aussi que ces champs s'interpénètrent. Il ne suffit pas que le champ scientifique ait le réseau parapublic comme cible; il faut aussi développer des stratégies de partage et de partenariat, incluant des mécanismes plus adéquats pour définir les besoins des milieux de pratique et leur rendre les résultats de recherche accessibles aussi bien sur le plan de l'intervention que de la planification et de la gestion. Ce qui suppose des modes précis d'interactions égalitaires et continues entre gestionnaires, intervenants et chercheurs.

D'UNE RÉFORME À L'AUTRE : QUOI DE NEUF ?

Cependant, cette ouverture à la concertation dans la recherche aussi bien que dans l'action ne pourra se réaliser pleinement qu'en reconnaissant la nécessité d'une information adéquate et transparente dans la prise de décision publique. Celle-ci doit d'ailleurs départager les décisions qui sont de l'ordre des grands choix politiques, où les jugements de valeurs et les options idéologiques jouent un rôle déterminant, des décisions d'objectifs et de mise en œuvre, où les données objectives rigoureuses doivent être disponibles à tous les acteurs concernés. C'est une des principales thèses de Bozzini et Soderstrom qui, en s'intéressant aux grandes orientations de la réforme Côté, en font l'un des éléments déterminants de sa mise en œuvre. Prenant acte des intentions et des dispositions de la nouvelle loi en ce qui a trait à la décentralisation, les auteurs y voient de bonnes raisons d'être optimistes. L'architecture d'ensemble des rapports centre-régions et l'approche de gestion par programmes paraissent aux yeux des auteurs suffisamment fonctionnelles pour les amener à parier sur les chances de voir le pouvoir régional obtenir une prise réelle sur le processus décisionnel et contribuer de ce fait à des décisions plus efficaces et adaptées. Bozzini et Soderstrom admettent qu'il reste une foule d'inconnues, à commencer par l'usage que fera le ministre des énormes pouvoirs bureaucratiques dont il s'est doté et le mode de gestion qui sera fait des accords entre les grands regroupements nationaux et le gouvernement central. De même, ils s'interrogent sur les ressources humaines qui seront affectées aux régies, ainsi que sur la place réelle que ces dernières feront aux citoyens. Si ces dangers de dérapage dépendent de l'emprise réelle que les différentes catégories d'acteurs régionaux pourront exercer sur l'arbitrage des décisions qui vont orienter la gestion du système. La qualité globale de ces décisions pourra par contre être améliorée par la qualité de l'information dont les acteurs disposeront.

Sur ce volet des systèmes d'information et de l'évaluation de programmes, Bozzini et Soderstrom avancent que les positions et décisions gouvernementales relatives aux problèmes de financement ne s'appuient pas suffisamment sur une information adéquate ou sur une évaluation réelle des effets des actions retenues. Par exemple, on n'a pas de données publiques sur l'impact des coupures budgétaires qui ont été un élément clé des politiques gouvernementales des 15 dernières années. En outre, on se préoccupe peu d'interpréter et de diffuser l'information dont on dispose.

Plus encore, on ne fait pas référence aux choix sociaux qui se cachent derrière la détermination du niveau de dépenses publiques. Ainsi, en l'absence d'informations adéquates sur les coûts réels et sur la rigueur de la gestion, la réaction publique de refus de nouvelles taxes repose davantage sur la perception de gaspillage et d'inefficacité que le gouvernement lui-même a créée.

En somme, ce que les deux auteurs proposent, c'est la mise en place d'un véritable système d'évaluation des décisions publiques, qui suppose des méthodes de gestion axées sur les résultats et non sur les moyens et la mise en place de systèmes d'information appropriés. En cela, ils rejoignent les options mises de l'avant par la Commission Rochon. À la différence de celle-ci, qui recommandait la création d'un organisme conseil de planification globale (Conseil de la Santé et du Bien-être) pour conseiller le ministre dans l'élaboration d'une politique de santé et de bien-être et dans l'évaluation des résultats à long terme, ils proposent la mise sur pied d'un organisme sur lequel siégerait des experts indépendants, avec mandat principal de rassembler et d'interpréter les données et résultats d'évaluation et de recherche disponibles, et de fournir dans le court terme des analyses approfondies de toutes les informations disponibles.

L'appel à la rigueur et à la transparence dans la prise de décision publique prend d'autant plus de sens lorsque nous regardons comment les choses se sont passées dans l'élaboration et la gestion de certaines politiques sociales. C'est ce que nous permet de découvrir notre collègue Yves Vaillancourt qui, en nous proposant une excursion historique dans le merveilleux monde des relations Canada-Québec, nous amène à découvrir l'envers du décor du développement des politiques sociales au Québec et certains aspects méconnus de l'implantation de la réforme Castonguay.

Son analyse porte sur les rapports qu'ont entretenus les gouvernements du Québec et d'Ottawa durant les 15 premières années du Régime d'assistance publique du Canada,(RAPC) soit de 1966 à 1981. Elle repose sur deux hypothèses complémentaires. Le Québec cherchait à sortir du RAPC en revendiquant un statut particulier permanent sur le plan des politiques sociales et fiscales, ce qu'il avait commencé à acquérir en obtenant par les arrangements provisoires de 1965 la possibilité de mettre sur pied ses propres programmes (assurance-hospitalisation, bien-être social), moyennant des compensations sous forme de transferts de points d'impôt complétés au besoin par des transferts financiers. Pour Ottawa, la stratégie consistait, à l'inverse, à neutraliser les concessions faites et à enlever tout statut particulier au Québec. Cette stratégie amènera le fédéral à offrir aux provinces un régime de transferts à la fois fiscaux et financiers permettant éventuellement de donner aux autres provinces le statut déjà accordé au

Québec. De la sorte, c'est le fédéral qui offre de sortir de certains programmes à frais partagés – moyennant certaines conditions bien sûr –, balisant ainsi le retrait des provinces et le court-circuitant en quelque sorte advenant que les provinces ne s'entendent pas entre elles et avec le fédéral.

La saga des relations Québec-Ottawa que Vaillancourt reconstitue pour cette époque donne au débat constitutionnel actuel un air de déjà vu. En soi, cette saga illustre bien comment les deux logiques à l'œuvre dans le contentieux Québec-Canada ne sont pas nouvelles et perdurent, indépendamment des gouvernements et des acteurs. Sur le dossier analysé par Vaillancourt, elle nous apprend que le RAPC aura finalement été un frein pour le Québec dans la mise en place de la réforme Castonguay-Nepveu : d'une part, en raison d'une vision différente de la politique des services sociaux, celle du Québec étant plus universelle et publique, celle du fédéral étant plus résiduelle et sélective; d'autre part, en raison de la stratégie du Québec qui, à partir de la fin des années 60, n'a pas été soutenue par une volonté politique ferme et constante. En outre, au début des années 70, le Québec a conçu sa réforme sociosanitaire sans s'appuyer sur le cadre de ressources que permettait le RAPC, quitte à amener celui-ci à se transformer graduellement. Ce qui était de l'ordre du possible selon Vaillancourt, puisque les fédéraux, pendant un temps, étaient prêts à envisager des changements au RAPC pour l'ajuster au régime québécois, perçu comme plus novateur. D'ailleurs, le projet de loi fédéral sur les services sociaux de 1977 (le projet de loi C-57) était une ouverture à une reconnaissance publique et universelle des services sociaux, comme en témoigne J.-B. Robichaud qui, à l'époque, s'activait à la mise sur pied de ce qui devait devenir un régime public et universel de services sociaux. Globalement donc, nous retrouvons dans les deux stratégies une différence d'approche liée à la culture, mais nous nous heurtons aussi au contexte constitutionnel : ce que le Québec désirait, c'était de sortir du RAPC, pas de le transformer. C'était de rendre permanents les arrangements provisoires de 1965, alors que pour le fédéral, tout statut particulier pour le Québec était incompatible avec sa vision nationale centralisatrice. Le plus paradoxal de toute l'histoire, comme le souligne Vaillancourt, c'est que 25 ans plus tard, le Québec est encore soumis, en référence au RAPC, aux mêmes contrôles que les autres provinces, malgré les éléments de statut particulier qu'il a obtenus en 1965.

Enfin, la place que la réforme Castonguay a accordé au social est une autre dimension de fond que Vaillancourt fait ressortir dans son texte. Pour l'équipe gouvernementale comme pour la Commission Castonguay, la « politique sociale intégrée » dont ils se faisaient les promoteurs ignoraient à toutes fins utiles les services sociaux personnels. D'une part, celle-ci, tout en étant de conception très large, était surtout orientée vers l'élargissement et l'intégration de la sécurité du revenu à travers le « revenu minimum garanti »; d'autre part, l'intégration des services sociaux et de la santé répondait plus à une ouverture sur la médecine globale et la santé communautaire – qui récupérait l'approche socio-économique et politique de services sociaux de base véhiculée par le courant de l'animation sociale –, qu'à un projet défini à partir de la vision « professionnaliste » psychosociale du service social classique. Cela nous rappelle que le rapport de la Commission Castonguay-Nepveu sur les services sociaux a été produit après la « Loi 65 », et que c'est le devis d'ensemble proposé pour la santé par la commission qui a été retenu comme infrastructure dans la législation de 1971. En pensant à la façon dont les choses se passent avec la réforme Côté, on est en droit de se demander si la faible place accordée au social dans le système sociosanitaire intégré du Québec n'est pas inscrite dans la logique fondamentale du système.

ET L'AVENIR ?

Pour conclure l'introduction au dossier de ce numéro, rappelons que ce dernier ne doit pas être abordé comme le bilan ou le diagnostic que NPS veut proposer sur l'évolution des pratiques à travers les 20 ans de la réforme Castonguay. Il s'agit d'une série de témoignages et d'analyses dont se dégage selon nous un portrait d'ensemble, sinon complet, du moins assez fidèle. Bien modestement, nous espérons aussi que notre dossier contribuera à rendre plus clairs les enjeux qui se présentent à ce moment-ci pour l'ensemble des champs de pratiques sociales. Puisse-t-il également stimuler la capacité et la volonté de parler et d'agir des acteurs sociaux concernés par les nouvelles voies dans lesquelles le réseau s'apprête à s'engager en conséquence de la refonte des structures amorcée par la réforme Côté. Jusqu'ici, celle-ci a semblé bénéficier de la caution générale des acteurs du social. Si les restructurations amorcées ne doivent pas nous entraîner dans les replis défensifs et défaitistes, il ne faut pas non plus se cantonner dans la passivité, le silence et l'appui non critique à une réforme qui contient des éléments qui, tout en étant louables sur le plan des intentions, n'en demeurent pas moins inquiétants sur le plan des enjeux reliés à l'avenir du social.

L'institution au service du social : défi impossible ?
Entrevue avec Jean-Bernard Robichaud

Danielle DESMARAIS
Département de travail social
Université du Québec à Montréal

Clément MERCIER
Département de service social
Université de Sherbrooke

Jean-Bernard Robichaud est né en Acadie où il a fait ses études primaires et collégiales, avant de compléter une maîtrise en service social à l'Université de Montréal et, après quelques années de pratique, un doctorat en service social à l'Université de Chicago. Il a occupé des postes de travailleur social et de gestionnaire au Nouveau-Brunswick. Il a enseigné le service social en Tunisie à titre de coopérant pour l'ACDI.

Jean-Bernard Robichaud a été un protagoniste dans la réforme des services sociaux mise de l'avant par la Commission Castonguay-Neveu au début des années 70. Il a fait partie de la direction générale du Centre de services sociaux du Montréal métropolitain (CSSMM) d'abord à titre de directeur des services professionnels, pendant un an et demi, puis à titre de directeur général, pendant cinq ans et demi, soit de 1977 à 1983. Depuis, il a occupé divers postes de conseiller en politiques sociales, en particulier au Conseil canadien de développement social, où il a été directeur du Bureau du Québec, de 1986 à 1990. Il a de plus participé à plusieurs recherches d'envergure et publié plusieurs ouvrages dans le domaine de la santé et des services sociaux. En particulier, il a rempli la fonction de conseiller scientifique pour les services sociaux auprès de la Commission Rochon.

Jean-Bernard Robichaud est, depuis juillet 1990, recteur de l'Université de Moncton.

Dans cette entrevue, Jean-Bernard Robichaud retrace sa trajectoire en tant qu'intervenant et gestionnaire du social. Il nous parle d'abord des possibilités et des limites de la formation qu'il a reçue en service social, puis en politiques sociales. Il expose par la suite certains des dilemmes qu'il a vécus en tant que gestionnaire des services sociaux. Il a défendu le principe de la territorialité dans la coordination des services sur le territoire de Montréal, principe déjà établi ailleurs en province. Dans cette foulée, il a mis en œuvre la centralisation des services sociaux, conscient par ailleurs des limites imposées par une gestion bureaucratique aux praticiens et praticiennes. En rétrospective, il croit qu'une gestion plus communautaire des services sociaux représente des avantages certains pour l'intervention sociale.

C'est en tant que directeur général du CSSMM qu'il a vécu les compressions budgétaires imposées par le gouvernement québécois au début des années 80. Il a ardemment combattu cette intrusion de l'État dans des institutions parapubliques et, sur le plan personnel, il en a été profondément marqué.

NPS – *Comment un jeune Acadien issu d'un milieu que vous qualifiez vous-même de rural traditionnel, en est-il venu à aller en service social, profession qui, dans les années 60, était plutôt perçue comme un métier où les femmes étaient majoritaires ?*

JBR – Comme les choix que les adolescents font confusément de façon plutôt intuitive, ce ne fut pas un choix vraiment conscient de toutes ses implications ou de son importance déterminante sur le type de personne que je deviendrais. J'ai aspiré aux études universitaires dès les premières années de l'école primaire, car déjà à cette époque la connaissance, la réflexion me fascinaient. J'étais un enfant plutôt introverti, assez timide et peu porté vers les sports. Mes parents, ma mère surtout, souhaitaient activement que je m'oriente vers la prêtrise. C'est peut-être la première véritable lutte que j'ai menée, celle de m'opposer aux vœux de mes parents et de la famille élargie, en imposant de me faire admettre au collège plutôt qu'au petit séminaire. Durant les années de cours classique, je n'avais pas vraiment d'orientation professionnelle précise. Il y avait peu de modèle professionnel dans le milieu et aucun dans ma famille. Cependant, ma mère avait une formation de maîtresse d'école, mon père avait fréquenté le collège quelques années et mon grand-père était parmi les premiers Acadiens à avoir eu accès à une formation classique.

Le principal débouché du collège classique était l'enseignement, ce qui n'avait pas d'attrait réel pour moi. Les sciences sociales commençaient à émerger au Québec, nous avions reçu au Collège de Bathurst, quelques éléments de sociologie et de psychologie. Ça représentait une nouveauté, une nouvelle lecture des phénomènes et des événements. Ainsi, une affiche de la province du Nouveau-Brunswick offrant des bourses en service social suscita ma curiosité et mon intérêt. Après une exploration très sommaire et pour des considérations très pragmatiques, comme la durée des études, je me suis inscrit à l'École de service social de l'Université de Montréal. Il y avait là un autre choix, un choix linguistique et culturel puisque que l'École de service social des provinces maritimes était de langue anglaise et elle était située à Halifax. Il ne m'est jamais venu à l'idée de m'inscrire ailleurs que dans une université du Québec, puisque le Québec représentait à l'époque, comme maintenant, une référence majeure pour les Acadiens du Nord du Nouveau-Brunswick.

NPS – *Y avait-il beaucoup d'hommes qui entreprenaient des études en service social à cette époque ?*

JBR – Quand je suis arrivé à l'Université de Montréal, à l'automne de 1963, on nous a dit que pour une première fois, il y avait une légère majorité masculine inscrite en première année. Cependant, les générations précédentes étaient largement du genre féminin. Quant à moi, j'ai toujours perçu le travail social comme traditionnellement féminin. Ce fut une profession développée principalement par des femmes, les auteures, les professeures, les intervenantes, les administratrices ont largement façonné la profession en Amérique du Nord et ce jusqu'à la fin des années 60. Cependant, les hommes qui sont entrés dans la profession assez massivement au milieu des années 60, qu'ils aient délaissé le « *casework* » ou qu'ils aient pris une orientation d'action communautaire, ont rapidement accédé à des postes administratifs. Ils ont délogé les femmes et établi une relative hégémonie sur la profession, reléguant les femmes à des fonctions d'intervention ou à des services-conseils.

NPS – *Pouvez-vous nous parler de la formation qui vous a été dispensée à l'époque ?*

JBR – J'ai fait ma maîtrise dans l'option « *casework* » en deux ans. L'intervention en service social était présentée comme un processus de résolution de problèmes, dans lequel l'intervenant « empathique » établissait une relation d'aide basée sur la confiance et le respect de la personne humaine. Les cours de méthodologie d'intervention individuelle étaient complétés par des informations sur l'approche non directive inspirée de Carl Rogers. Il y avait le service social de groupe où les processus de formation de groupe, les sociogrammes et l'utilisation des interactions entre les membres d'un groupe servaient d'initiation à l'intervention en petits groupes pour fins thérapeutiques. Il y avait des cours en organisation communautaire où les phénomènes reliés à la vie des communautés, à l'analyse des structures du pouvoir local, aux formes de leadership complétaient la formation théorique à l'intervention. Il y avait une forte composante de cours se fondant sur la psychologie freudienne, qu'il s'agisse du développement humain normal ou des comportements déviants ou anormaux. Quelques cours de sociologie, d'initiation aux méthodes de recherche, de problèmes sociaux, de sécurité sociale, d'administration et d'intervention en milieu institutionnel complétaient la formation théorique.

La formation pratique occupait une place importante dans notre cheminement, on y consacrait deux jours complets par semaine durant les quatre semestres que durait cette formation. Il y avait une exigence de thèse, qui devait démontrer que nous pouvions fonctionner au niveau conceptuel, que nous pouvions soutenir une démarche de recherche.

Après deux ans, on sortait de l'université avec une certaine identité professionnelle, on avait acquis un début de compétence professionnelle. Cependant, la formation devait se compléter dans les milieux de pratique selon un encadrement précis, la supervision, qui s'apparentait à une certaine forme d'internat.

NPS – *Alors, maîtrise en poche, comment vous insérez-vous dans la pratique ?*

JBR – Après mon diplôme, je n'ai jamais eu une heure de supervision professionnelle. Le contrat de la bourse d'étude avec la province du Nouveau-Brunswick stipulait qu'il fallait y exercer le service social pour au moins trois années. Il y avait dans la province un réseau d'agences privées qui administraient la *Loi de protection de l'enfance*. C'était les « Sociétés d'aide à l'enfance »; elles avaient un mandat régional et elles étaient établies sur la base des comtés. Toutes ces agences avaient à peu près les mêmes caractéristiques : elles étaient mal financées, elles étaient toutes petites, comptaient peu de personnel et, à quelques exceptions près, n'avaient pas de travailleurs sociaux professionnels. Le Ministère provincial de la Jeunesse et du Bien-être me destinait à la Société d'aide à l'enfance du comté de Gloucester, dont le siège social était à Caraquet dans la péninsule acadienne. La population était majoritairement rurale et d'une très grande pauvreté. Elle comptait deux points de services, deux agents formés « sur le tas » et une secrétaire. C'était une intervention en contexte d'autorité – le travail de protection était soumis à des règles strictes précisées dans la loi. L'objectif manifeste était de soutenir la fonction parentale et de maintenir l'intégrité familiale, mais l'intervention de la Société, débordée par la demande et privée de ressources, nous amenait à répérer les urgences et à retirer les enfants de leur milieu familial dans les situations les plus graves, après avoir obtenu un jugement de cour ou après avoir conclu une entente avec les parents, ce qui ressemblait d'assez près aux mesures volontaires que l'on connaît dans la *Loi sur la protection de la jeunesse* au Québec. Nous avions environ trois cents enfants placés en famille d'accueil réparties sur le territoire. Il fallait rencontrer les familles d'accueil et assurer le suivi de ces enfants. La Société agissait « *in loco parentis* » et devait répondre du bien-être de ces enfants devant la cour. Elle administrait aussi la *Loi d'adoption*.

J'ai exercé ma profession dans cette région pendant trois ans, soit de 1965 à 1968. En 1967, le gouvernement Robichaud a implanté une vaste réforme de la fiscalité provinciale, des municipalités et des services locaux, connue comme le « programme de chances égales ». Les sociétés d'aide à l'enfance et les services municipaux d'assistance publique ont été intégrés au Ministère de la Jeunesse et du Bien-être. Les bureaux régionaux du Minis-tère intégraient les deux fonctions. La *Loi de protection de l'enfance* avait été remplacée par une *Loi de services de bien-être à l'enfance*. Je me suis rapidement retrouvé en position d'autorité avec mandat de constituer trois bureaux sous-régionaux et d'exercer des responsabilités administratives et professionnelles.

Quand j'ai quitté le Nouveau-Brunswick en 1968, j'avais participé à une institutionnalisation rapide et à une croissance assez impressionnante des organismes sociaux d'une région acadienne. Les services sociaux étaient devenus publics, mieux financés, plus systématisés et plus professionnels.

NPS – *Après cette première expérience de terrain, on vous retrouve enseignant le service social en Tunisie... Quel bilan en faites-vous ?*

JBR – Sur le plan professionnel et personnel, l'expérience a été détermi-nante. Et aussi, déstabilisante. Elle a été une révolution interne : c'était sortir d'un univers culturel familier, nord-américain, occidental, judéo-chrétien. Je me suis retrouvé dans un univers islamique, nord-africain, avec des schèmes de valeurs complètement différents. J'ai véritablement vécu plongé dans tout ce qu'on apprenait en sciences sociales sur la relativité, un peu comme le relativisme culturel de l'anthropologie... Avec le moindrement de sensibi-lité, ce n'était plus théorique, ça te rejoignait, tu le vivais profondément. Très rapidement, j'ai été convaincu que le Canada ne devait pas maintenir un service social canadien là-bas à long terme. Ce qui me dérangeait le plus, c'était que les étudiants qui fonctionnaient le mieux dans nos programmes

étaient ceux qui à la limite éprouvaient de grandes difficultés de fonctionnement. Ça posait une question assez fondamentale : qu'est-ce qu'on était en
train d'implanter là-bas ? Deux ou trois ans après, il y eut une rupture brutale
de cette coopération. L'expérience avait duré près de dix ans. Maintenant,
avec un recul de plus de vingt ans, je pense que l'expérience de coopération
entre le Canada et la Tunisie a donné d'assez bons résultats en service social.
Cinq ou six générations d'étudiants ont été formées par des coopérants
canadiens et presque tous ceux qui se sont identifiés à la profession ont
obtenu une bourse pour venir étudier ici. Aujourd'hui, le service social
tunisien est animé par ces gens-là. Ce sont eux qui supportent la profession
dans leur pays, avec leurs propres schèmes. C'est très loin de ce qu'on a
essayé de faire, mais ça a une authenticité et ça fonctionne. J'en vois encore
très régulièrement, des Tunisiens. À l'Université de Moncton, on en reçoit
certains à la maîtrise en travail social. La coopération continue, mais elle a
beaucoup évolué depuis 1964.

NPS – *Après trois ans de coopération, vous vous inscrivez au doctorat à
l'Université de Chicago. Pourquoi ?*

JBR – J'avais une certaine ambivalence par rapport à la formation reçue en
service social. C'était dû en partie à ma réticence face aux tendances
« psychologisantes » qu'on y retrouvait. Pendant les premières années de
pratique, je me demandais si je n'orienterais pas plutôt ma carrière vers la
sociologie. J'étais déjà très préoccupé par le phénomène de la pauvreté et
ses effets. Après être allé en Tunisie, après avoir fait de l'enseignement et
avoir été confronté aux problèmes de développement, plutôt que de
m'orienter vers l'analyse des phénomènes sociaux, j'ai pris l'option de tenter
d'aller plus loin dans ma compréhension d'une discipline d'intervention.
Cependant, j'ai choisi une option que l'on pourrait qualifier de développement social, qui comprenait des cours d'analyse des politiques sociales,
d'organisation communautaire, d'administration sociale, d'économie et de
planification sociale. Les études de doctorat représentaient donc pour moi
un moyen de réorienter ma carrière, de sortir du « *casework* » et d'aborder
les questions de changement social dans une approche plus globale, mais
toujours dans une perspective d'intervention. Dans un sens, c'était la dernière chance que je me donnais, par rapport à la profession, que de faire le
doctorat en travail social. Si je n'avais pas acquis là une véritable identité
professionnelle, je suis certain que j'aurais quitté la profession. Vous remar-
querez que même dans mes fonctions actuelles, je continue de me percevoir
et de m'identifier comme travailleur social.

NPS – *Vous semblez satisfait de votre expérience à l'Université de
Chicago ?*

JBR – Oui. J'y ai été de 1971 à 1974. C'est là que j'ai fait la connaissance de Jean-Pierre Duplantie, un collègue que je respecte beaucoup. Nous avons beaucoup travaillé ensemble durant nos études doctorales. J'ai trouvé là une grande université. Rapidement, on t'assigne un tuteur qui est d'une grande disponibilité; il aide à démystifier l'université. Ce système de tutorat est un excellent moyen de socialisation à l'université. C'est l'un des facteurs qui aide le plus les candidats au doctorat à persévérer. Son souci premier est de s'assurer que les objectifs de formation et le programme d'étude sont articulés, précis et réalistes. Il vise à ce que les candidats terminent la thèse dans le temps dont ils disposent. On démystifie la thèse en précisant qu'il ne s'agit pas de la recherche majeure d'une vie; elle ne sert qu'à démontrer que l'on peut fonctionner au niveau requis par des études doctorales.

On nous incitait à développer une approche multidisciplinaire dans le choix des cours. En fait, il était impossible de satisfaire aux exigences du doctorat à l'intérieur de la discipline. On pourrait considérer l'offre de cours comme un libre marché. Les professeurs offrent leurs cours, les étudiants se présentent aux premiers cours en faisant un certain « magasinage ». Lorsqu'un cours représente un intérêt particulier ou spécifique, l'étudiant rencontre le professeur et établit son « contrat ». C'était de cette façon que les travaux étaient négociés. Un autre aspect qui m'a beaucoup plu à Chicago c'est l'esprit d'universalité et la tolérance qui en découlait face à la différence. Durant les années 70, il y avait une crise majeure sur les campus des universités américaines, dans la foulée de la guerre du Vietnam et des revendications du mouvement des droits civiques. Les manifestations étudiantes étaient courantes. L'Université de Chicago est une institution privée, mais les débats politiques y étaient animés. Elle a un caractère international, tant par ses professeurs que par ses étudiants. Ce que j'ai vu là, ce que j'ai expérimenté m'a beaucoup plu. Je pense que le milieu universitaire et le climat de tolérance qui existait ont fait partie de la richesse de l'expérience. De plus, les ressources documentaires étaient d'une extrême diversité et d'une grande richesse.

Maintenant, j'ai un concept d'université dans la tête et il s'est forgé à partir de mon expérience à Chicago. J'y ai trouvé des ressources énormes que je ne pouvais pas soupçonner quand j'étais en service social à l'Université de Montréal. J'ai trouvé également une forme de pragmatisme ou une forme d'empirisme dans la façon d'aborder les phénomènes, de poser les questions, de transmettre l'enseignement, que je ne connaissais pas. Si j'étais un peu réducteur, je dirais que la formation que j'ai reçue à la maîtrise était une formation de type plutôt dogmatique. À Chicago, c'était vraiment très différent. La démarche était non pas déductive mais inductive, elle partait des situations concrètes, d'un vécu, d'un problème.

NPS – *Mais le dogmatisme commande une adhésion sans distanciation critique, et sans appropriation véritable du modèle transmis. Suggérez-vous que l'empirisme que vous avez découvert à Chicago vous a permis de développer un point de vue critique?*

JBR – Dans un modèle plus dogmatique, on est plus facilement aliéné, ou passif. Le service social est une discipline d'intervention. Ce que j'aimais beaucoup dans le pragmatisme, c'est que la question centrale est vraiment très simple. Avant de faire n'importe quelle élaboration conceptuelle ou de développer un modèle, il faut d'abord identifier les faits reliés à une situation. Si j'avais à résumer ce que j'ai appris à Chicago, je le ramènerais à une seule phrase : quels sont les faits? Il existe plusieurs façons de questionner la réalité, il y a diverses formes de recherche. Qu'il s'agisse d'un problème de politique sociale ou d'une intervention, il faut d'abord comprendre les données de la question, il faut un énoncé de la problématique qui soit fondé dans une réalité.

NPS – *Mais n'y avait-il pas aussi à Chicago un modèle d'analyse capable d'éclairer ces faits?*

JBR – Oui. Il y avait effectivement des théories, des modèles conceptuels, des paradigmes accolés à cette approche empirique, mais ces théories avaient un caractère relatif. Le programme de politique sociale qui m'a intéressé ressemblait à nos programmes de formation à l'organisation communautaire, à l'animation sociale. C'est à Chicago que j'ai pris mon concept de développement social défini comme un processus de changement, mais pas n'importe quel changement : celui qui représente un progrès avec des finalités explicites. C'est plusieurs années plus tard, au Conseil canadien de développement social, que j'ai compris l'influence prépondérante de l'Université de Chicago sur ma pensée et mon approche du développement social.

NPS – *En juin 1974, en sortant de Chicago, vous êtes nommé directeur des services professionnels au CSSMM. Vous étiez de la première équipe de direction générale. Vous arrivez à la direction du CSSMM dans un moment historique où l'ancien se dissout en quelque sorte dans le nouveau.*

JBR – Oui et c'était une transformation importante dans l'institutionnalisation des services sociaux au Québec. Les CSS étaient le résultat, d'une part, de la fusion des agences polyvalentes, familiales ou diocésaines et des agences sociales à vocation spécialisée et, d'autre part, de l'intégration des services sociaux dispensés à partir d'institutions, tels les écoles, les hôpitaux, les centres d'accueil, les cours de justice, etc.

La dynamique de départ a été largement conditionnée par l'absence de consensus interne au moment de la fusion. C'était une décision qui découlait de la Commission Castonguay-Neveu, donc perçue comme externe au milieu. Ce n'était pas l'aboutissement d'un processus évolutif interne, mais le résultat d'un rapport de force entre certains acteurs. À Montréal, la direction générale de la SSSF[1] a réussi à imposer sa vision et son modèle d'organisation des services sociaux dans la création du CSSMM. Le directeur général de la SSSF (Roger Prud'homme) visait l'institutionnalisation des services sociaux qui devenaient publics avec la réforme. Il partageait avec d'autres acteurs sociaux, dont certains cadres du Ministère, un projet d'établissement qui comprenait des aspects de modernisation, de rationalisation, de bureaucratisation et de centralisation. Pour faire une analogie avec la société de consommation, le CSS devait être le « supermarché » des services sociaux.

NPS – *Parlez-nous des défis que vous avez tenté de relever au sein du CSSMM, comme Direction des services professionnels (DSP).*

JBR – La DSP était une direction-conseil, alors que la Direction de la gestion des programmes, c'était la ligne hiérarchique, le cœur des opérations. Sous le DSP, se retrouvaient des fonctions diverses que nous avions articulées autour de quatre concepts : 1) la programmation, qui devait proposer les programmes d'intervention que l'on appelait programmes cadres; 2) la planification, qui devait définir les grandes orientations et la mission de l'établissement. On n'a jamais très bien réussi à faire la distinction entre la planification et la programmation; 3) les normes et standards, où l'on proposait les normes de qualité, où l'on traitait les plaintes, où l'on élaborait les normes pour la tenue des dossiers de la clientèle; 4) la recherche, qui réalisait divers projets de recherche et études.

Nous avions proposé que l'établissement adopte le fonctionnement par objectif. On tentait de définir des programmes d'intervention pour des catégories de clientèles, par exemple, les personnes ayant un handicap, à partir d'objectifs opérationnels et mesurables. Cette idée a été reprise récemment dans les travaux de la Commission Rochon et dans les documents du Ministère de la Santé et les Services sociaux sous la notion d'objectifs de bien-être. Durant cette période, Jean-Pierre Duplantie et moi avons développé le concept de la socialité. Nous avons fait cela dans le

---

1. La Société de service social aux familles (SSSF), c'était la grosse agence, la première agence francophone à Montréal. Son incorporation remonte aux années 30. C'est là que le service social canadien-français a commencé. C'était évidemment confessionnel. C'était une agence polyvalente : elle affichait plusieurs des fonctions du service social qu'on retrouvera dans les CSS. La direction de la SSSF a non seulement imposé son modèle, mais ses cadres se sont largement retrouvés dans des postes clés au CSSMM.

contexte d'une table provinciale des DSP. Ce fut peut-être notre principale contribution comme DSP à l'évolution des concepts d'intervention psychosociale au Québec. Nous avons beaucoup travaillé sur la notion de services sociaux polyvalents qui devaient relever des CLSC et de services sociaux spécialisés relevant des CSS. Ces travaux étaient antérieurs au cadre de partage des services sociaux entre les CSS et les CLSC.

NPS – *Vous avez quitté le CSS en 1976, dans le milieu de l'année, pour aller à Ottawa faire un an de développement de programmes en lien avec le projet de loi canadienne sur les services sociaux. Deux ans à la DSP d'un gros établissement en pleine croissance, c'est quand même court...*

JBR – À titre de DSP, je siégeais d'office au Conseil consultatif du personnel clinique et j'entendais toutes les plaintes émanant de la pratique. Je voyais la distance s'établir entre la direction de l'établissement et ceux et celles qui livraient les services. Les professionnels à la base misaient sur le DSP pour changer quelque chose à la lourdeur administrative et à la bureaucratisation. Ils subissaient un changement qui leur était imposé; ils se sentaient « désappropriés » dans leur pratique. Comme l'organisation était encore fragile, le style de la gestion était très autoritaire. J'éprouvais un malaise de plus en plus profond et sentant que je ne pouvais pas changer grand-chose à partir de la DSP, j'ai décidé de quitter mon poste.

NPS – *Qu'est-ce qui vous a donc motivé à revenir comme directeur général en 1977, après le départ du premier DG ?*

JBR – Encore une fois, ce sont des motivations d'ordre d'abord pragmatiques, parce que la fonction que j'occupais à Ottawa était dans un cul-de-sac. En novembre 1976, il s'est passé un événement au Québec dont on se souvient tous, mais que l'on n'avait pas nécessairement prévu. Il fallait faire un choix : faire carrière au gouvernement fédéral, vivre au Canada, travailler au Canada, ou travailler et vivre au Québec ? Ça se posait pour moi avec beaucoup d'acuité en raison de l'élection du PQ. Ça ne pouvait pas faire autrement que de rejoindre et d'interpeller tous les fonctionnaires fédéraux, qui vivaient au Québec et traversaient la rivière tous les matins pour aller travailler.

Mais sur le plan professionnel, il y avait le fait que la législation sur laquelle on travaillait n'allait nulle part. On a négocié avec les dix provinces un projet de loi à frais partagés pour financer les services sociaux, projet qui aurait ressemblé au Régime d'assistance publique du Canada tout en introduisant des définitions précises de services sociaux publics offerts sur une base universelle. On légalisait la notion de « services socialement requis ». Selon le projet, dès la première année, en 1978, le gouvernement fédéral aurait ajouté 225 millions $ d'argent neuf pour les services sociaux. Cela fut à mon avis la chance manquée du siècle par rapport au financement de ces services. On bâtissait le programme sans savoir si ça aboutirait. C'est toujours un peu ça le processus intergouvernemental. Ça nécessite des conférences ministérielles, une entente précise sur un projet, des équipes qui travaillent sur ces projets-là, et puis il faut que durant toute la durée du projet, le consensus se maintienne. Surtout dans un domaine où le fédéral n'a pas juridiction.

Je reviens de vacances un matin et j'apprends que le projet de loi était mort en deuxième lecture à la Chambre des communes. La discussion sur le projet de loi fédéral sur les services sociaux s'est faite au même moment où s'élaborait la *Loi sur le financement des programmes établis*, notamment en santé et en éducation post-secondaire. Le projet de loi sur les services sociaux, un instrument à frais partagés, a probablement été sacrifié au moment des discussions finales concernant le financement des programmes établis. On m'a aussi dit que le ministre des Finances de l'époque, Jean Chrétien, trouvait que les coûts pour le financement des services sociaux étaient trop élevés pour le gouvernement fédéral. C'est à ce moment que la possibilité du CSSMM s'est présentée. Les deux dimensions se rejoignaient, soit celle de la question du Québec et celle de la possibilité de rencontrer un nouveau défi stimulant, et m'ont fait opter pour le retour au CSSMM en tant que directeur général.

NPS – *C'est sous votre direction que le CSSMM a élaboré son plan de distribution des services sur le territoire montréalais. Quels en étaient les enjeux ?*

JBR – Quand je suis revenu au CSSMM comme directeur général, j'avais le sentiment de bien connaître l'établissement et les aspirations du personnel clinique. Je voulais instaurer une gestion plus transparente, favoriser la participation, réduire la lourdeur administrative, favoriser l'atteinte d'objectifs-clientèle. L'élaboration du plan d'organisation a été un exercice très complexe et très délicat. Il aura fallu près de six ans, entre la mise en place de la première direction générale en 1974 et l'adoption d'un plan d'organisation de l'établissement. Durant cette période, les plans d'organisation successifs étaient plutôt des structures de mise en présence des différents services sans véritable intégration; ils étaient très temporaires par définition. Mon véritable défi fut de réaliser un plan d'organisation qui fournisse une cohérence institutionnelle à l'ensemble des fonctions très diverses de l'établissement. Les prémisses de départ avaient été que la rationalisation des services, leur continuité et leur coordination seraient plus simples à l'intérieur d'un seul établissement qu'à l'extérieur. On pensait, peut-être de façon simpliste, que de réunir sous un même patron les directeurs d'agences ou de services qui, avant la fusion, étaient totalement autonomes, faciliterait la coordination et la concertation. On s'est rendu compte à l'exercice que souvent la création de la superstructure ne réduisait pas les conflits, mais les changeaient de place. Chaque agence, transformée en service du nouvel établissement, arrivait avec ses chasses gardées, ses traditions, ses clientèles privilégiées. Comment allait-on articuler la coordination des services, d'une part, et les pratiques sur le terrain, d'autre part ?

Ça ne pouvait se faire que par un processus évolutif, à partir de multiples discussions, dans un esprit de tolérance et en acceptant de faire des concessions de part et d'autre. C'est pour cette raison que la finalisation du plan d'organisation a pris un temps qui peut paraître long, mais qui était nécessaire à la transformation des mentalités et à l'évolution des attitudes. En fait, le plan devait représenter la création véritable de l'établissement. Je dis que ce fut un défi important, et je crois que ce plan constitue une réalisation importante pour moi et mes collègues de la direction générale de l'époque, les Marie-Lyse Lalonde, Jacques Gagné, Berthe Michaud, Jacques Perrault et Gilles Lafrance.

L'un des enjeux majeurs du plan d'organisation, c'était de se donner une institution qui avait les moyens de développer une vision d'ensemble, capable de rationaliser l'intervention au niveau de la masse critique des phénomènes. Avant la création des CSS à Montréal, il y avait quelque trente-cinq autorités différentes qui pouvaient prendre des décisions, non coordonnées, sans aucun moyen de percevoir l'effet global de ces décisions morcelées, parce que personne n'avait une vision d'ensemble. En créant le CSSMM, on a créé une direction régionale des ressources qui pouvait identifier les iniquités et proposer des politiques d'accessibilité plus équitables. De là à fixer des objectifs régionaux, le pas est plus facilement franchi. Ceci a placé le CSS en situation de conflit avec les autres institutions, en particulier les hôpitaux et les centres d'accueil.

Prenons un exemple d'un objectif atteint adéquatement par la création du CSSMM. Avant la création de l'établissement, une proportion importante des enfants placés par les agences sociales se retrouvaient dans diverses régions de la province. On s'est fixé comme objectif de rapatrier ces enfants sur le territoire métropolitain et de ne pas recourir, à moins de cas de force majeure, à des placements hors territoire. On a réussi dans une très large mesure, à l'intérieur d'une période de temps relativement courte. Par surcroît, ce fut bien fait. Ceci nous donne une idée assez juste de la façon dont l'équipe de direction voyait les enjeux du plan d'organisation du CSSMM.

Sous ma direction, la direction générale du CSSMM a aussi beaucoup travaillé sur la mission de l'établissement. On s'est donné une mission où l'approche milieu a fourni une base conceptuelle au développement des bureaux de services sociaux (BSS) pour l'intervention dans les communautés et aux services sociaux en institution pour l'intervention auprès de clientèles rejointes par le biais d'institutions comme les écoles, les hôpitaux, les centres d'accueil et les cours de justice. Le CSSMM se donnait aussi une mission de protection sociale, afin de rejoindre les populations les plus vulnérables confrontées à des situations d'abus ou de négligence. Ceci fournissait le cadre d'intervention pour la nouvelle direction de la protection de la jeunesse et pour les services sociaux auprès des adultes et personnes âgées marginalisées, ou en perte d'autonomie.

NPS – *Quelles étaient les lignes de force du plan d'organisation du CSSMM ?*

JBR – Le plan d'organisation comprenait quatre directions de services directs à la clientèle : les bureaux de services sociaux, les services sociaux en institution, la protection de la jeunesse et les ressources. Dans l'élaboration de chacune de ces directions, il y eut des débats et des enjeux importants.

Pour les BSS, l'approche était territoriale et polyvalente. Le CSSMM a adopté le découpage territorial des départements de santé communautaire pour obtenir un meilleur arrimage avec les services de santé. Les équipes terrain devaient être polyvalentes et prendre en charge l'ensemble des problèmes psychosociaux d'un territoire. Une question difficile dans l'aménagement des BSS a été celle des équipes spécialisées, où des expertises devaient être préservées et où le modèle général d'équipes polyvalentes aurait eu des conséquences néfastes sur la qualité des services. Par exemple, à l'échelle de Montréal, il s'était constitué des expertises au niveau des services aux personnes ayant un handicap visuel ou auditif. Il eut été désastreux de démanteler ces équipes et d'en répartir les membres dans des équipes polyvalentes. Nous avons élaboré des formules qui ont permis de concilier notre volonté d'être proches des communautés locales par les BSS en créant des équipes polyvalentes tout en respectant les exigences d'expertise pour des groupes cibles bien identifiés.

Dans les Services sociaux institutionnels (SSI), les enjeux ont été largement politiques et corporatifs. Il s'agissait de présenter un modèle articulé et flexible d'intervention psychosociale auprès de clientèles partagées par diverses catégories d'établissement. Il s'agissait de s'assurer que les objectifs de l'intervention psychosociale et les besoins psychosociaux des clientèles trouvent des réponses adéquates sans être totalement dominés par des impératifs corporatifs ou des conflits interinstitution.

Le CSS a hérité des responsabilités majeures sur le plan de la protection de la jeunesse, ce qui a amené la création du poste de DPJ et d'une nouvelle direction qui transformait en profondeur les services sociaux à l'enfance. Les responsabilités du DPJ et les exigences de la loi ont introduit des modèles de pratique sociale beaucoup plus directifs et un contrôle social beaucoup plus fort. La Direction de la protection de la jeunesse recevait les signalements, les évaluait et prenait les décisions appropriées. Cependant, le DPJ « déléguait » aux BSS ou aux SSI ou à d'autres services, les responsabilités de prise en charge, des plans d'intervention et demandait des suivis précis et périodiques. La DPJ fut une véritable révolution interne parce que l'intervention en contexte d'autorité modifiait profondément la pratique.

La Direction des ressources était une direction qui recrutait les ressources non institutionnelles de type famille d'accueil, par exemple, et en assurait le suivi. Cette direction assumait aussi des responsabilités déterminantes dans l'admission auprès des ressources institutionnelles. Elle était centralisée, mais le plan d'organisation prévoyait que certaines fonctions dans le secteur des ressources non institutionnelles seraient décentralisées ou plutôt déconcentrées.

NPS – *Mais ce modèle d'organisation, que l'on peut qualifier de centralisé, ne risquait-il pas de créer un monstre bureaucratique ?*

JBR – Dans le réseau, à l'extérieur de l'établissement, on a beaucoup utilisé le CSSMM comme le modèle par excellence de monstre bureaucratique. Je pense, sincèrement, que c'était injuste; je crois que ce discours servait à discréditer l'institutionnalisation des services sociaux et visait à défendre des intérêts de certaines institutions qui se sentaient menacées par l'arrivée sur la scène d'un établissement aussi puissant voué exclusivement à une mission de services sociaux publics. Je pense particulièrement aux hôpitaux et aux centres d'accueil. Ce dont on doit absolument tenir compte, quand on parle des structures de services publics à Montréal, c'est que ce sera forcément gros et lourd et cela en raison du volume de la population, de la complexité de la région métropolitaine, et de l'ampleur des problèmes sociaux.

La dynamique CSS-CLSC a aussi beaucoup contribué à alimenter cette perception du CSSMM comme monstre bureaucratique. Les CLSC ont été créés sans obtenir les ressources nécessaires à leur plein épanouissement. Ils recevaient un budget global qu'ils devaient répartir dans divers types de services de première ligne. Pour développer leur mission de services sociaux, ils ont revendiqué un partage des effectifs des CSS, ce qui a abouti à une répartition des intervenants sociaux dans le milieu entre les deux catégories d'établissements, sans qu'il y ait ajout véritable de ressources et sans que les ressources institutionnelles plus lourdes en santé et en centre d'accueil ne soient affectées, ou réorientées vers les milieux ouverts.

NPS – *Paradoxalement, cette organisation, que vous avez vous-même qualifiée de rouleau compresseur, a permis de réaliser des actions très précises, d'atteindre des objectifs-clientèle, de moderniser les services sociaux; mais n'a-t-elle pas limité l'autonomie professionnelle des travailleuses sociales en contact direct avec la clientèle ?*

JBR – Je pense qu'il y a effectivement eu un sentiment de la part des intervenants à la base du système d'une perte de pouvoir, d'une désappropriation et d'une limite à leur autonomie professionnelle. Particulièrement dans la foulée de la *Loi sur la protection de la jeunesse*, l'intervention en contexte d'autorité a accentué les modèles d'intervention plus directifs et le contrôle social s'est resserré sur les familles à risque. Espérons que les enfants sont mieux protégés. Il aurait fallu être aveugle ou sourd, pour ne pas entendre la plainte des praticiennes et des praticiens, pour ne pas saisir les enjeux et les contraintes imposées à la pratique sociale dans ce modèle bureaucratique. Pendant environ huit ans, j'ai siégé au Conseil consultatif du personnel clinique et je puis témoigner du fait que le passage entre les deux systèmes ne s'est pas fait facilement ou spontanément. Le système d'avant 1974 était privé, confessionnel, à dimension plus humaine, plutôt artisanal, mais peu soumis aux exigences de la responsabilité publique. Quant au système mis en place après la réforme et incarné dans le CSS, il était public, bureaucratique, monopolistique, plus lourd, plus dépersonnalisé et plus anonyme. Je pense que beaucoup d'erreurs ont été faites à tous les niveaux dans cette phase de l'institutionnalisation des services sociaux publics au Québec. J'essaie de porter un jugement nuancé sur l'expérience quoiqu'il me soit difficile d'être totalement objectif ayant été impliqué si directement dans les enjeux.

NPS – *Nous terminerons cette entrevue avec votre expérience au CSSMM. Vous avez quitté le CSSMM en 1983 après avoir terminé un exercice de compressions budgétaires ?*

JBR – Le gouvernement du Parti québécois nous a imposé une réduction de nos revenus de 15 % à résorber sur deux ans. Comme plus de 85 % de la masse budgétaire du CSSMM était consacrée aux salaires, il a fallu éliminer un peu plus de cent quarante postes. Cet exercice a été parmi les choses les plus difficiles, les plus pénibles que j'ai eu à faire. Ce fut excessivement difficile pour tout le monde qu'il s'agisse de la gestion ou du syndicat. Je considérais à partir d'un certain niveau que nous sabrions dans ce que des générations de travailleuses sociales, de travailleurs sociaux avaient tenté de mettre sur pied. On a été pris dans une dynamique assez infernale qu'on ne contrôlait pas. Tout le réseau était affecté, mais les CSS l'étaient particuliè-rement. Je pensais que les directeurs généraux et les dirigeants du réseau, défini comme parapublic, réagiraient et tenteraient de résister face aux décisions gouvernementales. Non, le réseau et ses dirigeants se sont com-portés essentiellement comme un réseau public, non pas en questionnant le bien-fondé de ces compressions, mais en se demandant comment « exécuter les ordres ». En d'autres termes, il n'y eut pas de grandes différences entre les directeurs généraux des établissements et les fonctionnaires à qui on avait donné des directives.

Je me sentais très très isolé, parce que je trouvais qu'avec mes collègues directeurs généraux, il n'y avait pas de place où l'on pouvait soutenir un débat avec le gouvernement. J'ai fait différentes tentatives pour essayer de créer un contrepoids face aux politiques gouvernementales. L'idée qui a fait le plus de chemin a été celle de « mobilisation contre la misère », qui avait une assise réelle dans la récession de 1981-1982. Plusieurs collègues travailleurs sociaux se sont impliqués dans ce mouve-ment. C'est d'ailleurs Jean-Pierre Duplantie qui a présidé aux destinées du mouvement au niveau provincial.

Quand le ministre Johnson a consenti, en pleine période de compres-sions, à l'hiver 1982, une augmentation de 11 % aux cadres, j'ai réagi à ma façon. Cette hausse manifestait un manque total de sensibilité vis-à-vis tout ce qui se passait. C'était comme si le pouvoir récompensait les cadres pour que le sale boulot se fasse et se fasse jusqu'au bout. J'ai alors fait mon pied de nez au pouvoir en refusant l'augmentation et en rendant ma décision publique.

Une grande partie de ma propre carrière passe par l'institutionnel. Je considère les institutions comme des moyens que la société se donne pour agir sur elle-même. Je me sens à l'aise dans l'action institutionnelle, quand les travailleurs et travailleuses s'approprient l'institution et l'utilisent comme levier de changement, comme instrument pour atteindre des objectifs collec-tifs. Les compressions nous forçaient à réduire le personnel dans chaque service, alors que l'on ne pouvait pas abolir un ou des services en entier, ce qui aurait pu avoir une conséquence politique et peut-être exercer une pression réelle sur le gouvernement. Tout l'exercice de compressions allait à l'encontre de mes convictions et de la perception que j'avais des besoins de la population qui avait recours aux services sociaux. Au CSSMM, on a fait différentes choses pour sensibiliser la population. On a fait des assemblées publiques où l'on recevait le témoignage des intervenants et des usagers sur l'importance des services dispensés. Ces assemblées ont été couvertes par les médias. Nous étions convaincus que ce qui se passait devait être dénoncé. Alors que les ressources étaient déjà très limitées avant les compressions et alors que nous répondions minimalement aux besoins, on était en train de couper dans l'essentiel. Et là, en jouant sur les règles, parce qu'il y a toutes sortes de règles dans les machines bureaucratiques, le syndicat a joué la seule carte qu'il pouvait jouer, à mon avis. Comme le personnel du réseau obtenait sa permanence après deux ans, l'ancienneté, les compressions ne pouvaient s'appliquer qu'avec le personnel n'ayant pas atteint la permanence. Pour le syndicat, il s'agissait de ralentir le processus au maximum, par le mécanisme dit du *bumping*, qui créait une réaction en chaîne, déplaçant possiblement une dizaine de personnes avant qu'une personne n'ayant pas sa permanence soit touchée et sortie du système. Ceci a donné des résultats positifs en termes de préservation de postes et de défense des syndiqués.

N'importe quel syndicaliste soucieux de la protection de ses membres et des droits des travailleuses et des travailleurs aurait fait la même chose. Mais au niveau des services, cette stratégie avait des effets très négatifs, spécialement dans les petites unités où il n'existait plus aucune stabilité de personnel. Les praticiennes ou praticiens pouvaient passer quelques semaines dans un poste avant d'être déplacés; ils ne pouvaient rien entreprendre.

C'était très perturbant tant sur le plan professionnel que personnel. Quand je parlais d'une machine infernale, c'était cela : on était pris dans des processus institutionnels sur lesquels nous n'avions pas prise puisque les décisions les régissant venaient de l'extérieur. Je comparais le CSSMM dans cette période de compressions à un bateau aux prises avec une énorme tempête et risquant le naufrage. Il n'était pas question pour moi d'abandonner à ce moment-là, mais j'avais l'impression de survivre. Je tentais de parer au pire. Cette période de deux ans qui a précédé mon départ comme directeur général du CSSMM a été jusqu'à maintenant la plus noire, la plus difficile de ma carrière.

NPS – *Comment vous êtes-vous relevé de ce qui vous a amené à quitter le CSSMM ?*

JBR – À la fin de l'exercice, j'étais totalement exténué, je me sentais en contradiction profonde avec mes convictions, je ne me sentais plus à la hauteur de la situation, j'étais démoli et démotivé. C'était pour moi une question d'intégrité personnelle et professionnelle et le réflexe de ne pas m'accrocher au poste a été essentiellement sain. J'ai informé le président du conseil d'administration un an avant mon départ de ma décision de démissionner. Quant à mes collègues à la direction générale, ils furent avisés six mois avant. Les cinq ans et demi à la direction du CSSMM avaient coïncidé avec une crise familiale qui avait mené à une séparation et les compressions avaient ajouté une crise professionnelle. Tout cela exigeait un arrêt, un temps de réflexion, une période de reconstruction personnelle et professionnelle. C'est ce que j'ai fait. J'ai pris de la distance par rapport à la gestion. J'ai eu le privilège de passer sept ans au Conseil canadien de développement social à travailler au plan des politiques sociales et à faire de la recherche. Depuis juin 1990, j'ai repris un poste de haute direction dans le monde universitaire, où il y a une continuité quant à mes aspirations de développement social et où mon expérience de gestion au CSSMM m'est très précieuse.

La pratique sociale, 20 ans après

Denis BOURQUE
CLSC Jean-Olivier-Chénier

Dans le cadre de son dossier *La réforme, vingt ans après,* la revue *Nouvelles pratiques sociales* innove en présentant une table ronde sur la pratique sociale au Québec vingt ans après la réforme proposée par la Commission d'enquête sur la santé et le bien-être social. Trois personnes ont accepté de répondre à nos questions. Paul Langlois est agent de relations humaines au Centre de services sociaux de Québec depuis cinq ans, après avoir travaillé pendant six ans dans le milieu communautaire à Sherbrooke. Françoise David est depuis cinq ans coordonnatrice à l'R[1] des Centres des femmes du Québec dans le milieu à la fois féministe et communautaire. Auparavant, elle a été à l'emploi du Centre de services sociaux de Montréal pendant quinze ans, au début à titre d'organisatrice communautaire puis comme agente d'information. Enfin, Yvon Boucher est agent de relations humaines au CLSC Seigneurie de Beauharnois (Valleyfield) depuis 16 ans, d'abord au niveau des services sociaux courants puis principalement auprès des personnes âgées. Il est également chargé de

---

1. L'R (pour Regroupement) des Centres des femmes du Québec regroupe plus de 80 centres soit la presque totalité des centres de femmes au Québec. Un centre de femmes est un centre communautaire mis sur pied par des femmes, géré par elles et dont l'orientation est féministe. Il offre à toutes les femmes des services d'aide, d'accompagnement, de support et réalise des activités d'éducation populaire et de soutien aux revendications des femmes.

cours en gérontologie à l'Université du Québec à Hull depuis 1986. La table ronde a été animée par Denis Bourque, coordonnateur au CLSC Jean-Olivier-Chénier et étudiant au doctorat en service social de l'Université Laval.

D. Bourque – *Dans votre secteur (CSS, CLSC, communautaire), qu'est-ce qui a le plus marqué l'évolution de la pratique sociale depuis la réforme Castonguay ?*

P. Langlois – Au début des années 60, préalablement à la Commission Castonguay-Nepveu, il y avait une sorte de rapport d'accommodation entre l'État et les travailleurs sociaux. D'une part, l'État facilitait l'autonomie de la pratique en encourageant la professionnalisation du service social et son affranchissement du clergé; d'autre part, les travailleurs sociaux appuyaient l'État dans sa volonté de consolider son rôle dominant. Cela a peut-être été un des rares moments où il y a eu des relations sympathiques entre l'État et les travailleurs sociaux. À la fin des années 60, la Commission Castonguay-Nepveu propose de centraliser les décisions au sein d'organismes directeurs chargés de définir les politiques de services sociaux, et conséquemment les pratiques. Ceci reléguait les intervenants à un statut d'exécutant alors qu'ils croyaient avoir acquis un statut de professionnel. Il y eut fusion de 42 agences familiales et 6 centres psychosociaux au Québec pour former 14 centres des services sociaux (CSS). À partir de ce moment-là, la structure des organisations des établissements a été définie par la loi et les règlements. Le lien avec le clergé a été définitivement dissous au profit d'une nouvelle « Église » qui venait d'apparaître, qui nous donnait ses directives et commençait à définir la pratique au sein des CSS. Comme le disait Robert Mayer dans un document pour la Commission Rochon, l'État assurait le financement, déterminait la masse salariale, contrôlait le marché de l'emploi, protégeait les budgets et certains programmes pour des clientèles prioritaires. Les conditions étaient en place pour permettre la redéfinition du rôle de l'État de façon restrictive, en se concentrant sur les cas d'extrême urgence relevant directement de la loi, particulièrement celle de la Protection de la jeunesse qui a entraîné en fait une redéfinition de la pratique sociale. Tout cela se situe en continuité avec Castonguay-Nepveu tout comme la vague de rationalisation qui est apparue avec le début des années 80 et la crise économique.

F. David – Curieusement, il m'est arrivé de regretter la pratique sociale d'avant la réforme Castonguay-Nepveu. Bien sûr, il ne faut pas mythifier la pratique des années 60 qui avait aussi ses problèmes. Mais, ce dont je m'ennuie, avec d'autres aussi, c'est d'une conception de la pratique qui était beaucoup moins structurée que celle qui a suivi et qui a fini par aboutir à une espèce de sclérose de la pratique d'intervention sociale. Quand j'ai débuté, j'étais à l'emploi de l'Agence centre-sud, ici à Montréal, qui relevait des Soeurs du Bon Conseil. À ce moment, le tiers des travailleuses sociales (c'étaient presque toutes des femmes) étaient des organisatrices communautaires, le tiers! On avait déjà nos « chicanes » à l'époque : communautaire versus individuel. Il y avait quelques bonnes soeurs qui étaient des travailleuses sociales, qui habitaient dans le quartier, et qui vivaient un peu avec le monde du quartier. Il ne faut pas tomber dans le populisme et croire qu'à force de vivre à côté des assistés sociaux on puisse devenir comme eux. Ce n'est pas vrai. Mais, il y avait comme une compréhension plus terre à terre des problèmes que les gens vivaient sans que cela nous amène à les découper en trois mille problématiques. On travaillait la plupart du temps avec la famille et la loi intervenait, somme toute, assez peu là-dedans.

Plus les années 70 avançaient, plus les êtres humains et la pratique sociale devenaient morcelés, ce qui est très proche finalement de la pratique médicale. Il y a des intervenantes qui fonctionnent très bien là-dedans. Mais il y en plusieurs qui regrettent un peu le temps où elles étaient plus autonomes, où il y avait moins de lois à appliquer, où la structure était moins lourde, où elles avaient l'impression d'avoir plus d'initiative, de travailler plus dans leur quartier et aussi plus avec les organismes communautaires, que l'on appelait les groupes populaires et non pas les ressources comme aujourd'hui. Mais ce qui a aussi beaucoup marqué la profession, ce sont les grandes défaites syndicales, entre autres, celle de 1982. Ce qui a fait plus mal que le décret et la coupure de salaire, c'est le mépris envers les intervenantes. L'atmosphère était épouvantable et a provoqué une grande déprime qui n'a pas été drôle du tout. Ce que j'ai senti comme étant un peu une voie de reprise en main ou une issue de secours – parce que les gens doivent survivre et avoir un peu de plaisir dans leur « job » – cela a été la professionnalisation. Oui, il y a l'État qui est venu imposer un paquet de choses, mais j'ai vu un certain nombre d'intervenantes suivre des cours, se perfectionner à un point incroyable. Je ne suis pas contre la formation, mais c'était devenu un peu excessif et cela allait vers une hyperspécialisation qui était tout à fait voulue par le CSS, et dans laquelle, à ma grande surprise, les gens embarquaient. Pas tous et toutes, mais un bon nombre.

Y. Boucher – Permettez-moi de revenir aux pratiques qui avaient cours dans les années 60. Je suis parfaitement d'accord avec ce qui a été dit; par contre, j'ai peur aussi qu'on glisse dans la nostalgie du bon vieux temps. Je me rappelle aussi des effets pervers de cette époque où les gens devaient aller quêter l'assistance et la charité publique. Dans une petite ville comme Valleyfield, c'est le maire du temps qui disait : « Oui, je peux donner de l'argent à telle famille, non à telle madame, parce qu'elle a des liaisons douteuses », vous voyez le genre de choses. J'ai été témoin dans ce temps-là de la mainmise non seulement de l'Église qui n'avait pas que de bons côtés, mais aussi la mainmise politique de l'élite locale. À tout ce qui a été dit et qui est tout à fait vrai, il faut ajouter le fait qu'on est sorti du champ de la charité publique. Mais effectivement, dans les années 60, la pratique était une pratique plus de terrain, on travaillait le « social » beaucoup plus qu'au-jourd'hui. Aujourd'hui, il y a beaucoup de travailleurs sociaux qui se qualifient de cliniciens avec une pratique « psychologisante » qui a peu à voir avec la pratique sociale.

En ce qui regarde les CLSC, dans les années 70, il y avait une pratique qui était à ce moment-là – si on la compare avec celle d'aujourd'hui – beaucoup plus collée sur les problématiques à caractère socio-économique. Il y avait des pratiques intéressantes parce qu'on voulait éviter de découper le social, mais nous sommes tombés dans ce guet-apens un peu plus tard. Il y a toutes sortes de raisons qui expliquent ça, entre autres, les programmes cadres du Ministère avec le résultat qu'aujourd'hui, c'est une pratique hyperspécialisée, non seulement en fonction d'une population cible (adultes, personnes âgées, personnes handicapées), mais hyperspécialisée en fonction de mandat à l'intérieur de ces problématiques : mandat d'hébergement, mandat de maintien à domicile, etc., avec tout ce que ça comporte, non seulement de normes, mais aussi de technicisation de la pratique. Par exemple, les demandes d'hébergement sont toutes analysées en fonction de la même grille appelée CTMSP et calculées en heures/soins, non plus en fonction du besoin de la personne dans son milieu, mais en fonction des besoins de l'institution. On dit : « Nous, on ne peut pas prendre telle personne parce qu'elle nécessite 2 heures/soins, mais on peut prendre telle autre parce qu'elle nécessite 1 heure/soins ». Tout est établi en fonction des normes et des besoins de chacune des institutions.

Cela est très lié à l'alourdissement de la clientèle et à l'intervention de crise qui s'est généralisée de plus en plus, ce qui nous a forcé à mettre de côté d'autres types d'intervention qui seraient nécessaires. Nous faisions auparavant plus d'interventions de soutien et de prévention alors qu'aujourd'hui, dans certains secteurs, on va même jusqu'à limiter le nombre d'interventions faites par les intervenants en disant : « Tu rencontreras madame Unetelle quatre fois, cinq fois maximum, ensuite tu t'arranges pour la référer ailleurs ». On se rend compte que l'alourdissement de clientèle dans les CSS a été refilé en partie dans les CLSC qui misent souvent sur le communautaire pour prendre le relais.

F. David – En ce qui concerne le communautaire, la Commission Castonguay-Nepveu, tout le monde le sait, a eu comme effet de tuer, entre autres, les cliniques communautaires de santé qui existaient particulièrement à Montréal. Les unes après les autres, sauf à Pointe-St-Charles, elles se sont faites avaler par le système. Le communautaire des années 70 était très politisé et très diversifié, mais c'était aussi l'époque des disputes épouvantables entre lignes politiques, entre les dispensateurs de services et ceux qui faisaient ce qu'il « fallait faire », c'est-à-dire la revendication et l'action politique. À la fin des années 70 et au début des années 80, le communautaire a connu un changement assez majeur par la création de multiples réseaux communautaires, de plusieurs maisons de jeunes, centres de femmes, maisons d'hébergement pour femmes victimes de violence, etc. Et là, on a vu un changement qui m'apparaît très intéressant, car on a décidé d'en finir avec la « chicane » entre service et action politique.

En fait, le service lui-même est à la limite un geste politique. S'occuper d'une femme qui vient de se faire frapper, c'est évidemment de la relation d'aide. Mais, tenir ouvertes des maisons d'hébergement pour femmes victimes de violence, recevoir des femmes, faire de la sensibilisation, parler sur la place publique de la violence conjugale, c'est en soi un geste politique. Dans les centres de femmes, on reçoit des centaines de femmes dépressives, « abonnées » depuis des mois et même des années à toutes sortes de médicaments. Je considère que c'est en soi un geste porteur de changement, et donc politique, que de s'occuper de ces femmes-là parce que d'abord on le fait collectivement et que l'on remet en question des approches médicales de la santé. Si l'on héberge un jeune, si l'on s'occupe d'une maison de jeunes, on remet en question des structures, on remet en question le non-pouvoir des jeunes. Peut-être pas tous les matins dans l'intervention qu'on fait, par exemple, avec un jeune adolescent qui a tel problème, mais idéologiquement, le fond est là. Je trouve que cela nous épargne des débats qui sont un peu inutiles et c'est un changement absolument majeur au niveau du communautaire. Un autre changement majeur, le passage de la non-reconnaissance à peu près totale dans les années 70 – on le voit bien par les subventions ridicules que l'État accordait – à une reconnaissance du communautaire dans les années 80, avec tous les problèmes qui l'accompagnent cependant.

D. Bourque – *Quelle lecture faites-vous de la pratique sociale d'aujourd'hui en termes de problèmes, d'acquis à conserver et de changements nécessaires ?*

Y. Boucher – Ce qui manque dans les CLSC, contrairement aux années 70, c'est une vision globale. La pratique est tellement cloisonnée qu'il n'y a plus de lien entre les besoins des personnes et leur milieu de vie. C'est comme si tous les problèmes étaient devenus des problèmes individuels qui requièrent une pratique individuelle sans dimension collective ou même multidisciplinaire. C'est le modèle médical qui a une position de suprématie un peu partout. Chacun s'occupe de son secteur et il n'y a pas de mise en commun, pas de lecture commune des communautés. Les problèmes des jeunes sont encore vus comme étant des problèmes de relations parentales, alors qu'en bout de ligne, si on situe le jeune dans sa famille avec tout ce que les familles peuvent vivre aujourd'hui de difficultés socio-économiques, on se rend compte que les problématiques des jeunes sont les problématiques des parents en même temps. On se rend compte que les pratiques, au lieu d'être des pratiques intégrées, sont devenues des pratiques spécialisées et très axées sur le psychologique. Malgré tout, j'ai remarqué qu'il y a encore des intervenants qui ont le feu sacré. Ils croient fermement aux valeurs d'intervention, ils s'investissent dans les pratiques nouvelles, un peu partout au Québec, pas seulement dans les CLSC, mais aussi dans les CSS.

F. David – Parmi les problèmes de la pratique sociale dans le secteur communautaire, il faut toujours souligner notre problème de sous-financement, malgré une hausse relativement intéressante des subventions d'un certain nombre d'organismes communautaires depuis 1983-1984. Il y a une certaine reconnaissance du communautaire parce nous avons réussi envers et contre tous à démontrer notre utilité et notre nécessité sociales, et que nous avons mis sur la table des problèmes peu connus par la société et encore moins par le gouvernement qui s'est retrouvé finalement devant la nécessité de nous aider. Ce sont les deux grands pôles de l'évolution du communautaire, la reconnaissance par l'État, mais aussi et surtout l'affir-mation du communautaire. Aujourd'hui, la plupart d'entre nous demeurons très communautaires, c'est-à-dire très fidèles au projet de société véhiculé, à notre type de pratique sociale – une approche globale avec les personnes – et fidèles aussi à nos revendications. Il y a même des groupes au point de départ qui se situaient un peu en parallèle du communautaire – je pense aux groupes où le bénévolat est le centre de l'activité – et qui ont effectué un rapprochement avec les autres organismes communautaires. Jusqu'à nouvel ordre en tout cas, nous avons réussi à maintenir notre philosophie et notre pratique sociale. En termes d'acquis à conserver, je pense que la bataille des prochaines années va être celle de l'autonomie.

P. Langlois – Dans les CSS, nous subissons une redéfinition sociojudiciaire de la pratique qui en exclut passablement les aspects sociaux. Le rapport Harvey a entraîné une redéfinition encore plus rigoureuse et plus stricte de la pratique, redéfinition consacrée dans la réforme Côté. C'est un programme d'augmentation de la productivité à l'état brut où les aspects judiciaires ou légaux sont définitivement mis à l'avant-plan. Les CSS se concentrent sur les cas d'une extrême lourdeur et font de plus en plus de références en insistant pour que le ministère mette tout son poids politique afin que les CLSC « priorisent » les clientèles lourdes orientées vers eux. Cela a changé radicalement le portrait de la pratique sociale dans les CSS.

Un autre problème majeur, c'est l'absence ou le peu de consultation des praticiennes sur leur propre organisation du travail et sur l'orientation des priorités de l'établissement. La façon dont le travail s'organise, la façon dont il est pensé, favorisent l'exclusion des intervenantes. Elles sont de plus en plus des exécutantes car elles ont tellement d'urgences, de priorités, de pressions, que ça les cantonne dans un rôle d'exécutante qui offre de moins en moins de possibilités de réfléchir et de repenser la pratique. Mais il y a encore des secteurs à la protection de la jeunesse dont les intervenants sociaux pourraient être dépossédés. Il risque d'y avoir encore d'énormes pressions – comme au début des années 70 – pour que le pouvoir soit récupéré au maximum par le Ministère de la Justice. Il y a des forces en présence qui attendent l'occasion d'étendre leur champ d'intervention, que ce soit l'intervention policière, juridique ou autres. Nous sommes loin d'être dans une position de force pour faire face à cela. On ne s'en rend pas compte, mais je pense qu'il y a encore dans la pratique une certaine primauté de l'intervention sociale sur l'intervention judiciarisée, et il faut la préserver.

D. Bourque – *Quels impacts et enjeux principaux la réforme Côté comporte-t-elle pour la pratique sociale au Québec ?*

Y. Boucher – La réforme Côté, ce n'est pas quelque chose de nouveau. Il s'agit de l'aboutissement d'un long processus de désengagement de l'État pour des raisons purement économiques. La réforme ne va pas régler grand-chose tant et aussi longtemps qu'on ira pas sur le fond, c'est-à-dire s'interroger et agir sur les causes des problèmes comme la malnutrition des enfants, la violence faites aux femmes, etc. Il faut dépasser l'intervention de crise et gérer collectivement nos problèmes sociaux.

F. David – Il y aurait peut-être plus d'enfants qui mangeraient si les chèques d'aide sociale étaient un peu plus élevés. Mais c'est la contradiction du Ministère de la Santé et des Services sociaux qui essaie de régler par un bout ce que d'autres Ministères font ou ne font pas de l'autre côté, dans le même gouvernement.

P. Langlois – En ce qui concerne les CSS, la réforme Côté consacre des mesures implantées au cours des dernières années au plan du renforcement de tout l'aspect légal de la pratique sociale. Avec la réforme, les CSS seront voués strictement à la protection de la jeunesse, et les services sociaux en milieu institutionnel – hôpitaux, centres d'accueil – vont dépendre de plus en plus de la pratique médicale. Déjà, des médecins et des spécialistes ont boycotté les services sociaux quand ils ne sortaient pas assez rapidement les personnes des hôpitaux afin que les lits se libèrent et puissent être occupés par d'autres patients. Il y a une logique tout à fait économique en arrière de ça. Avant la réforme, il y avait un certain équilibre en préservant les frontières dans des structures administratives différentes, puisque le service social hospitalier était relié au CSS. La réforme va rattacher les travailleurs sociaux à chacun des hôpitaux, ce qui risque de mener, à plus ou moins long terme, à une redéfinition de cette pratique. Il y a d'autres acquis que l'on va perdre malheureusement dont la coordination sur le plan régional que pouvait favoriser les CSS aux niveaux des services sociaux hospitaliers, aux adultes et aux personnes âgées. Cela pouvait faciliter une expertise commune au plan régional et une certaine coordination, mais avec le rattachement dans différents établissements, on peut s'attendre à une certaine « cacophonie ».

F. David – Pour le communautaire, la réforme Côté s'est jouée en partie dans les derniers milles, c'est-à-dire en juin, lorsque le ministre a annoncé en commission parlementaire que nous ne serions pas intégrés dans les plans régionaux d'organisation de services (PROS). Ainsi, le service de soutien aux organismes communautaires du MSSS serait régionalisé et les organismes actuellement financés par ce service seraient financés à l'intérieur d'un programme communautaire dans chacune des régions. Si cela se concrétise, c'est une victoire importante qui protège les organismes actuellement financés par le MSSS. Dans la mesure où un organisme aurait été financé dans le cadre d'un PROS, il serait devenu une composante, une partie intégrante de ce programme, et aurait donc reçu des mandats en conséquence. Le ministère – via les Régies régionales – aurait financé seulement les services qu'il aurait jugés prioritaires, dans sa logique des priorités et des urgences, bien entendu. Alors, comment financer un centre de femmes dont l'approche est globale et qui fait toutes sortes de choses en même temps avec des femmes qui vivent toutes sortes de problèmes ? Heureusement, le ministre est revenu là-dessus, mais nous attendons des garanties écrites. Donc, tout n'est pas gagné mais je suis quand même très contente du gain qu'on a fait. Nous avons obtenu un espace démocratique et du temps pour continuer d'une part à faire notre travail et, d'autre part, faire nos analyses et poser les gestes qui s'imposent.

D. Bourque – *Est-ce seulement dans le communautaire qu'il y a un espace pour le développement de la pratique sociale dans les années à venir ?*

P. Langlois – Il faut à l'intérieur même du réseau public soutenir un discours et des pratiques nouvelles. Si l'on pense que le Ministère et les directions d'établissement vont donner un espace aux intervenants, c'est se leurrer profondément. Les intervenants doivent créer un espace, définir des pratiques plurielles en alliance avec les autres; c'est impensable de fonctionner seuls.

F. David – Cela changera difficilement tant que politiquement on n'aura pas un projet de société, une idée d'une société où l'on assume collectivement un certain nombre de problèmes. L'explosion des urgences est tellement énorme que je peux comprendre d'une certaine façon que l'État dise que ses ressources ne sont pas illimitées. Mais on devrait peut-être se demander, comme le disait Yvon Boucher, pourquoi cela se produit comme ça. On devrait peut-être collectivement se demander comment il se fait que tout le monde est en train d'avoir des problèmes de maladie mentale, des *burn-out*, comment il se fait qu'il y a autant de jeunes dans la rue, d'itinérants, etc. Si on le prenait par ce bout-là, on ne pourrait pas tout changer du jour au lendemain, mais on pourrait peut-être se diriger progressivement vers des politiques sociales et un système de santé et de services sociaux orientés autrement, entre autres, vers une prévention plus grande, en réallouant des fonds différemment, mais pour ça il faudrait toucher à des chapelles. Nous avons une responsabilité collective, autant individuelle que sociale, à se demander si ça fait notre affaire le genre de société dans laquelle nous vivons, ou s'il n'y aurait pas des changements à effectuer partout là où on est, y compris dans le réseau, partout, puisque nous sommes tous des citoyens et des citoyennes.

D. Bourque – *Il y a des gens qui voyaient dans la réforme Côté une possibilité d'amener un vent nouveau dans le réseau public par un rapprochement avec le communautaire.*

F. David – C'est un gros mandat. Je sais qu'il y a des gens qui espéraient ça et qui n'en reviennent pas encore que l'on ait refusé ce défi-là. Les centres de femmes ont les deux pieds sur terre. Les permanentes m'ont dit : « Françoise, nous autres on est deux, plus des fois du monde sur toutes sortes de PDE, mais on est deux en permanence pour répondre à peu près à tout : les femmes qui se présentent, les activités à organiser, etc. S'il faut en plus passer notre temps en réunions puis en comités pour essayer de brasser le réseau, on n'a pas le temps. Qui va nous remplacer pendant ce temps-là ? Les femmes sont là qui attendent et nous, on n'a pas de liste d'attente ».

Cela semble primaire, mais c'est la réalité quotidienne. Ce à quoi je m'attends le plus, c'est que le partenariat vienne des intervenants et des intervenantes du réseau. On ne refusera jamais un vrai partenariat, des ententes, des collaborations, des discussions, ça c'est très clair. Ça se fait déjà d'ailleurs. Mais nous n'avons pas le mandat d'aller virer le réseau à l'envers. Il y a du monde assez brillant dans le réseau, assez innovateur et créateur pour faire ce travail-là. Ils ont des comités de professionnels, ils ont des syndicats, et je sais que s'ils le voulaient, ils en seraient capables. Je lance donc la balle dans leur camp tout simplement. On sera là pour appuyer, pour travailler avec eux, mais pour le reste, non merci. Il y a des mandats que l'on veut bien prendre, mais il y en a d'autres que l'on est incapable de prendre.

P. Langlois – On s'entend là-dessus : c'est à nous de prendre notre place, de prendre les devants, de créer une alliance avec le communautaire. Mais je pense qu'il n'y a pas de passerelle possible avec le communautaire s'il n'y a pas un travail d'auto-éducation, et de remise en question de nos pratiques. On est formé, on a une expérience, il s'agit de nous mettre ensemble, de réfléchir ensemble, pour que déjà des idées surgissent. Pour cela, il faut créer des lieux de rassemblement et d'échange. Tous les lieux sont possibles : corporation professionnelle, regroupement professionnel et syndicat. Je pense que le syndicat est un lieu privilégié et que les gens commencent à s'habituer à parler de pratiques professionnelles, de pratiques sociales, à l'intérieur de l'instance syndicale. Auparavant, on ne pouvait pas parler de questions professionnelles car c'était considéré comme une tendance corporatiste opposée à la tendance collectiviste. Il y avait comme une dissociation qui se fait de moins en moins maintenant. Ce sont toutes ces petites choses-là qui vont permettre une auto-éducation et l'établissement de passerelles avec le communautaire. Mais je ne crois pas à des passerelles s'il n'y a pas ce bouillonnement dans le réseau public qui relève de notre responsabilité.

Y. Boucher – J'ai déjà dit dans un colloque qu'en 16 ans de pratique, j'ai vu autant de gens se mettre des bâtons dans les roues que des gens à qui on mettait des bâtons dans les roues. J'ai vu des gens, dans plusieurs institutions, qui avaient la chance d'avoir des pratiques plus novatrices, qui avaient l'occasion de s'investir, et qui refusaient parce qu'ils se sentaient menacés, ou qu'ils ne voulaient pas partager leur pouvoir. Pour toutes sortes de raisons, ils jouaient au professionnel. Ça, je pense qu'il faut le dire aussi.

F. David – Quand j'étais au CSS, je disais que les travailleuses sociales étaient les psychologues de la misère à qui s'adressent les gens qui n'ont pas d'argent. Ceux qui ont de l'argent et qui ont des problèmes familiaux, conjugaux ou autres, se paient des psychologues. Ce n'est pas péjoratif puisque c'est tellement important et précieux qu'il y ait des gens dont le travail difficile soit d'être tout le temps en contact avec les gens les plus démunis de notre société. Ce sont les travailleuses sociales qui en savent le plus long finalement sur la pauvreté, sur comment les gens vivent dans ces milieux. Il n'y a personne qui en sache plus qu'elles, alors pourquoi on ne les entend pas parler plus souvent ? Pourtant, ce sont des gens capables de réagir, de parler et d'écrire. L'enjeu des prochaines années, c'est le maintien de ce qu'on peut appeler une intervention sociale, c'est-à-dire voir les problèmes des gens – médicaux ou sociaux – en rapport avec leurs conditions de vie. On essaie de le faire dans le communautaire avec nos moyens. Mais ce n'est pas du tout la culture du réseau public, qu'on le veuille ou non; ce n'est plus depuis longtemps la culture de l'intervention, ni médicale ni sociale d'ailleurs. C'est un gros problème qui finit par toucher le communautaire parce que nous sommes un peu tout seuls à tenir mordicus à cette idée voulant que les inégalités socio-économiques aient un rapport avec la santé. Tout le monde le dit maintenant, on a fait des colloques là-dessus, mais cela ne change rien dans le réseau : la pratique demeure toujours la même, « psychologisante ». La réforme Côté ne dit pas un mot là-dessus et ça risque de devenir de plus en plus difficile de collaborer, car les gens dans le réseau vont être pris dans des carcans de pratiques basés sur les urgences, les clientèles à risque, etc.

D. Bourque – *Les passerelles ou les interfaces sont-elles possibles entre les trois secteurs (CSS, CLSC, communautaire) et à quelles conditions ?*

P. Langlois – Il y a des expériences qui démontrent qu'il y a des collaborations qui existent entre les institutions et le communautaire. C'est nécessaire, sinon nous sommes condamnés à étouffer véritablement dans nos pratiques. Je pense qu'il faut avoir ça à l'esprit tous les jours, même si le *dumping* de clientèle existe. Je pense que ce n'est pas en évitant de se poser ces questions que nous avancerons. Il faudra se poser ensemble ces questions et *a fortiori* avec la réforme Côté. Le jour où ces passerelles vont être utiles, vont mener quelque part, ce sera le jour où les professionnels y seront associés directement et que ça ne sera plus seulement le propre des gestionnaires.

F. David – Maintenant que la décision ministérielle semble prise de nous laisser dans notre petit programme communautaire, à côté des PROS, cela aura l'avantage de nous éviter plusieurs discussions difficiles. Le réseau est peut-être soulagé aussi de nous voir un peu à côté : nous allons avoir moins de disputes. Mais, ce faisant, est-ce qu'on l'encourage à ne pas chercher à se solidariser et à discuter plus sérieusement avec nous ? C'est peut-être ça l'effet pervers de la bonne décision du ministre Côté. Par ailleurs, il y a tellement d'avantages à cette décision-là que je demeure convaincue que c'était important que l'on ait notre programme indépendant des PROS. Maintenant, comment va-t-on collaborer ? J'ai l'impression que ça va continuer un peu comme c'était, c'est-à-dire qu'il existe informellement des situations d'excellentes collaborations avec des individus. La condition fondamentale pour que ça se développe – ça fait juste quinze ans qu'on le répète – c'est le respect de la culture du communautaire tout simplement. De plus, il est important de nous considérer comme des égaux. Nous n'avons peut-être pas tous et toutes des formations universitaires, mais je connais des femmes qui travaillent dans des centres de femmes et qui pourraient en montrer à certains professionnels, ou qui pourraient à tout le moins partager avec eux une expérience très riche de relation d'aide et de travail dans la communauté. Alors, si l'on peut se considérer égaux et différents, des deux côtés, avec le respect de nos particularités, on va pouvoir travailler ensemble. Je ne pense pas que cela soit réalisable sur une grande échelle dans les prochaines années, mais on devrait pouvoir continuer à établir des passerelles prometteuses avec plusieurs intervenantes et intervenants du réseau.

❖ # Le choc des cultures : bilan de l'expérience de participation des ressources alternatives à l'élaboration des plans régionaux d'organisation de services en santé mentale

Lorraine GUAY
Coordonnatrice
Regroupement des ressources alternatives
en santé mentale du Québec (RRASMQ)

L'article présente un bilan de l'expérience de participation des ressources alternatives en santé mentale à l'élaboration des plans régionaux d'organisation de services (PROS) en santé mentale, au cours des années 1988 à 1991. Ce bilan comprend des éléments négatifs et positifs. Parmi les éléments négatifs, il y a la tendance du réseau gouvernemental à imposer sa culture aux ressources communautaires et à traiter ces dernières comme si

elles devaient simplement demeurer « complémentaires » des ressources institutionnelles et ainsi permettre de faire des économies.
Parmi les éléments positifs, il y a la reconnaissance même de
l'existence des ressources alternatives, de la légitimité de leur
travail et de leur nécessité. En somme, l'article fait ressortir
comment une négociation entre deux cultures est présentement
en cours entre le communautaire et l'institutionnel dans le champ
de la santé mentale; l'enjeu de cette négociation est le
développement d'une approche « autre » que celle propre au
modèle médico-hospitalo-centrique.

En 1987, les ressources alternatives en santé mentale se demandaient si,
telle la rivière La Grande, elles se laisseraient harnacher par le réseau (Guay,
1987 : 10). C'était avant l'Avant-projet de loi de Thérèse Lavoie-Roux.
C'était avant la réforme Côté. Cette interrogation reflétait la prise de
conscience de plus en plus marquée, au sein du mouvement communautaire,
que l'État revenait à la charge et que les organismes communautaires se
voyaient de nouveau « courtisés » en vue d'une intégration, sinon forcée, du
moins fortement suggérée à la manière du Parrain : « Je vais vous faire une
offre que vous ne pourrez refuser ».

LE VIRAGE DU PARTENARIAT : RETOUR DU PENDULE ?

Les années d'effervescence de la Révolution tranquille avaient vu naître un
mouvement communautaire dynamique et inventif, fortement engagé dans
l'émergence de nouvelles formes de solidarités sociales : associations de
défense des intérêts de groupes démunis et discriminés, mais aussi mise sur
pied de garderies, de cliniques populaires, de services juridiques communautaires, de coopératives d'habitation et d'alimentation, de centres d'éducation
populaire, etc. Très vite, l'État québécois, alors engagé dans la prise en
charge « mur-à-mur » du secteur de la santé et des services sociaux, opte
pour l'intégration de nombre de ces initiatives à l'appareil gouvernemental
(Favreau, 1989). La lutte épique des cliniques populaires de l'époque pour
ne pas être « avalées » par le réseau parapublic témoigne de cette résistance
innée des organismes communautaires face aux desseins intégrateurs de
l'État. Bataille perdue, car menée à forces inégales contre le puissant
courant qui a dominé le Québec des vingt dernières années et qui était axé :

> [...] sur la centralisation au détriment d'une adaptation aux spécificités
> régionales du Québec, sur l'homogénéisation des services contre le pluralisme,
> sur l'unité de conception administrative plutôt que sur la multiplicité des
> scénarios dans l'organisation des services, en un mot, sur la prédominance

d'une lecture uniformisante des situations plutôt que sur la reconnaissance de leur variété (Corin *et al.*, 1990).

Forts de cette expérience, les organismes communautaires poursuivent leur inlassable travail de construction du tissu social en créant, entre autres, à partir de la fin des années 70, de « nouveaux modèles de services et des manières différentes d'agir sur la santé et le bien-être des personnes et des collectivités » (Rochon *et al.*, 1988 : 27). Les maisons d'hébergement pour femmes victimes de violence conjugale, les ressources alternatives en santé mentale, les centres de femmes, les maisons de jeunes, et plusieurs autres organisations communautaires se mobilisent et forcent de plus en plus l'État à leur reconnaître un financement autonome.

Le fort courant de régionalisation qui secoue le Québec depuis une dizaine d'années nous fait entrer du même coup et à la vitesse de l'éclair dans l'ère du partenariat. Des acteurs, hier récalcitrants à même se regarder, encore moins à s'asseoir à une même table, se retrouvent dans de nouveaux lieux de consultation, de concertation et de participation. Le mouvement communautaire n'échappe pas à cette mouvance. Pour avoir connu la « phagocytation » de ses initiatives par le réseau et pour avoir surtout fait partie d'une culture d'opposition, de contestation et de marginalisation, il est incité à prendre un virage qui ne va pas de soi. Ne sommes-nous pas alors en droit de penser qu'il s'agit là plutôt d'une forme de « paternariat, c'est-à-dire d'impérialisme paternant de la part du réseau » ? (Panet-Raymond et Vandal, 1990). Ne sommes-nous pas en droit de penser que ce partenariat nous est proposé à condition toutefois que nous acceptions de demeurer sous la gouverne d'un seul chef d'orchestre et d'entonner l'hymne unique du néolibéralisme ? Assistons-nous présentement au retour du pendule et à une nouvelle offensive d'intégration ?

Si oui, comment alors concevoir les rapports entre le réseau public et les organismes communautaires ?

CONTRE LA SEULE DYNAMIQUE D'INTÉGRATION ET DE COMPLÉMENTARITÉ

Si nous pouvons reconnaître au ministre Côté, avec sa réforme, le mérite d'être allé plus loin que tous ses prédécesseurs en matière de reconnaissance des organismes communautaires, il importe de saisir toute l'ampleur du dessein étatique face au mouvement communautaire (David, 1991). Le ministre Côté a maintes fois insisté sur sa volonté de ne pas institutionnaliser les organisations communautaires et bénévoles. « Au cours des dernières années, disait-il, ces organismes se montraient créatifs, inventifs, mais voyaient souvent leurs initiatives récupérées par le réseau institutionnel. On perdait ainsi une partie du cœur et de l'esprit des créateurs » (Santé et Société, 1991). Or, de nombreux articles de loi font en sorte que « le cœur et l'esprit des créateurs » sont solidement amarrés au réseau. En effet, la particularité de « la loi 120 », c'est d'affirmer d'une part la nécessaire autonomie du communautaire et, d'autre part, d'imposer du même souffle des modalités très strictes d'intégration au réseau public. Il y a là une contradiction de fond. L'État a délibérément opté pour le harnachement des organismes communautaires et leur intégration au réseau parapublic des services de santé et de services sociaux.

C'est la notion de *complémentarité* qui sert d'axe intégrateur. On la retrouve associée au financement et au fait que les organisations communautaires sont essentiellement considérés en fonction de leurs *services,* à l'intérieur de programmes cadres visant des clientèles installées dans des corridors serrés et soumis à des plans d'organisation de services élaborés, planifiés, évalués et gérés par la Régie régionale. Les organismes communautaires deviendront un des maillons du système public chargés de réaliser les objectifs de planification sociosanitaire décidés par le gouvernement. Ils feront ce que le réseau dit ne plus pouvoir ou vouloir faire. On souhaite même « développer dans le réseau une *culture commune* propre aux membres des conseils d'administration, des cadres, des employés des établissements, des instances régionales et des organismes communautaires » (MSSS, 1990 : 44).

Nous l'affirmons haut et fort : une telle vision du mouvement communautaire et bénévole conduit à la mort certaine de ce qui a constitué jusqu'à maintenant la contribution originale et indispensable de ces organisations à la société québécoise. Bien plus, la complémentarité obligée avec le réseau conduit à l'homogénéisation et à l'uniformisation des pratiques et des modes de penser. L'importance de l'action communautaire, le nécessaire questionnement des pratiques thérapeutiques et l'implication réelle des citoyens et des citoyennes à la définition de leurs besoins et des façons d'y répondre sont évacués. On empêche toute pluralisation du réseau. On réduit l'espace démocratique de la société civile.

De Thérèse Lavoie-Roux à Marc-Yvan Côté, les organismes communautaires en sont arrivés à une même conclusion : « sous prétexte de financement et malgré le discours appuyant l'autonomie du mouvement communautaire, on peut déceler dans ces projets de loi, une nette volonté de contrôler, d'encadrer, de modeler le communautaire et de l'intégrer à la dynamique du réseau public. Le mouvement communautaire est en droit de se demander si c'est ce type de partenariat qu'il souhaite ''tricoté serré'' dans les mailles du réseau, ou si le respect de son identité fondamentale n'exige pas plutôt la négociation de plus grands espaces de liberté » (Guay, 1989).

CONTRE L'IMPÉRIALISME DE L'APPROCHE « RÉSEAU »

Postuler que la place des organismes communautaires réside dans le réseau des établissements, et se situer dans un strict rapport de complémentarité, c'est implicitement poser le réseau comme référent principal, sinon unique. Au Québec, le centralisme excessif et planificateur a eu tendance à poser le réseau comme seul pilier du social, ce qui a eu pour effet d'obnubiler toutes les autres références. Or, il y a lieu de s'insurger contre cette approche. Nous ne sommes pas les seuls à le dire : « l'action des organismes communautaires ne peut servir d'instrument de réalisation des politiques de l'État et des programmes du réseau public » (Tremblay, 1990).

En effet, l'émergence du mouvement communautaire a en quelque sorte posé la centralité du système en termes différents. Il a permis de questionner non pas la pertinence d'un réseau public de santé et de services sociaux, car contrairement aux « patrons » du libre marché, les organismes communautaires n'ont jamais remis en cause la nécessité absolue d'un système public pour assurer la gratuité, l'universalité, l'accessibilité, donc une certaine équité sociale. Le communautaire remet en cause la monopolisation par l'État des orientations, des pratiques et des modes d'organisation du social. Le communautaire ouvrait ainsi une brèche dans ce qui, autrement, ne pouvait relever que de l'inévitable polarisation : secteur public gratuit d'un côté, secteur privé à but lucratif de l'autre. C'est par son autonomie et, d'une certaine façon, à partir de sa position « marginale » ou « périphérique » par rapport au réseau (Godbout, 1987), que le mouvement communautaire a non seulement développé un point de vue critique sur le système, mais a construit des pratiques alternatives caractérisées essentiellement par *le désir de faire advenir une société plus conviviale* débarrassée de la pauvreté, du sexisme, des logiques technocratiques et des abus de pouvoir.

Il faut donc d'emblée poser la question de la place du communautaire au sein de la société québécoise plutôt que par rapport au seul réseau des établissements, ce qui est réducteur. Il faut d'emblée réaffirmer que la place du communautaire réside *dans* la communauté d'abord et avant tout, dans ce vaste champ du social où se nouent les relations entre les citoyens, où se tissent les solidarités sociales, où mûrissent en gestation les grands mouvements de transformation sociétaux, où se construit finalement la cité. C'est par rapport au tissu social, toujours effrité, toujours en construction, que le communautaire se façonne et qu'il façonne en retour la communauté.

C'est seulement en posant la raison d'être du mouvement communautaire par rapport à la société globale que nous pourrons porter un regard plus relatif sur les liens qu'il entretient ou doit entretenir avec le réseau. Nous sommes ainsi renvoyés aux notions plus théoriques de « centre » et de « marge ». Selon l'évolution de la recherche anthropologique, on assisterait, pour reprendre une formulation d'Ellen Corin :

> [...] à certaines tentatives, qui demeurent fragmentaires, de redonner un statut théorique à ce qui est de l'ordre d'une différence ou d'un écart par rapport aux institutions centrales. [...] Dans la perspective où l'on met l'accent sur les dynamiques de la marge, les rapports qui se tissent entre marge et centre sont multiples : rapport de détermination réciproque où il apparaît que la marge peut être nécessaire au centre autant qu'elle peut en être rejetée ou que le centre lui est nécessaire comme point de démarcation; qu'elle peut être constituée par le centre autant que s'en démarquer; qu'elle offre un éclairage sur le fonctionnement du centre autant ou plus que ce dernier ne le détermine (Corin, 1986 : 2).

C'est donc au sein de ces dynamiques complexes qu'il faut saisir le type de rapports État-organismes communautaires qui est en train de s'élaborer. L'expérience des ressources alternatives en santé mentale peut s'avérer riche d'enseignement à ce niveau.

L'EXPÉRIENCE DE PARTENARIAT DES RESSOURCES ALTERNATIVES EN SANTÉ MENTALE OU... LE CHOC DES CULTURES[1] !

La signification politique du partenariat

L'élaboration d'une politique de santé mentale allait fournir l'occasion d'expérimenter de nouvelles formes de « collaboration » entre le réseau et les organismes communautaires et alternatifs actifs dans le champ de la santé mentale. Il convient d'abord de rappeler la signification qu'accordent le

---

1. Ces réflexions sont tirées directement du bilan-synthèse de l'expérience de participation aux comités tripartites chargés d'élaborer les plans régionaux d'organisation des services en santé mentale. Le comité qui a procédé à l'analyse de l'expérience était composé des personnes suivantes : Mme Jocelyne Lamoureux, professeure-chercheure en sociologie à l'Université du Québec à Montréal (UQAM); M. Frédéric Lesemann, professeur-chercheur à l'École de service social de l'Université de Montréal; Mme Louise Blais, professionnelle au DSC Sacré-Cœur et étudiante au programme de doctorat en sciences humaines appliquées à l'Université de Montréal; Mme Claudine Laurin, ex-présidente du RRASMQ et présentement coordonnatrice de l'AGIDD-SMQ; M. Jacques Saintonge, président du RRASMQ et membre de Solidarité-Psychiatrie; M. Mario Beauvais, ex-président du RRASMQ et coordonnateur de La Maison sous les arbres; Mmes Carole Hince, Suzanne Biron et Lorraine Guay de la permanence du RRASMQ. C'est Mme Lamoureux qui a assumé la direction de la recherche et de la rédaction du rapport-synthèse.

rapport Harnois et ensuite la Politique de santé mentale à la mise sur pied d'un partenariat élargi. Ce partenariat comprend « la mobilisation concertée de la personne, de ses proches, des intervenants, de la communauté, des ressources publiques et de celles du milieu » (Gouvernement du Québec, 1989). Il implique trois conditions de base : la reconnaissance du potentiel de chacun des partenaires, l'existence de rapports ouverts entre ceux-ci et l'adoption d'objectifs communs. On présente d'ailleurs le partenariat comme « une façon privilégiée d'œuvrer en santé mentale : il permet la mobilisation d'une foule d'acteurs aux horizons multiples, engagés à différents niveaux dans un système d'intervention de plus en plus complexe. Il permet de tenir compte à la fois de la diversité des acteurs et de la multiplicité des modèles d'intervention ».

Le lieu choisi pour faire l'expérience concrète de ce partenariat, c'est la planification des services via un comité tripartite[2]. C'est là, idéalement, qu'on doit mettre en place un mécanisme permettant de négocier, de la façon la plus harmonieuse possible, le virage progressif vers l'implication de tous les acteurs concernés. Et le plan régional d'organisation des services (PROS) est vu comme le moyen le plus intéressant pour arriver à la primauté du service sur les institutions et les structures.

Pourquoi participer ?

Il faut d'entrée de jeu préciser que le partenariat, en matière de planification des services de santé mentale, n'a pas été imposé aux ressources alternatives. Au contraire, ces ressources ont été partie prenante de l'idée d'instaurer des comités tripartites où, contrairement à ce qui se passait dans les anciennes commissions administratives contrôlées exclusivement par les institutions et les professionnels de la psychiatrie, il y aurait possibilité de briser le monopole des établissements et des institutions, de contester le modèle médico-psychiatrique dominant, d'opérer un virage irréversible vers une approche davantage psychosociale ancrée dans la communauté, de modifier l'organisation et la distribution des services en faveur des personnes aux prises avec des problèmes de santé mentale et, enfin, de gagner la reconnaissance et la consolidation financière de même que le développement accéléré des ressources alternatives. Rien de moins !

---

2. Ces comités sont composés, pour un premier tiers, des établissements du réseau (CH, CLSC, CSS, etc.), pour un deuxième tiers, des ressources alternatives et communautaires en santé mentale et, pour un troisième tiers, des organismes ou groupes provenant de la communauté (municipalités régionales de comtés, représentants syndicaux, aide juridique, commission scolaire, etc.).

Car dans un contexte d'accroissement des inégalités socio-économiques, de marginalisation et d'exclusion de secteurs de plus en plus nombreux de la population, la participation à la planification n'a de sens, pour le mouvement alternatif, que si elle constitue un lieu de lutte pour modifier radicalement la qualité de vie des personnes souffrantes, pour briser les logiques institutionnelles et corporatistes, pour faire advenir, au-delà d'un partenariat égalitaire, une société plus démocratique. En dehors de cela, en effet, pourquoi y participer ? D'aucuns pouvaient voir là une certaine utopie !

Le choc

D'ores et déjà, nous sommes en mesure d'affirmer que la rencontre du communautaire et du réseau public – sans être tout à fait du troisième type – s'est avérée difficile. Même dans les meilleures conditions (c'est-à-dire là où il y avait des ressources fortes, concertées et possédant l'expertise suffisante), la démarche s'est révélée ardue et pleine d'embûches. Cette expérience a permis de démontrer, une fois de plus, le choc brutal de deux cultures.

Au cours des dernières années, en effet, les ressources alternatives ont mis de l'avant une expertise « autre », une logique de fonctionnement « autre », un langage « autre ». En bref, ces ressources ont développé une culture « autre ». Or, *la culture organisationnelle du comité tripartite, calquée entièrement sur celle du réseau et de ses appareils, a nettement dominé la culture du communautaire et fait en sorte qu'il y a eu évacuation de l'identité de l'alternative et du communautaire.* Quatre grandes constatations s'imposent, lorsqu'on évalue les conditions concrètes de participation :

a) *Les CRSSS se sont avérés les tout-puissants « 4ᵉ tiers »* et ont littéralement imposé une « stratégie bulldozer » visant à produire les PROS au plus vite et à être les premiers à franchir la ligne d'arrivée à Québec. Rythme infernal des rencontres, nombre incalculable d'heures, documentation surabondante, vocabulaire peu accessible, huis clos, etc. En somme, des conditions inacceptables. On s'est ainsi aperçu, avec encore plus d'acuité, que « la planification n'est pas une technique neutre, valeur moderniste et scientifique, et qu'elle peut facilement devenir un rouleau compresseur aux mains de technocrates qui font passer le souci d'efficience avant celui de démocratie » (Morin, 1990).

b) *Le manque total de pédagogie participative* au niveau de la démarche du comité tripartite a produit cette immense contradiction : l'absence des usagers et usagères du processus de planification des services en santé mentale, alors que cette planification prétend se faire *pour* eux et que la politique de santé mentale les plaçait *au centre*. Cette situation amène les ressources alternatives à être en constante contradiction avec leurs valeurs, leurs approches, leur philosophie de base dont un des éléments principaux consiste à promouvoir la participation des usagers et usagères à toute la vie associative et à toutes les instances décisionnelles de leur groupe.

c) *L'absence de débats de fond* a fait qu'on ne s'est jamais posé la question du « pourquoi » ni du « comment » travailler en santé mentale. Il n'y a pas eu de remise en question des pratiques professionnelles et institutionnelles. Il devenait donc quasi impossible d'introduire la notion « d'alternative ».

d) *Enfin, au niveau du processus de prise de décision, c'est nettement le consensus qui est privilégié* et utilisé comme bâillon pour les débats, de peur qu'il y ait opposition et dissension. Dans un tel contexte, on écarte systématiquement la reconnaissance de divergences de fond, d'oppositions même. La multiplicité des regards sur une même situation est refusée. Nous pouvons faire l'hypothèse que l'approche « obsessionnellement » consensuelle a contribué à l'appauvrissement des débats.

La reconduction du statu quo

Notre bilan des PROS nous amène à établir un diagnostic sévère. Nous avançons en effet que, loin d'amorcer le virage tant souhaité « de la biologie à la culture » (Comité de la santé mentale, 1985), ou encore le virage non moins souhaité du renforcement de la communauté, les PROS favorisent plutôt la logique technocratique, privilégient encore le modèle institutionnel et reconduisent telle quelle la logique sectorielle. Il n'y a pas eu réorientation, mais réorganisation (White et Mercier, 1990a et 1990b). Ce diagnostic sévère repose sur les constatations suivantes :

a) La domination de l'approche épidémiologique dans la construction du portrait des régions et la détermination des besoins en santé mentale. Or, l'approche alternative et communautaire, dans son appréhension de la réalité et donc des besoins, s'accommode fort mal du seul regard « comptable ».

b) La faiblesse du social, qui se manifeste entre autres dans le fait que la communauté est essentiellement perçue comme un lieu physique, un découpage administratif. Ayant pignon sur rue dans un quartier, une clinique externe de psychiatrie devient magiquement « communautaire » ! D'où l'impossibilité de penser la communauté en tant que communauté vivante, agissante, impliquée dans la nécessaire transformation des conditions d'existence. Dans les faits, l'idée de complémentarité piégée, voire de sous-traitance, est encore très présente.

La faiblesse du social se manifeste aussi par la primauté accordée à la logique des services plutôt qu'à une logique d'action sociale, à la tendance à psychiatriser tous les processus de vie introduisant une dynamique davantage médicale (régler les problèmes avec des médicaments) que sociale (travail sur les conditions de vie et les réseaux d'aide) et par l'absence d'intersectorialité. Comment une politique de santé mentale et une planification de services, qui prétendent l'une et l'autre « mettre la personne au centre », peuvent-elles passer sous silence l'impact énorme de l'inaccessibilité au travail, au logement, au loisir, à la vie associative ? Comment ne retrouve-t-on pas des orientations très précises pour modifier radicalement ces conditions de vie ?

c) *Le maintien du modèle institutionnel.* Comme nous l'avons mentionné, la constante dominante des PROS, c'est l'absence de débats de fond sur *les pratiques*. Dans de telles conditions, on ne s'étonnera pas que le modèle institutionnel et le pouvoir psychiatrique demeurent encore largement dominants. Certes, il serait faux d'affirmer qu'il n'y a eu aucune avancée dans la remise en cause du modèle hospitalo-médico-psychiatrique. Les CLSC, par exemple, font une percée non négligeable dans des domaines réservés jusque-là aux seules institutions psychiatriques. Si le développement strictement institutionnel est limité, on en parle plutôt en termes de « fissures, de craquelures », d'amorce de changement de mentalités et non pas de virage significatif.

d) Enfin, les PROS ne garantissent aucunement la consolidation financière et le développement des alternatives. Ces plans, tout comme la politique de santé mentale, ne proposent aucune réallocation radicale des budgets. Bien plus, la désinstitutionnalisation (principale source de réallocation financière) a été spectaculairement absente des travaux des comités tripartites. Et s'il y a quelque réallocation d'argent, elle se fera principalement à l'intérieur même du réseau via les ressources intermédiaires et les CLSC.

Des gains certains

La rudesse de l'expérience vécue pourrait nous empêcher de voir et de reconnaître les gains réalisés en cours de processus. Or, les stratégies utilisées par les alternatives ont permis des gains importants :

a) Il y a d'abord eu la *reconnaissance* de l'existence même des ressources alternatives, de la légitimité de leur travail et de leur nécessité même, ce qui n'était pas acquis partout avant la participation au processus.

b) Les ressources ont réussi, en alliance avec d'autres, à opérer des brèches non négligeables dans la culture centralisatrice et le modèle hospitalo-médico-psychiatrique. On sent que ce modèle est en terrain plus mouvant, qu'il ne fait plus l'unanimité même au sein du réseau.

c) Nous avons fait avancer une conception plus dynamique de la communauté : l'idée fait son chemin que celle-ci n'est pas uniquement une pourvoyeuse de services, qu'il faut travailler au renforcement de la communauté et pas seulement au maintien dans la communauté.

d) Nous avons réussi à « subvertir » la politique de santé mentale, c'est-à-dire à en utiliser les grands principes (la personne au centre, la recherche de solutions dans le milieu de vie, etc.) pour renforcer l'approche alternative.

e) Enfin, le modèle « parternariat tripartite » s'impose comme incontournable. Il semble bien que l'ancien modèle des commissions administratives soit définitivement écarté. En ce sens, nous pouvons parler d'une plus grande démocratisation et d'une amorce de partenariat.

Voilà, très succinctement rapporté, le bilan de la participation d'un secteur du mouvement communautaire à la planification des services au sein de structures de partenariat. Quels sont donc les enjeux qui sous-tendent cette participation qui n'est ni de l'ordre de l'exploitation « bête et méchante », ni de l'ordre de la convivialité angélique. Ce n'est pas un hasard si des formes de participation aussi particulières que les comités tripartites ont vu le jour précisément à une époque où toute l'architecture de l'État-providence est en train de se modifier. Ce n'est pas un hasard non plus si des groupes communautaires ont voulu être partie prenante de cette reconstruction, à une époque où le mouvement communautaire est appelé à réinventer des stratégies d'action qui tiennent compte de ces nouveaux terrains de lutte auxquels nous convie la planification des services de santé et des services sociaux.

LES ENJEUX DE LA PARTICIPATION
AUX STRUCTURES DE PARTENARIAT

Au niveau politique

L'enjeu est d'abord politique : un nouveau modèle d'organisation de la santé et des services sociaux est en train de s'instaurer au Québec. Nous le voyons bien, le système actuel est en mutation; il bouge sous l'impulsion de rapports de forces multiples. Nous assistons en fait à la mise en place d'une nouvelle architecture.

Dans cette mouvance, nous pouvons faire l'hypothèse qu'il ne s'agit pas seulement d'une reproduction servile du modèle néo-libéral pur et dur. Nous travaillons en effet « dans un contexte politique particulier où l'État québécois oscille, au sein d'une orientation essentiellement néo-libérale, entre des politiques de droite carrément réactionnaires et d'autres nettement plus "centristes", qui cherchent à neutraliser quelque peu les effets pervers des premières » (David, 1991; Corin et al., 1990).

Nous faisons aussi l'hypothèse qu'il ne s'agit pas seulement d'une pure entreprise de régulation ou de contrôle social. Car l'État lui-même est de plus en plus ébranlé, et de l'intérieur, par des secousses qui remettent en cause sa légitimité absolue sur les modes d'organisation sociale. La Commission Rochon a pu témoigner de la formidable remise en question de l'appareil étatique par de nombreux acteurs sociaux et pas uniquement par le secteur privé.

Et justement parce que l'État oscille entre ces diverses tendances, il nous faut peser de tout notre poids (aussi poids-plume soit-il) pour influencer les rapports de force dans le sens d'une plus grande démocratisation, dans le sens du nécessaire élargissement des espaces démocratiques au sein de la société civile.

Car tout l'enjeu consiste à savoir s'il y aura approfondissement du « politique » et participation à « l'invention démocratique », c'est-à-dire démonopolisation, resocialisation et réappropriation des pouvoirs de décision sur les orientations des transformations sociales, ou si nous n'assisterons pas plutôt à une nouvelle emprise du mode de gestion technocratique de la société, c'est-à-dire à une reconduction du statu quo, à une métabolisation-intégration des dynamiques communautaires à la rationalité centralisatrice (Lamoureux et Lesemann, 1987).

Ou le système devient plus ouvert, plus perméable à des initiatives novatrices, plus réceptif face à d'autres façons de comprendre et d'agir sur le social ou la seule solution acceptable est la récupération totale (White et Mercier, 1990a et 1990b), l'intégration « mur-à-mur », l'homogénéisation à tout prix et, partant, l'appauvrissement de la société globale. En ce sens, il nous faut contribuer à « civiliser le politique », c'est-à-dire à y faire pénétrer en force toute la dynamique de nouveaux rapports sociaux.

Au niveau organisationnel

L'expérience des ressources alternatives en santé mentale nous amène à penser que la planification des services est actuellement une question centrale et une question éminemment politique, en ce sens qu'elle peut constituer un instrument vital de réaménagement des rapports sociaux. Ainsi, en santé mentale, il nous faut passer « de la biologie à la culture », opérer un virage vers la communauté, développer une approche « autre » que le modèle médico-hospitalo-centrique; il nous faut désinstitutionnaliser. À cet effet, il importe de mettre en place les conditions de réalisation d'un partenariat respectueux de l'apport particulier de nouveaux acteurs.

Tout le dilemme consiste à savoir si le recadrage se fera sous l'emprise hégémonique de l'État ou si nous assisterons plutôt à une renégociation des espaces-frontières entre réseau et communauté. Est-ce que ceux et celles qui ont toujours été les « organisés » et que nous nommons, nous, les membres, les usagers et les usagères, auront une prise réelle sur cet instrument de mise en ordre des rapports sociaux que constitue la planification des services pour le façonner et l'utiliser de façon plus ouverte, plus flexible, plus diversifiée, plus démocratique, plus conviviale ?

Est-ce que l'organisation des services va demeurer la propriété privée d'une caste d'organisateurs, de bureaucrates, de professionnels, renforçant ainsi la domination des grands appareils ? Ou bien est-ce qu'il y aura redistribution des responsabilités entre plusieurs acteurs sociaux et, du même coup, instauration de conditions politiques et stratégiques plus favorables à un mode plus autonome d'organisation sociale ?

Au niveau économique

Nul besoin d'ajouter que les enjeux économiques sont énormes. Nous nous souvenons tous et toutes que le gouvernement Bourassa avait commencé son « ère » en 1986 par la constitution de trois « Comités des sages », dont l'un, présidé par Paul Gobeil, avait préconisé de privatiser « mur-à-mur » ce qui avait été étatisé « mur-à-mur » au début de la Révolution tranquille.

L'économie duale n'en finit plus de fissurer le monde en deux : pays développés, pays sous-développés; riches et pauvres au sein des sociétés occidentales dites « avancées »; travail spécialisé, assuré et bien rémunéré, versus travail précaire et sous-payé, etc.

Nous ne sommes pas dupes. Avec plusieurs nous pensons que l'État québécois n'est pas complètement « innocent [lorsqu'il] devient soudainement favorable à la communautarisation de son réseau de santé et de services sociaux; [...] les motivations qui ont amené les responsables gouvernementaux à s'aligner aussi radicalement du côté de la communautarisation doivent être cherchées dans l'idéologie de la privatisation » (Vaillancourt et al., 1987).

Nous sommes « intéressants » parce que nos *services* coûtent moins chers. Certes, il est vrai que le communautaire plaide depuis longtemps en faveur d'une certaine « écologie sociale » en cherchant à répondre « autrement » à des besoins qui avaient jusque-là nécessité la « quincaillerie lourde » des immenses appareils bureaucratiques et professionnels. Que cela coûte moins cher peut effectivement rencontrer, pour un moment seulement, les visées d'une certaine logique administrative. Pour un instant seulement, car rien ne prouve qu'une désinstitutionnalisation à « visage humain » coûtera moins cher économiquement. Les coûts humains, par ailleurs, seront infiniment moindres.

Mais soyons clairs : nous ne collaborerons pas à des politiques qui visent l'appauvrissement des travailleurs et des travailleuses, la sous-traitance et le bénévolat comme substitut au délestement des responsabilités étatiques. Les ressources alternatives ont là-dessus, leur propre combat à mener, de concert avec l'ensemble du mouvement communautaire, contre la précarisation dans laquelle les maintient la politique gouvernementale.

Soyons plus clairs encore : nous tenons au maintien d'un système public basé sur des acquis aussi précieux que la gratuité, l'accessibilité et l'universalité. C'est une des conditions importantes pour garantir l'équité de tous les citoyens et citoyennes devant la maladie et les risques sociaux.

Du même souffle, nous refusons que la seule alternative à la remise en cause de l'hégémonie étatique soit la privatisation lucrative, commerciale, celle-là même où nous emprisonnent à l'heure actuelle la prolifération des « médecines et thérapies alternatives » faites sur mesure pour les mieux nantis de la société et où les solidarités sociales sont évacuées.

L'enjeu économique de la planification des services devient donc la capacité de sortir de la seule logique comptable néo-libérale pour y introduire de nouvelles dynamiques économiques résolument axées sur l'éradication des inégalités socio-économiques. Réencastrer les solidarités au sein de la société constitue plutôt, pour nous, une solution de rechange au délestement de l'État, à la privatisation comme unique solution. Nos « colmatages » avec le système public y puisent leur source.

EN CONCLUSION

En effet, « comment en arriver à un système social où l'État est garant de la justice et de l'équité entre les individus, les communautés, les régions [...] mais où, justement, ces composantes de la société québécoise détiennent le pouvoir d'agir dans leur milieu et à leur façon ? » (David, 1991)

Le mouvement communautaire doit contribuer à relever le défi. Et si le temps était venu de négocier notre participation ? La négociation peut en effet devenir pour le mouvement communautaire un véritable outil politique à condition toutefois de renouveler nos stratégies, de dessiner de nouvelles alliances, de réinventer des modes d'action collective toujours axés sur notre désir de faire advenir, au-delà d'un partenariat égalitaire, une société plus juste, plus démocratique et plus conviviale.

Bibliographie

CORIN, E. E. (1986). « Centralité des marges et dynamique des centres », *Anthropologie et Sociétés*, vol. 10, n° 2, 1-21

CORIN, E. E., BIBEAU, G., MARTIN, J.-C. et R. LAPLANTE (1990). *Comprendre pour soigner autrement*, Montréal, PUM.

COMITÉ DE LA SANTÉ MENTALE DU QUÉBEC (1985). *La santé mentale : de la biologie à la culture*, Avis sur la notion de santé mentale, Québec, Ministère de la Santé et des Services sociaux.

DAVID, F. (1991). *La réforme Lavoie-Roux-Côté : entre la vertu et la pratique... tout un océan d'incertitudes*, document d'analyse sur la réforme de la santé et des services sociaux, Montréal, L'R des Centres de femmes et le Regroupement des ressources alternatives en santé mentale du Québec, mars.

FAVREAU, L. (1989). *Mouvement populaire et intervention communautaire : de 1960 à nos jours. Continuités et ruptures*, Montréal, Le CFP, les Éditions du Fleuve, Alternatives.

GODBOUT, J. (1987). *La démocratie des usagers*, Montréal, Boréal.

GOUVERNEMENT DU QUÉBEC (1989). *Politique de santé mentale*, Québec, Gouvernement du Québec, MSSS.

GUAY, L. (1987). *Solidarité et intégrité du communautaire*, Montréal, Entonnoir.

GUAY, L. (1989). *L'avant-projet de loi sur la santé et les services sociaux : impact sur le mouvement communautaire*, document de travail, Montréal, L'R des Centres de femmes du Québec et le Regroupement des ressources alternatives en santé mentale du Québec, novembre.

GUAY, L et al. (1991). *Le Choc des cultures : la participation des ressources alternatives à l'élaboration des plans régionaux d'organisation de services en santé mentale. Bilan-synthèse de l'expérience de participation aux comités tripartites*, document de travail déposé à l'Assemblée générale du RRASMQ, le 15 juin, Montréal, RRASMQ.

Lesemann, F. et J. Lamoureux (1987). *Les filières d'action sociale*, Québec, Les Publications du Québec.

Ministère de la santé et des services sociaux (MSSS) (1990). *Une réforme axée sur le citoyen*, Québec, MSSS, décembre.

Morin, P. (1990). « Au Québec, la santé mentale a une politique : espoir ou faux départ », article à paraître dans la revue *Santé mentale au Canada*.

Panet-Raymond, J. et A. Vandal (1990). *Le maintien à domicile à l'heure du partenariat entre organismes communautaires et CLSC*, Colloque du RQIIAC, 25 mai.

Rochon, J. *et al.* (1988). *Rapport de la Commission d'enquête sur les services de santé et les services sociaux*, Québec, Les Publications du Québec, 1988, 803 p.

Santé et société (1991). *Santé et société*, Québec, MSSS, février.

Tremblay, Henri (1990). « La place et le rôle des organismes communautaires dans le domaine de la santé et des services sociaux », *Apprentissage et Socialisation*, vol. 13, n° 2, juin, 121-128.

Vaillancourt, Y., Bourque, D., David, F. et É. Ouellet (1987). La privatisation des services sociaux, annexe n° 37, Commission d'enquête sur les services de santé et les services sociaux, Québec, Les Publications du Québec.

White, D et Mercier, C. (1990a). *Reorienting Mental Health Systems : The Dynamics of Policy and Planning*.

White, D et Mercier, C. (1990b). *Integrating Community and Public-Institutional Mental Health Services : Some Unintended Consequences*.

❖ Du bénévolat au néo-bénévolat

Belhassen REDJEB
Cégep de Lévis-Lauzon

La présente réflexion porte sur le passage du bénévolat traditionnel au néo-bénévolat au sein du champ de l'assistance sociale québécois. L'analyse de cette transition est d'autant plus justifiée que le champ de l'assistance sociale a connu une forte institutionnalisation depuis une vingtaine d'années; comme si l'évidence du vécu propre à ce phénomène de la société moderne rendait accessoire l'analyse du rapport du Nouveau à l'Ancien au fil de ladite transition. C'est cette analyse que nous nous proposons d'effectuer en décentrant le regard afin de voir dans sa plénitude l'institutionnalisation du néo-bénévolat dans le champ de l'assistance.

Dans un ouvrage précédent, nous avons mis en relief les manifestations principales du regain de vie du bénévolat au Québec (Laforest et Redjeb, 1989). Le présent article propose d'analyser comment s'opère le passage du bénévolat traditionnel au néo-bénévolat. Cette métamorphose au sein de l'institution bénévole, sans être radicale, participe d'un processus de mutation sociale qu'est l'institutionnalisation, phénomène que nous aurons à définir dans un premier temps. Une fois dégagées, les opérations de ce processus vont nous servir, par la suite, de guide pour repérer leurs équivalents empiriques probants.

Plus spécifiquement, les questions auxquelles nous tenterons de répondre dans le présent article sont les suivantes : comment le néo-bénévolat acquiert-il une autonomie par rapport à l'ancien dans le champ de l'assistance, comment aménage-t-il ses rapports à l'environnement et comment s'édifie son discours légitimant ? Bien entendu, ces questions seront traitées en regard de certains caractères attribués au bénévolat traditionnel ce qui nous permettra d'apprécier les différences et les ressemblances, de même que – nous conclurons sur cela – leur portée dans l'institutionnalisation du néo-bénévolat.

LE PASSAGE DU BÉNÉVOLAT AU NÉO-BÉNÉVOLAT : UN PHÉNOMÈNE D'INSTITUTIONNALISATION

Si le bénévolat, en tant que « substitut fonctionnel » à l'assistance étatique, est non seulement convoité, mais en voie de s'ériger en panacée, c'est qu'en retour cette institution tolère une certaine métamorphose et une ouverture certaine en regard des manières de faire qui prédominent dans le champ de l'assistance publique et qui trouvent leurs sources dans l'État légal-rationnel et la science dans son expression technogestionnaire.

Produits de la rationalité instrumentale, ces modes d'existence se déploient, avec la complicité de l'expert et du gestionnaire appropriés, dans le champ de l'assistance bénévole. C'est ainsi que de nos jours, au Québec, il se développe, dans le champ de l'assistance et à côté de certaines pratiques d'assistance bénévole survivantes et rivées aux manières de faire traditionnelles, un néo-bénévolat inspiré par les modes d'existence des organisations parapubliques de l'assistance. Tout se passe, en effet, comme si ce néo-bénévolat était propulsé par les exigences du présent et portait en même temps des traces des pratiques bénévoles qui lui préexistent, c'est-à-dire du bénévolat d'autrefois. Si tel est le cas, il y aurait là un jeu complexe d'emprunts à la fois à la modernité et aux traditions qui s'effectuerait par les voies de l'institutionnalisation. Ce phénomène caractéristique des temps modernes, est en même temps un travail en profondeur où se ferait plus active la recherche de la cohérence entre l'ancien savoir et le nouveau qui regardent la pratique bénévole dans ce que le premier a de survivant et le second de revitalisant. C'est donc en parcourant le chemin de l'institutionnalisation du néo-bénévolat à l'aide de paramètres appropriés et en nous basant sur des données pertinentes, qu'il est possible de reconstituer et de faire ressortir les principales articulations du néo-bénévolat et, partant, de ce que l'institution bénévole connaît de renouveau.

Si l'institutionnalisation est un « des phénomènes majeurs des temps modernes » (Dumont, 1982 : 15-54), c'est qu'elle se pose comme un courant de base d'une véritable mutation sociale; tout l'espace social est investi par ce courant et le domaine de l'assistance, lieu privilégié d'expression de l'institution bénévole, n'y fait pas exception. Ce phénomène se traduit par des actes multiples qui s'inscrivent dans un processus d'ensemble dont l'objet est un travail nouveau qui s'effectue en marge et aux dépens de l'ancien, ou par-dessus et parfois à même ce dernier. C'est ainsi que l'institutionnalisation du néo-bénévolat dans le champ de l'assistance n'a jamais consisté à se départir complètement de l'ancien bénévolat, mais bien plus à isoler ce que des « experts » de l'institutionnalisation jugent comme étant *vital* dans le bénévolat, le don volontaire, et à lui prodiguer un second souffle et des pratiques réformées. C'est dire que le passé constitue un point de départ pour l'institutionnalisation, point de départ qui marquera son produit; il est en quelque sorte « un gouvernement des morts sur les vivants » (Lapassade et Loureau, 1974 : 164). On rejoint par cette remarque le précepte selon lequel « rien ne vient de rien » (Fauconnet et Mauss, 1968 : 17). Mais c'est aussi poser que l'institutionnalisation est un travail nouveau qui se nourrit, en plus, de savoirs que l'expert emprunte à ses institutions d'appartenance, la science ou l'État, ou les deux. Cet expert manipule donc deux sortes de savoirs (l'ancien et le nouveau) pour les rendre compatibles dans le « faire » : véritable entreprise de « bricolage » qui confère une valeur sociale au néo-bénévolat et qui octroie par ricochet une visibilité aux anciennes pratiques bénévoles persistantes. Ainsi, ce serait au fil de l'institutionnalisation que se déploierait le jeu d'emprunts et que se ferait plus active la recherche de différenciation et de cohérence entre l'ancien et le nouveau savoir.

Mais qu'entendons-nous au juste par institutionnalisation, ce terme qui, pour A. Touraine, « a connu ces dernières années une étonnante fortune » (Touraine, 1973 : 237) ?

L'INSTITUTIONNALISATION : ÉLÉMENTS DE DÉFINITION

L'institutionnalisation appelle un « processus » d'intégration de pratiques anciennes ou nouvelles, éparses, à l'ensemble institutionnalisé. On reconnaît l'institutionnalisé par l'autonomie qu'il a par rapport aux pratiques spontanées, par les rapports formels qu'il établit avec le reste de la société et enfin, par une légitimité construite. L'institutionnalisation est donc un travail en profondeur qui appelle des opérations qui sont elles-mêmes des processus, qui s'emboîtent pour former un processus d'ensemble. Ces opérations sont gouvernées par des motivations qui sont mises à contribution dès l'instant où débute le travail de l'institutionnalisation. En anticipant un peu sur la démonstration qui va suivre, nous pouvons dire que l'institutionnalisation du néo-bénévolat a mis à contribution d'abord, l'institution bénévole dans ce qu'elle a de vital et d'éparpillé dans la société et, ensuite, l'État et la science; ces derniers ont plutôt différencié le néo-bénévolat de l'ancien en le dotant d'une autonomie, de nouveaux rapports au reste de la société et, enfin, d'une légitimité. C'est ce que nous tentons d'illustrer dans les propos qui suivent.

De façon générale, le processus de l'institutionnalisation se noue à partir d'un clivage[1] qu'elle renforce chemin faisant; ce clivage est au cœur d'une différenciation par laquelle s'opère le dégagement du « bénévolat moderne » (André, 1984) du bénévolat traditionnel, dégagement que les opérations de l'institutionnalisation s'attachent à consacrer. Nous allons donc parcourir le chemin de l'institutionnalisation du néo-bénévolat afin de faire ressortir les traces de fond de chacune des opérations.

L'AUTONOMISATION DU NÉO-BÉNÉVOLAT

L'autonomisation du néo-bénévolat (opération par laquelle ce dernier acquiert une autonomie) se traduit par la recherche d'assises propres pour la production et la reproduction de l'acte bénévole nouveau : plus ces assises s'édifient, plus il acquiert de l'autonomie. Ici, il nous faut aussitôt introduire une mise en garde : l'autonomie ne peut être que relative en ce que d'une part le néo-bénévolat, comme nous l'avons remarqué, ne peut que provenir de ce qui reste de l'ancien et que, d'autre part, l'implication d'institutions telles que l'État et la science dans l'institutionnalisation de ce même néo-bénévolat rend celui-ci redevable de celle-là. Balisée par ces considérations, l'autonomie renvoie plutôt à une marge de manœuvre propre au néo-bénévolat par rapport à ses institutions de référence, qu'à une rupture avec

---

1. On peut observer ce clivage « entre la culture institutionnalisée et la culture dispersée », clivage qui n'induit pas une séparation « étanche ». Voir DUMONT (1982 : 30).

ces dernières. Une telle considération explique pourquoi les porte-parole du néo-bénévolat exigent, dans leurs représentations, une reconnaissance de la part de l'État tout en affichant une méfiance marquée face à la force de « récupération » de ce dernier (André, 1984 : 7). En outre, cette même considération rend intelligible le fait que le néo-bénévolat emprunte à l'expertise technogestionnaire ses « façons de faire », tout en rejetant par ailleurs son produit excessif (Brousseau, 1983 : 18).

Quelles sont donc ces assises propres au néo-bénévolat, c'est-à-dire distinctes de celles par lesquelles on reconnaît l'ancien bénévolat et quelles compétences ces assises mettent-elles à contribution pour leur édification ? Nous proposons d'examiner ces assises par le truchement des paramètres suivants : un réseau d'encadrement, un personnel spécialisé et des règles de fonctionnement appropriées, de même que des modes de promotion et de financement de l'action bénévole. Au fil de cet examen où nous nous attachons plus à dessiner les contours des assises de l'autonomie du néo-bénévolat que de les scruter en profondeur, nous effectuons des renvois de même envergure à l'ancien bénévolat. L'idée d'une telle démarche est de signaler provisoirement des différences entre l'ancien et le néo-bénévolat, différences qui ont trait au principe de l'autonomisation de ce dernier.

Un réseau d'encadrement différencié de l'action bénévole

Ayant comme point de départ neuf Centres d'action bénévole (FCABQ, non daté a) dénombrés en 1968, le développement d'un réseau d'encadrement de l'initiative bénévole destiné à coiffer les pratiques bénévoles à la base, a débouché en 1972 sur une association, soit l'Association des centres de bénévolat du Québec. La prolifération des Centres d'action bénévole depuis cette date jusqu'à 1984 a amené les organismes membres à se doter d'une fédération, la Fédération des Centres d'action bénévole du Québec. C'est ainsi qu'en 1986, on dénombre soixante-huit Centres d'action bénévole dont la plupart sont regroupés par régions administratives, alors que douze autres sont en voie d'affiliation (FCABQ, 1986a : 2). Ajoutons à cette structure « permanente », l'émergence, en 1986, d'un Forum québécois de l'action volontaire qui se veut le véhicule de la « revalorisation de l'action volontaire » (FCABQ, 1986b) et le lieu tout désigné pour l'articulation d'un discours sur l'action volontaire qui « réussisse à clarifier les concepts usés ou trop flous » (FCABQ, 1986b), s'agissant bien entendu de termes comme celui de bénévolat.

De telles données nous conduisent à formuler deux remarques. D'une part, le néo-bénévolat est marqué par une division du travail qui s'apparente à celle qui caractérise les bureaucraties modernes; en effet, les Centres d'action bénévole (et leur fédération) de même que le Forum québécois de l'action volontaire sont bien plus des lieux d'encadrement, de « conception » et d'expertise reliés à l'action bénévole que des terrains de la pratique bénévole proprement dite. D'autre part, cette « spécialisation fonctionnelle » à laquelle correspond une « différenciation structurelle » à la manière des organisations modernes, dote le bénévolat d'une fonction assurée de reproduction du travail bénévole qui met celui-ci à l'abri du seuil critique qu'a connu le bénévolat traditionnel avec la montée des professions, du salariat et de l'État. Enfin, en s'érigeant en « carrefour de l'action bénévole et de l'entraide communautaire sur un territoire » (FCABQ, 1986a : 3), le Centre d'action bénévole devient un pôle d'attraction pour le « potentiel » bénévole qu'il prépare à l'action et pour les organismes bénévoles à la recherche d'une main-d'œuvre préparée et de services de consultation. En ce sens, il devient le lieu de reproduction du travail bénévole, reproduction par laquelle ce dernier y gagnerait en autonomie.

Fondé sur un réseau qui se propulse par ses propres composantes, réseau emprunté à l'expertise de la gestion moderne, le néo-bénévolat se détache ainsi de l'ancien bénévolat articulé dès son émergence sur le réseau des œuvres sociales de l'Église catholique dont le rôle « [...] est fondamental dans l'élaboration de cet ensemble d'organismes privés, [car] la présence du prêtre au sein de l'équipe administrative assure à l'Église une influence directe sur chacune des sociétés et [où], plus généralement, l'évêque peut à tout moment intervenir dans tout son diocèse sur les politiques globales. Ainsi, dans ce cas, l'Église est présente à l'origine de l'organisme et continue, après la période de fondation, de jouer un rôle important dans sa direction [par et pour un encadrement] sur le tas » (Linteau, Durocher, Robert, 1979 : 201-202). L'Église et ses appareils sont remplacés dans le néo-bénévolat par un réseau d'établissements, les Centres d'action bénévole (CAB), dont le personnel prodigue des expertises qu'il a lui-même reçues des filières de la formation en gestion (FCABQ, 1985 : 15).

Nous sommes ainsi en présence d'un univers d'encadrement de l'initiative bénévole, initiative provoquée par le bénévole en propre ou par d'autres acteurs qui s'intéressent au bénévolat. Cet univers constitue une pierre de touche dans l'autonomisation du néo-bénévolat, car c'est en son sein que va éclore une nouvelle conception du personnel bénévole que des règles de fonctionnement mises au point pour la circonstance vont concrétiser.

Un personnel bénévole spécialisé et des règles de fonctionnement appropriées

Voulant se dégager de l'amateurisme qu'on a accolé à deux reprises aux pratiques bénévoles traditionnelles (Gouvernement du Québec, 1963 : 132;

1967 : ix), le néo-bénévolat se dote d'un ensemble de prescriptions destinées aux organismes bénévoles, les « organismes-terrains ». Les guides et manuels préparés et consultés à cet effet convergent vers une distinction entre, d'une part, le gestionnaire du travail bénévole qui doit être formé à la « gestion des ressources humaines » (FCABQ, 1987) ou à la « gestion des ressources bénévoles » (FCABQ, 1984) et, d'autre part, le bénévole qui doit être « recruté » (CABQ, 1979) donc « sélectionné » (FCABQ, non daté b), soumis à un « contrat » (FCABQ, 1987 : 14) et, pourquoi pas, en cas de défaut, « congédié » (Gillis, non daté). En outre, le bénévole doit être préparé pour les tâches qu'il aura à assumer; à défaut d'une telle préparation, il se voit proposer une formation appropriée (FCABQ, 1984 : 25-26).

Division du travail impliquant une hiérarchie des fonctions et des compétences particulières à recruter ou à développer, contrat et modalités de congédiement, nous voilà en face d'éléments de similitude avec le type bureaucratique moderne dont la configuration d'ensemble donne l'image d'une totalité qui ne dépend que d'elle-même.

Une telle configuration s'éloigne manifestement de celle dont rendent compte des « cas clairs » de bénévolat traditionnel. Nous pensons particulièrement au « Bureau des pauvres », forme d'assistance bénévole caractéristique de l'« ancien régime »; nous y constatons une division du travail dans laquelle le curé est à la fois le directeur du bureau et celui qui « a pour fonction de découvrir les pauvres honteux » (Poulin, 1955 : 16-17). « Le curé servait en quelque sorte d'enquêteur social », diront plus tard les membres du Comité d'étude sur l'assistance publique (Gouvernement du Québec, 1963 : 83). C'est donc autour du curé que les choses s'organisent parce que celui-ci est le point de départ de l'œuvre de bienfaisance tout comme il en fixe le point d'arrivée : l'indigence. Bref, il est gestionnaire et homme de terrain, ce que le néo-bénévolat sépare ostensiblement. Dans d'autres cas, comme les associations de bienfaisance du XIXe siècle, « les associations nommées Dames de la charité », ont comme noyau organisateur de l'activité bénévole un fondateur ou une fondatrice qui s'entoure souvent de « zélatrices » chargées de l'orientation de l'œuvre (Lapointe-Roy, 1987 : 83-84).

Si elles ne s'organisent pas autour d'un membre du clergé, les œuvres de bienfaisance le sont sous l'instigation d'un fidèle laïque, notable donc personne significative et « exemplaire » (Lapointe-Roy, 1987 : 112) ou « dame de charité » et donc « dame patronnesse ». Dans tous les cas, l'œuvre bénévole repose sur l'honorabilité du fondateur, de son sens de l'initiative et sur la conduite des zélateurs dont il s'entoure et qu'il inspire. Pour le reste, « les dames bénévoles se répartissaient le travail selon leurs aptitudes » (Lapointe-Roy, 1987 : 92).

Des modes de promotion et de financement

La promotion et le financement de l'activité bénévole vont de pair en ce qu'ils convergent vers une même finalité, la reproduction du travail bénévole. Si le « don » est une source virtuellement intarissable pour la reproduction du travail bénévole, il n'en demeure pas moins que son passage de l'état virtuel à l'état réel commande des « stratégies » à mettre en œuvre pour faire (re)connaître les vertus du don et du donateur d'une part et, pour susciter le don et interpeller le donateur, d'autre part.

Le recours du néo-bénévolat à des procédés publicitaires (FCABQ, non daté c) allie les usages anciens au « software » de l'information moderne; et l'insertion de formules de type « légal-rationnel » (Association des Centres d'action bénévole du Québec, non daté) pour l'octroi de « subventions » à côté des pratiques traditionnelles du don témoigne du souci constant de l'expert technogestionnaire de concilier l'ancien et le nouveau tel que nous l'avons évoqué plus haut.

Dans le premier cas, les exemples sont nombreux et variés. Nous en choisissons un qui frappe par sa clarté, celui du « projet d'homélie ». L'homélie n'est pas une pratique d'aujourd'hui. Sa formulation et sa planification réalisées dans un projet par d'autres acteurs que celui qui va la prononcer, correspondent toutefois à un « bricolage » récent qui scinde cette pratique en deux étapes : la conception et l'exécution. Ce qui revient à faire transmettre par l'exécutant un message publicitaire conçu ailleurs et par d'autres que l'acteur de circonstance. Ainsi donc l'homélie est planifiée tant dans sa forme que dans son contenu et une analyse de ce contenu révèle que l'appel au bénévole s'organise autour de deux principaux référents. Le premier est issu de la rationalité économique et place l'auditeur de l'homélie devant la nécessité d'agir sur une situation « donnée » comme problématique; le second référent, d'ordre théologal celui-là, met ce même auditeur devant l'obligation du don volontaire. La présence de deux discours dont l'un est, en tout cas, plus récent que l'autre, dans une formule qui subordonne un usage ancien, l'homélie, au « planning » moderne pour promouvoir l'action bénévole nous met devant l'évidence du renouvellement des stratégies au sein de l'univers bénévole.

D'autres stratégies sont déployées dans la même intention et dans certains cas, elles relèvent strictement de la technologie de l'information comme les « flashes » pour la radio et la télévision, ou encore la « conférence de presse », le « communiqué de presse », la « pochette de presse », etc. (FCABQ, non daté c : 23, 25-26).

L'introduction de nouveaux procédés peut être observée par ailleurs dans les stratégies de financement : à côté de certains modes tels que le don anonyme ou identifié et de certaines sollicitations d'envergure paroissiale, s'érigent des « formulaires de demande de subventions » (FCABQ, non daté c, annexes : 5-8) mis à la disposition des organismes bénévoles par différents bailleurs de fonds. Ces formulaires, produits de l'expertise technogestionnaire, véhiculent un réseau lexical « spécialisé » et une rationalisation de l'action bénévole qui commande un esprit et un savoir-faire qui président à leur utilisation et que les experts en la matière mettent à la disposition des bénévoles sous forme de manuels ou de guides.

En outre, tout indique que dans le déploiement de ce procédé de financement qu'est la demande de subvention, une expertise en appelle une autre; l'action bénévole devrait se traduire par un savoir-faire qui parfois ne peut être décodé que par le recours à un autre. Dès lors, la multiplication des opérations de formalisation n'a-t-elle pas cet effet de détacher l'action bénévole de son propre contexte et d'ériger le produit détaché en représentation de l'action bénévole ? Si tel est le cas, serait-ce à ce prix que le néo-bénévolat développe une autonomie de financement par rapport aux anciens procédés ? En tout cas, c'est à cette condition que des bailleurs de fonds, tels que les gouvernements, les services publics, de même que certaines corporations privées, dont Centraide, acceptent de recevoir et d'examiner les demandes de subvention et de prendre une décision rationnelle.

Si, dans le néo-bénévolat, la promotion et le financement sont deux activités spécialisées de la reproduction du travail bénévole, faisant appel toutes deux à l'expertise technogestionnaire, il n'en est pas de même dans le bénévolat traditionnel, car la pratique à cet effet est diffuse. En effet, la tenue de bazars ou de concerts de charité avant lesquels « [...] il fallait rendre l'événement public », les quêtes dans les assemblées et dans les églises « précédées de sermons appropriés aux circonstances » (Lapointe-Roy, 1987 : 93, 110) sont des exemples pratiques à double fonction : celle de donner et celle de faire la démonstration préalable au don. N'est-ce pas dans cette dernière que réside la promotion de l'action bénévole ? Ces procédés ne sont pas les seuls, faut-il le dire : le « feuillet paroissial » ainsi que le « prône » sont aussi utilisés à la fois pour promouvoir l'engagement bénévole en donnant de l'information sur ses réalisations passées et futures et pour interpeller la conscience des fidèles, donateurs et bénévoles potentiels.

Nous venons de dégager et d'illustrer, à titre indicatif, deux tendances au sein du bénévolat, soit celle de se promouvoir et celle de se financer pour assurer sa reproduction; ce travail de reconnaissance nous a permis d'observer que l'autonomisation du néo-bénévolat par rapport à l'ancien passe par la mise en œuvre de stratégies de promotion et de financement qui parfois se nourrissent des traditions bénévoles et qui mettent à contribution l'expertise technogestionnaire. C'est autour de ces principaux éléments que le renouveau nous semble se cristalliser au sein de l'institution bénévole.

LES RAPPORTS DU NÉO-BÉNÉVOLAT À SON ENVIRONNEMENT

L'autonomisation du néo-bénévolat appelle l'aménagement de nouveaux rapports avec l'ancien bénévolat[2] lequel est redevable à l'Église de même qu'à son réseau immédiat et médiat. L'entreprise d'aménagement ne se limite pas à ce niveau; elle s'étend aux autres institutions qui ont été mises à contribution dans le renouvellement du bénévolat, soit l'État et la science, de même qu'au « sujet » de l'action bénévole. Le déroulement de l'opération, faut-il le souligner, obéit au principe de l'action récurrente selon lequel chaque nouveau rapport avec une composante de l'entourage agit sur les autres. Bornons-nous, pour l'instant, à faire ressortir ce qui caractérise ce nouveau complexe de rapports du néo-bénévolat avec son entourage en confrontant, selon le cas, les résultats avec les traits caractéristiques des rapports du bénévolat traditionnel avec son entourage.

Rapport du néo-bénévolat à l'Église et ses réseaux

En faisant appel à l'entreprise technogestionnaire et, comme nous le verrons plus loin, aux idéaux démocratiques dont la volonté du citoyen de se prendre en charge, le néo-bénévolat se soustrait, sans s'opposer cependant, à l'orientation que l'Église et ses réseaux ont toujours donnée au bénévolat traditionnel. Cet affranchissement plus ou moins discret du néo-bénévolat a donné naissance à des rapports de même nature avec les instances ecclésiales. À tout bien considérer, l'Église, comme référence au bénévolat est moins située dans le centre que dans la semi-périphérie et parfois dans la périphérie même de l'action bénévole. Sans doute y a-t-il lieu de croire qu'un tel déplacement révèle la distance que des valeurs « technoscientifiques » et démocratiques ont fini par creuser entre l'Église et l'univers du bénévolat moderne :

> Des dames patronnesses visitant leurs pauvres ou leurs malades, des philanthropes à la générosité écrasante, voilà les images que certains peuvent encore se faire, en 1984, du bénévolat [...]. Il apparaît à côté du bénévolat tradition-

---

2. Tout comme, dans un autre contexte, la laïcisation de la vie politique, proclamant ainsi son autonomie par rapport à l'autorité divine, est assortie de rapports nouveaux avec cette même autorité et, partant, avec les autres sphères de la vie en société. Voir MAIRET (1978 : 286).

nel, une multiplication de nouvelles formes de bénévolat plus adaptées à la société d'aujourd'hui et capables d'intégrer le militantisme (André, 1984 : 5).

Ces propos qui, au demeurant, explicitent maintes insinuations de même nature retrouvées dans d'autres textes, cristallisent la distance dont il est question par une déqualification du bénévolat traditionnel en raison de la « connotation religieuse » que l'Église et ses réseaux lui ont imprégnée. Cette distance n'induit pas cependant l'exclusion de l'Église et de son discours du giron du néo-bénévolat; elle l'éloigne tout au moins des foyers de décision. Aussi sommes-nous loin de la réalité d'autrefois où le bénévolat, tant dans son discours que dans son fonctionnement concret, est subsumé par l'œuvre ecclésiale, comme en font foi les observations suivantes :

> L'Église catholique représente toujours une force majeure au Québec. Elle est omniprésente et son action déborde largement le domaine religieux. [...] Les bases de son pouvoir et de son poids social et culturel tiennent à trois facteurs principaux : le premier, la foi, fonde le prestige de l'institution et impose l'adhésion et le respect. Le second est son rôle de dispensateur de services, par son réseau de maisons d'enseignement et d'hôpitaux, par ses organisations charitables et culturelles [...]. Enfin, l'Église s'affirme comme force d'encadrement et de définition idéologiques (Linteau, Durocher et Robert, 1986 : 88).

Rapport du néo-bénévolat à l'État

Nous avons souligné, au début du présent texte, les incitants étatiques à la résurgence du bénévolat : le recours de l'État à l'initiative bénévole en temps de crise économique et le recours des forces sociales bénévoles aux ressources de l'État pour mettre en forme cette initiative ont instauré progressivement une dynamique dite de « partenariat[3] » entre l'État et l'univers bénévole. Cette dynamique est fondée, cependant, sur un rapport paradoxal en ce sens que d'une part l'État contribue à l'institutionnalisation du néo-bénévolat par la reconnaissance juridique de ses organisations et par la subvention de certaines d'entre elles à partir d'une politique d'ensemble préparée à cet effet; d'autre part, le discours du néo-bénévolat affiche une méfiance à l'endroit de l'État dans la crainte d'une certaine « récupération ». Ce paradoxe est présent en filigrane dans les propos d'experts, tenants du renouveau bénévole, et il est manifeste dans les textes produits par certains d'entre eux, dont celui-ci :

---

3. Terme utilisé à la fois par l'État et ses réseaux de services de même que par les porte-parole des organisations bénévoles, particulièrement par la FCABQ, pour désigner la collaboration d'égal à égal dans une perspective de complémentarité entre ces mêmes acteurs.

Quand les fonctionnaires du ministère me disent qu'ils s'intéressent beaucoup au bénévolat, je commence à avoir peur. Maintenant que l'on n'essaie plus de prendre toute la place, on essaie de récupérer les bénévoles. Les tentatives de plus en plus nombreuses de rapprochement entre la machine administrative de l'État et des petits organismes bénévoles ne pourront faire autrement que conduire à la récupération et à l'exploitation. C'est David contre Goliath (Guay, 1981 : 5).

La méfiance de la part d'organismes bénévoles à l'endroit de l'État n'est pas un fait nouveau en soi; elle jalonne les prises de position historiques des tenants des œuvres de bienfaisance au Québec à l'occasion de chaque intervention substantielle de l'État dans les domaines déjà occupés par ces œuvres[4]. Cette méfiance s'inscrit dans un rapport de force entre l'État et l'Église dans certains domaines qui, comme on le sait, s'est soldé par la croissance du premier aux dépens de la seconde. De nos jours, le renouveau du bénévolat s'effectue à la fois par une prise de distance par rapport à l'Église, ainsi que nous l'avons déjà souligné, et par une nette préoccupation de maintenir une autonomie par rapport à l'État dont il sollicite cependant, sous des formes variées, la caution. Ce rapport paradoxal du néo-bénévolat à l'État révèle-t-il l'un des caractères de l'institutionnalisation qui, dans l'avancée de son extension « éroderait » l'autonomie de son objet, le bénévolat moderne, en échange d'une reconnaissance, d'une légitimité ? Si tel est le cas, le néo-bénévolat gagnerait-il en légitimité ce qu'il perdrait en autonomie par rapport à l'État ? D'où le rapport paradoxal avec celui-ci. Ce paradoxe serait-il le « mal nécessaire » et se retrouverait-il à la base de la logique du partenariat réclamée incidemment tant par les experts de l'État que par ceux du néo-bénévolat ?

[...] dans une conception de la société de plus en plus centrée sur l'homme et fondée sur la liberté, rien ne doit être négligé, de la part de l'État, pour donner au volontariat [...] sa pleine vigueur. Pour y parvenir, il doit se ménager entre lui et les organismes bénévoles des espaces de liberté qui permettraient à ces derniers de jouer leur rôle, non pas de concurrent, mais de partenaire social (Conseil des affaires sociales et de la famille, 1978 : 16).

La Fédération (FCABQ) considère qu'elle doit être impliquée dans l'établissement d'un nouveau contrat social qui devra prendre en compte les spécificités de chacun des partenaires. Elle veut donc préciser le rôle-clé de l'action bénévole dans la délimitation des conditions de pratique et de partenariat (FCABQ, 1986a : 4).

---

4. Henri Bourassa a exprimé de façon explicite cette méfiance à l'endroit de l'État dans sa prise de position contre l'adoption de la *Loi sur l'assistance publique* en 1921 (BOURASSA, 1921 : 22).

L'usage commun aux experts de l'État et du néo-bénévolat de l'idée de partenariat révèle, par surcroît, que les deux parties convergent vers un *modus vivendi* qui aboutirait probablement à une institutionnalisation plus marquée du néo-bénévolat et, en revanche, à une reconnaissance plus tangible de ce dernier de la part de l'État.

Rapport du néo-bénévolat à la science

Jusqu'à ce stade-ci de notre démarche, nous avons à peine signalé les contributions de la science à l'édification du néo-bénévolat de même que le rapport entre les deux. Ne pas les examiner plus à fond reviendrait à sous-estimer l'œuvre de l'expert scientifique (puisque c'est de celui-ci qu'il s'agit) dans la résurgence de l'action bénévole et par le fait même, le travail de rationalisation de la pratique du don volontaire.

Depuis que l'institution scientifique[5] gagne du terrain dans le quotidien et « explore continuellement de nouveaux territoires » ((Thuiler, 1980 : 93, 101), l'expert, médiateur « entre un savoir et une société » (De Certeau, 1980 : 43), a entrepris, par delà sa spécificité d'origine, de se vouer à « la rationalisation de l'existence[6] » (Thuiler, 1980 : 97). Ceux qui le précédaient et qui faisaient un travail d'« éclaireur », tels le « sage » et le « clerc », sont soigneusement refoulés aux limites du territoire de l'existence au nom de et par la science et la technique. « Ces deux sœurs siamoises » (Thuiler, 1980 : 100) déploient un savoir qui fait apparaître irrationnels, voire périmés, ceux du sage et du clerc.

La rationalisation du don volontaire et la « scientifisation » de son contenu sont deux opérations de l'expert dans le renouvellement du bénévolat. La science conquiert ainsi l'espace du don volontaire par la mise en place d'un néo-bénévolat qui lui sera, après coup, redevable. « La science (et ainsi l'expert) ne fait pas de sentiment » (Thuiler, 1980 : 107); la rationalisation, « [...] organisation de la vie, par division et coordination des diverses activités [...] en vue d'une plus grande efficacité et rendement » (Freund, 1983 : 16), semble l'opération tout indiquée pour répondre à ce précepte que des experts du néo-bénévolat observent dans leurs instructions :

> Pour qu'une action bénévole soit maintenue, il doit y avoir un équilibre satisfaisant entre ce que celle-ci coûte au bénévole et ce qu'elle lui apporte (Lepire, 1983 : 243).

---

5. « La science est une sorte d'institution absolue, douée d'un statut divin » (THUILER, 1980).

6. Expression empruntée à Jacques Le Goff et citée par THUILER (1980).

Le temps est venu de réaliser que, de plus en plus, notre travail (bénévole) est inter-disciplinaire et que nous devons accepter et même chercher à acquérir des notions provenant d'autres disciplines en autant qu'elles peuvent améliorer notre rendement. De tout temps, des travailleurs bénévoles ont tenté d'aider les personnes en difficulté. Les problèmes étant de plus en plus complexes sont par conséquent plus difficiles à solutionner et la coordination des programmes bénévoles n'est plus uniquement une affaire de bonne volonté, mais aussi *une question d'organisation et de gestion efficace* (FCABQ, non daté d : 2).

L'appel à la rationalisation est corrélatif d'emprunts à l'institution scientifique dont l'objet sera une « scientifisation » de la forme et du contenu de l'action bénévole. Cette « scientifisation » passe par la vulgarisation de la connaissance scientifique de la part des experts rendant ainsi accessibles des lambeaux de savoirs et de savoir-faire que ces mêmes experts prodiguent aux bénévoles en temps opportun. Outre le savoir-faire relevant de la gestion moderne et auquel nous avons fait allusion dans l'analyse des pratiques telles l'encadrement, la promotion et le financement, l'expertise des sciences du comportement et son produit vulgarisé, le « know-how », sont mis à contribution dans la formation du bénévole. « Pour établir un vrai dialogue » (FCABQ, non daté e) « l'écoute active » (FCABQ, non daté f), « les dix étapes dans l'établissement d'un groupe d'entraide » (FCABQ, non daté g) ne sont que quelques formules qui peuvent nous donner une idée de ce qui constituera, avec « la culture organisationnelle », *le modus operandi* du néo-bénévolat.

Rationalisation et « scientifisation » de « l'existence bénévole », voilà en somme l'apport de la science à l'institution du don volontaire; cet apport est pratiquement inexistant dans le bénévolat traditionnel qui puise son savoir-faire dans la morale chrétienne et dans les pratiques de l'entraide spontanée. Car même si des cours de formation professionnelle dans le domaine de l'assistance ont été dispensés pour la première fois en 1932, ce furent les Sœurs de Notre-Dame du Bon Conseil qui établirent le programme (Denault, 1961-62 : 11). L'Église a fini par intégrer dans ses services diocésains les techniques modernes de service social, d'abord par son propre corps religieux, non sans réticence car, « selon ces directeurs [de services diocésains], les professionnels se croyaient trop bons et posaient trop de questions » (Mongeau, 1967 : 76). C'est donc dire que le rapport de l'Église à l'institution scientifique, rapport fondé du reste sur un scepticisme historique, a marqué le rapport du bénévolat traditionnel avec cette dernière.

Le rapport du néo-bénévolat à son « sujet »

Les appellations réservées au « sujet » de l'action bénévole sont révélatrices à plus d'un titre de la nature du rapport que l'institution bénévole établit avec ce dernier. Dans le même bénévolat, l'usage des appellations suivantes est particulièrement fréquent : le sujet de l'action bénévole est un « client », un « bénéficiaire » ou un « usager ». Dans les pratiques lucratives ou salariées de l'assistance sociale, ces appellations sont nettement privilégiées. Leur utilisation par le bénévolat dénote l'influence qu'exerce la culture organisationnelle de ces sphères privée et publique sur le milieu bénévole. Cette influence s'inscrit dans le prolongement de l'institutionnalisation et instaure une « relation de service » (Barbier, 1973) entre le donneur volontaire et le destinataire du don; d'où découlent « des responsabilités du travailleur bénévole à l'égard de la clientèle », ce qui présuppose des droits pour celle-ci (Centre d'action bénévole de Québec, 1980 : 8). Ces responsabilités constitueront la face institutionnalisée de l'obligation sociale de donner, le « reste[7] » étant refoulé par la même institutionnalisation.

Ainsi remarquons-nous que les appellations du sujet du néo-bénévolat sont assorties de rapports formels de service où le don est pratiquement objet de contrat du même type que ces rapports. Ce recours au rationalisme n'est pas frappant dans le cas du bénévolat traditionnel : on constate plutôt la présence de catégories morales dans l'organisation du rapport entre le bénévolat et son sujet. Celui-ci est désigné par des expressions chargées moralement telles que « pauvre honteux », « pauvre méritant », « enfance malheureuse », « nécessiteux », « miséreux », « intempérant », pour ne citer que les plus utilisées dans le domaine de l'assistance sociale bénévole d'autrefois. Ces expressions renvoient à la pratique de l'apostolat de la charité chrétienne dans laquelle on retrouve une relation « caritative » entre le bénévole et son sujet. Clerc ou laïc, le bénévole entre en relation avec son sujet à travers le prisme de la foi théologale. Celle-ci, sans être exclue de la relation de service qui caractérise le néo-bénévolat, semble toutefois être devancée par des préoccupations d'ordre pragmatique donnant lieu à un rapport bénévole-sujet du même type.

LA LÉGITIMATION DU NÉO-BÉNÉVOLAT

Jusqu'à ce stade-ci, nous avons illustré le clivage qui prend forme au sein de l'institution bénévole par la différenciation du néo-bénévolat par rapport à l'ancien. Le néo-bénévolat se différencie en acquérant une autonomie de fonctionnement et en aménageant de nouveaux rapports avec l'entourage concerné par le bénévolat. Cette différenciation s'accompagne d'un travail de légitimation dont l'effet principal est de doter le néo-bénévolat d'une légitimité qui lui soit propre. Cette légitimation, « acquisition d'une

---

7. Pris au sens de « culture » (De Certeau, 1980 : 42).

légitimité », apparaît dans un *néo-discours* bénévole qui s'articule autour de « thèmes justificateurs » empruntés à d'autres idéologies que l'idéologie caritative propre à l'ancien bénévolat. En outre, la même légitimation implique une symbolique dont le déploiement sert la réalisation du nouveau discours bénévole (Lagroye, 1985 : 395, 404).

Le référent démocratique

La « parole légitime » (Lagroye, 1985 : 410) dans le renouveau bénévole puise sa substance dans les préceptes de base de la démocratie. Les propos d'Alexis de Tocqueville selon lesquels « la santé d'une démocratie se mesure à la qualité du travail accompli par ses simples citoyens » (Laprade, 1979) semblent constituer un des référents organisateurs de cette parole légitime. Plus précisément, la démocratie par le citoyen est l'ancrage des discours des interlocuteurs autorisés de l'institution bénévole, comme en font foi les propos qui suivent :

> La nécessité de promouvoir des ressources volontaires, des ressources alternatives est fondamentalement une question de santé démocratique avant d'être une question d'économie budgétaire (Quiviger, 1985 : 10).

Le bénévolat constitue ainsi une forme d'expression de la société démocratique et saine; à la limite, il en est un garant par son « rôle sociétaire important » (Grand'Maison, 1984 : 4) que seul le citoyen volontaire rend possible. En associant le bénévolat à la démocratie de cette façon, le néo-discours rend nécessaire le premier pour la réalisation de la seconde, d'autant plus que cette démocratie est mise en question devant l'omniprésence de l'État dans les secteurs de la vie sociale : « peut-on parler de démocratie réelle quand [...] les sources et les instruments du pouvoir sont concentrés dans les mains de l'État, de ses réseaux et des corporations professionnelles ? » (Quiviger, 1985).

Tout porte à croire, en somme, que l'institution bénévole dans son néo-discours, puise dans le référent démocratique sa nouvelle légitimité; l'efficacité de ce référent dans la légitimation du néo-bénévolat est d'autant plus assuré que l'interventionnisme de l'État semble freiner l'élan démocratique du citoyen.

L'humanisation de la rigueur technogestionnaire

L'insertion de l'idéologie scientifique dans le néo-discours bénévole a débuté dès l'instant où, comme nous l'avons souligné, des experts issus de certains champs scientifiques ont entrepris de rationaliser et de « scientificiser » l'activité bénévole. La rigueur, dérivée d'une certaine science et à l'image du langage par lequel elle s'exprime, confère une certaine crédibilité qui manquait, faut-il en convenir, au bénévolat traditionnel. Or, c'est cette même rigueur que l'on conteste de plus en plus, de même que les pratiques qu'elle produit. Ces contestations sont nombreuses et font état à la fois du « geste fruste » que pose entre autres le spécialiste et des lieux fortement organisés dans lesquels œuvre ce dernier. C'est devant une telle rigueur que « la touche humaine » que l'on associe à l'institution bénévole devient nécessaire, justifiant ainsi de nouveau le geste bénévole. Le fragment du discours qui suit fait état de ce processus d'ensemble que d'autres propos présentent de façon parcellaire :

> [...] les besoins de la population sont normalisés, classifiés, étiquetés à l'excès. Les services sont rationalisés [...] Tout devient froid, impersonnel, anonyme en même temps qu'incomplet [...]. La société 1980 enferme les besoins personnels et les relations humaines dans des normes, dans des ratios. Le bénévole devient d'autant plus nécessaire pour sauver le caractère humain que doit garder la société (Centre d'action bénévole de Québec, 1981 : 24).

L'humanisation de l'existence apparaît donc dans le néo-discours bénévole comme une nécessité qui adoucirait la rigueur d'une existence rationalisée et « scientificisée »; ce serait du même coup une raison de surcroît pour la réaffirmation du geste bénévole, alors même que ce geste est de plus en plus rationalisé, voire « scientificisé ». Encore une fois, l'emprunt à l'ancien et au nouveau est poursuivi au niveau du discours de légitimation.

L'importance du référent démocratique de même que celui de l'humanisation dans le discours du néo-bénévolat n'a d'égale que l'intensité du référent chrétien dans le discours du bénévolat traditionnel dont la forme la plus concrète est la charité. À cet égard, les propos d'Esdras Minville sont éminemment significatifs :

> Sans la charité, la justice ne serait que l'âpre conflit des intérêts opposés arbitrés par la force. Sans la justice, la charité ne serait que vain mot, mais sans la charité, la justice ne saurait jamais (triompher ni) progresser [...] Mais, au départ, l'Église soutient qu'il faut un acte d'amour [...] (Minville, 1986 : 246).

La charité apparaît donc nécessaire à « la justice » et, partant, « la cause efficiente de la paix » (Minville, 1986 : 246); elle tire sa légitimité du fait qu'elle est une force d'appui pour la doctrine catholique. Ce discours de légitimation à l'instar de son institution d'appartenance, n'a plus la position centrale qu'il avait dans l'univers bénévole d'aujourd'hui.

Mais le processus de légitimation ne se limite pas au discours, à « l'exposé didactique de justification » (Lagroye, 1985 : 410). Il se continue dans un rite social, ensemble de manifestations publiques organisées et récurrentes du bénévolat en l'occurrence. « La semaine du bénévolat », célébrée pour la première fois au Québec en 1974, est certes une de ces manifestations ritualisées qui en incorporent d'autres comme la remise de « certificats de mérite aux bénévoles les plus remarquables » et de « lettres d'attestation (aux bénévoles) témoignant de leur travail ». En outre, le prix Bénévolat Canada, destiné au « bénévole de l'année », de même que le prix Persiller-Lachapelle, attribué à l'organisme bénévole de l'année au Québec, sont parmi tant d'autres, une source considérable de légitimation, ne serait-ce que par le caractère solennel des cérémonies qui les accompagnent. La rétribution symbolique par le « prix » et par l'hommage qui accompagne celui-ci n'est pas une formule nouvelle; son regain de vie, après une période de relégation, de même que le renouvellement de son contenu et de sa mise en application témoignent du fait que le néo-bénévolat s'alimente de l'ancien sans toutefois s'y confondre.

Ainsi, par delà le cérémonial, ces pratiques symboliques opèrent des renvois multiples à des images anciennes et nouvelles de bénévolat et de bénévoles que le jeu complexe d'emprunts, que nous avons postulé au départ, continue à produire. L'imputation de qualités au bénévole exemplaire et à l'organisme bénévole modèle, lors de discours de circonstances, procède de ces mêmes images, impliquant par là un travail de régulation entre les anciennes et les nouvelles. C'est ainsi que pour gratifier un bénévole, on peut souligner « sa conscience humanitaire et sociale (en même temps que) sa participation à l'amélioration de la qualité de vie de la communauté québécoise » (FCABQ, non daté c : annexe F). De même, pour souligner la performance de l'organisme bénévole de l'année, on louange à la fois son œuvre bienfaitrice dans le milieu et le sens de l'organisation efficace dont sont dotés ses responsables[8].

L'ensemble de ces pratiques de type « méritocratique » se déroulent selon des procédés prévus et standardisés où l'improvisation n'occupe que peu de terrain et ce, même lors des hommages rendus à des bénévoles[9]. Outre le fait que ces pratiques instaurent l'émulation dans l'univers des bénévoles, à l'instar des autres secteurs de la vie sociale, le secteur scolaire par exemple, elles entraînent du même coup les bénévoles dans un effort *d'observation de ce qui est donné à l'interprétation*, c'est-à-dire le néo-bénévolat érigé cette fois en attentes et en critères. C'est en ce sens que les pratiques de type « méritocratique » sont des pratiques de légitimation, car

---

8. À titre d'exemple, les prix Persiller-Lachapelle décernés annuellement à des organismes bénévoles et communautaires au Québec.

9. Lors du quarantième anniversaire de Centraide-Québec en 1986, une quarantaine de bénévoles ayant œuvré dans cette organisation se sont vus décerner chacun une plaque produite en série en guise d'hommage pour leur travail bénévole : curieux paradoxe !

plus on observe les directives qui mènent au mérite, plus on les cautionne et leur ritualisation en est une autre de surcroît.

Une brève incursion dans le bénévolat d'autrefois nous permet de rappeler que le rite social au regard de l'hommage rendu au bénévole diffère par sa forme simple et son contenu particularisé : l'hommage est pour ainsi dire fait « sur mesure » en ce que ce sont les qualités du bénévole ou de groupes de bénévoles qui en constituent les ingrédients de base auxquels s'ajoute le talent du panégyriste (Lapointe-Roy, 1987 : 89, 119).

CONCLUSION

Nous avons pu observer le phénomène du néo-bénévolat dans l'assistance à l'aide des paramètres de l'institutionnalisation qui ont fonctionné comme des « têtes chercheuses » de leurs propres empreintes, lesquelles sont aussi celles des institutions dont elles se nourrissent, à savoir la science et l'État. Les traces d'un néo-bénévolat que nous avons dégagées tout au long d'un examen qui confronte le nouveau et l'ancien au sein de l'assistance bénévole, nous permettent de conclure que tout se passe comme si l'entreprise de renouvellement de l'institution bénévole était sa source de résurgence et que l'alliage du moderne et de l'ancien était la preuve tangible d'un second départ du bénévolat.

Bibliographie

ANDRÉ, Marc (1984). « Le bénévolat : un concept en mutation », Les dossiers du Fédé-express, Fédération des CLSC du Québec, vol. 7, n° 9.

ASSOCIATION DES CENTRES DE BÉNÉVOLAT DU QUÉBEC (non daté). Ah ! si j'avais des sous..., Guide de demande de subventions, Québec, document miméographié.

BARBIER, René (1973). « Une analyse institutionnelle du service social », Sociologie du travail, n° 1.

BOURASSA, Henri (1921). Une mauvaise loi : l'assistance publique, Montréal, Imprimerie du Devoir.

BROUSSEAU, Jean (1983). « Le bénévolat : quand la liberté se fait services », Revue Notre-Dame, n° 5.

CENTRE D'ACTION BÉNÉVOLE DE QUÉBEC (CABQ) (1979). Le recrutement... t'as pas le choix !, une belle aventure..., Québec.

CABQ (1980). Les bénévoles : des amateurs ou des professionnels ?, Québec.

CABQ (1981). Mes bénévoles vont-ils se volatiliser ?, Québec.

CONSEIL DES AFFAIRES SOCIALES ET DE LA FAMILLE (1978). La question de la promotion des initiatives volontaires dans le domaine des affaires sociales au Québec, Éditeur officiel du Québec.

DE CERTEAU, Michel (1980). *L'invention du quotidien 1/Arts de faire*, Paris, Collection 10/18.

DENAULT, Hayda (1961-1962), «L'insertion du service social dans le milieu canadien-français», *Service Social*, numéro double, vol. 10, n° 3 et vol. 11, n° 1.

DUMONT, Fernand (1982). «Pour situer les cultures parallèles», *Questions de culture 3, Les cultures parallèles*, IQRC, Léméac, 15-54.

FAUCONNET, Paul et Marcel MAUSS (1968). «La sociologie : objet de méthode», dans MAUSS, M., *Essais de sociologie*, Paris, Minuit.

FÉDÉRATION DES CENTRES D'ACTION BÉNÉVOLE DU QUÉBEC (FCABQ) (non daté a). *Aperçu historique de l'action bénévole au Québec*, Montréal, Document promotionnel non coté.

FCABQ (non daté b). *Bien former les bénévoles..., mais avant tout bien les sélectionner*, texte miméographié, résumé d'une allocution prononcée par Jean Brousseau, directeur du Centre d'action bénévole de Québec, Montréal, cote R-10.

FCABQ (non daté c). *ABC publicitaire d'un organisme bénévole*, Montréal, document mimographié.

FCABQ (non daté d). Extrait de WILSON, Marlene, *The Effective Management of Volunteer Program*, traduction et adaptation, Montréal, document miméographié.

FCABQ (non daté e). *Pour établir un vrai dialogue*, Montréal, document miméographié, cote R-7.

FCABQ (non daté f). *L'écoute active*, Montréal, document miméographié.

FCABQ (non daté g). *Les dix étapes dans l'établissement d'un groupe d'entraide*, Montréal, document miméographié, cote A-30.

FCABQ (1984). *Pour un bénévolat efficace en institution*, Montréal.

FCABQ (1985). *Rapport annuel 1984-85*, Montréal.

FCABQ (1986a). *Mémoire sur les services de santé et les services sociaux*, présenté à la Commission d'enquête sur les services de santé et les services sociaux du Québec (Commission Rochon), Montréal.

FCABQ (1986b). *Forum québécois de l'action volontaire*, Dossier préparé par un collectif, Montréal.

FCABQ (1987). *Gestion des ressources humaines, Cahier de perfectionnement*, Montréal.

FREUND, Julien (1983). *Sociologie de Max Weber*, Paris, PUF.

GILLIS, Vince (non daté). *Comment congédier un travailleur bénévole*, traduction et adaptation de Lucie Laprade, Montréal, FCABQ, texte miméographié.

GOUVERNEMENT DU QUÉBEC (1963). *Rapport du comité d'étude sur l'assistance publique*, (rapport Boucher), Québec, gouvernement du Québec.

GOUVERNEMENT DU QUÉBEC (1967). *Rapport de la Commission d'enquête sur la santé et le bien-être social* (CESBES), volume I : *L'assurance-maladie*, Québec, gouvernement du Québec.

GRAND'MAISON, Jacques (1984). *Le bénévolat aura-t-il le courage de sa liberté ?*, Discours prononcé lors du premier congrès d'orientation de la Fédération des centres d'action bénévole du Québec, Trois-Rivières.

GUAY, Jérôme (1981). *La portée sociale du geste bénévole*, conférence prononcée dans le cadre du colloque 1981 organisé par le Centre d'action bénévole de Québec.

LAFOREST, Marcelle et Belhassen REDJEB (1989). *L'intervention sociale non salariée*, Québec, Laboratoire de recherche, École de service social, Université Laval.

LAGROYE, Jacques (1985). « La légitimation », dans GRAWITZ, M. et J. LECA (sous la direction de). *Traité de science politique*, tome 1, Paris, PUF.

LAPASSADE, Georges et René LOUREAU (1974). *Clefs pour la sociologie*, Paris, Seghers.

LAPOINTE-ROY, Huguette (1987). *Charité bien ordonnée*, Montréal, Boréal.

LAPRADE, Lucie (1979). *Le bénévolat : un défi à relever !*, Conférence prononcée à Trois-Rivières, FCABQ, Montréal, cote B-19.

LEPIRE, Hélène (1983). « Pour libérer les énergies des aînés : planifier un nouveau bénévolat », *Actes du colloque de l'Association québécoise de gérontologie*, Sherbrooke, Les Éditions de Sherbrooke.

LINTEAU, P.A., DUROCHER, R. et J.C. ROBERT (1979). *Histoire du Québec contemporain : De la confédération à la crise (1867-1929)*, Montréal, Boréal-Express.

LINTEAU, P.A., DUROCHER, R. et J.C. ROBERT (1986). *Le Québec depuis 1930 : Histoire du Québec contemporain*, Montréal, Boréal-Express.

MAIRET, Gérard (1978). « La genèse de l'État laïque », dans CHÂTELET, F. et G. MAIRET (sous la direction de). *Les idéologies*, tome 2, Paris, Marabout.

MINVILLE, Esdras (1986). *Syndicalisme, législation ouvrière et régime social au Québec avant 1940 : pages d'histoire 1*, Montréal, Fidès.

MONGEAU, Serge (1967). *Évolution de l'assistance publique au Québec*, Montréal, Les Éditions du Jour.

POULIN, Gonzalve (1955). *L'assistance sociale dans la Province de Québec, 1608-1951*, Étude spéciale présentée à l'intention de la Commission royale d'enquête sur les problèmes constitutionnels.

QUIVIGER, Claude (1985). *Une démarche vers le droit à l'alternative*, exposé donné dans le cadre de la Conférence internationale 1985 sur le volontariat et la crise de l'État-providence, Jérusalem.

THUILER, Pierre (1980). « Contre le scientisme », postface de *Le petit savant illustré*, Paris, Seuil/science ouverte.

TOURAINE, Alain (1973). *La production de la société*, Paris, Seuil.

La recherche sociale au service de la pratique ?

Jacqueline OXMAN-MARTINEZ
Centre de services sociaux Richelieu

À quelles conditions la recherche sociale permet-elle le transfert des connaissances et le renouvellement des pratiques ? Voilà la question posée au départ. Pour y répondre, l'auteure s'arrête d'abord sur l'état de la recherche sociale à l'époque de la Commission Castonguay-Nepveu, en rappelant combien elle était alors peu développée. Puis, elle montre comment, au cours des années 70 et 80, s'est posée la question des rapports entre la théorie et la pratique, entre les producteurs et les utilisateurs de connaissance, entre les ressources de la communauté académique et celles du réseau de la santé et des services sociaux. Enfin, en s'appuyant sur des expériences de recherche vécues ces dernières années au Centre de services sociaux Richelieu, l'auteure avance des propositions concrètes qui valorisent la mise en œuvre de formes de concertation entre chercheurs, gestionnaires et praticiens. Cette concertation est souhaitable à la fois au moment de la planification, de la réalisation et de la diffusion des activités de recherche.

HISTORIQUE DE LA RECHERCHE SOCIALE
DANS LE RÉSEAU DES SERVICES SOCIAUX DU QUÉBEC

L'étude de la Commission d'enquête sur la santé et le bien-être social (Castonguay-Nepveu) a eu comme impact la création d'un réseau public et parapublic de services sociaux et de santé. La volonté du législateur, répondant aux demandes accrues de la population, renforce le rôle et les engagements de l'État québécois dans le champ du social. Jusque-là, la recherche sociale, le transfert de connaissances et le renouvellement de la pratique dans le réseau sont très peu développés.

Le *Rapport Bonneau* (1973) formule des objectifs assez concrets de recherche et essaie, non seulement de distinguer les notions de santé et « d'action sociale », mais aussi d'articuler les politiques de santé et de bien-être dans une politique intégrée de développement social et sanitaire. Trois objectifs sont formulés à l'intérieur de cette politique : le premier vise la prévention et la promotion. Il s'appuie sur des études épidémiologiques, médico-sociales, socio-économiques et des recherches sur l'organisation et l'évaluation de services, des recherches-action, des projets pilotes et d'action communautaire. Le deuxième objectif vise l'aide, le traitement et la réadaptation, en se basant sur une recherche clinique bio-médicale et psychosociale. Enfin, le troisième objectif vise le développement scientifique basé sur une recherche fondamentale orientée, ainsi que la formation des chercheurs et le développement expérimental en médecine. De plus, le rapport suggère que la recherche sociale soit orientée principalement vers des thèmes reliés aux champs de la santé publique, de la sécurité du revenu, des services sociaux et de l'action communautaire.

C'est au cours des années 70 que les organismes gouvernementaux encouragent d'une façon notoire la publication des recherches sociales. Cela fait suite au constat de faiblesses dans l'infrastructure de recherche de la majorité des établissements du réseau, à l'exception des départements de santé communautaire – les mieux équipés en ce qui concerne les ressources spécialisées – et des centres de services sociaux qui détiennent quelques postes en recherche. Bien que l'accès à la recherche soit restreint, nous observons une tendance à la collaboration entre le champ de la recherche sociale et celui des Affaires sociales. En effet, la recherche tend à légitimer la mission sociale de l'État, en ce sens que savoir et pouvoir constituent les deux faces d'une même question : qui décide ce qu'est savoir, et qui sait ce qu'il convient de décider (Lyotard, 1979).

Vingt années se sont écoulées depuis la réforme et nous sommes aujourd'hui à nouveau à la croisée des chemins. Une nouvelle réforme est amorcée et la nouvelle *Loi sur les services de santé et les services sociaux* (le chapitre 42 des *Lois du Québec,1991*) a été sanctionnée le 4 septembre 1991. Certes, il y a une toile de fond à cette réforme, les travaux de la Commission Rochon (Commission d'enquête sur les services de santé et les services sociaux, 1987), les orientations du Ministère de la Santé et des Services sociaux (MSSS) en avril 1989 et leurs suites, c'est-à-dire leur reprise par les conseils régionaux de la santé et des services sociaux, et les engagements du MSSS en commission parlementaire. La nouvelle réforme propose deux grandes stratégies. La première, constituée d'objectifs d'impact, est définie en termes de réduction de problèmes spécifiques de santé et de bien-être (par exemple, réduction des maladies cardiovasculaires sur le plan de la santé, et réduction des mauvais traitements et de la négligence sur le plan du bien-être). La deuxième vise un partage différent des responsabilités entre le MSSS et les instances régionales afin de les doter de pouvoirs de décision et de prise en charge.

Ainsi, face à cette réforme qui encourage l'évaluation quantitative, nous nous interrogeons à nouveau sur la vocation et le rôle de la recherche. Doit-elle se limiter à mesurer les résultats des objectifs fixés ou alors peut-elle contribuer à la prise de décision et peut-elle également participer à la formulation d'une nouvelle pratique sociale ou, au moins, à son renouvellement ?

En même temps que l'on assiste à une période de crise économique marquée par un rétrécissement du rôle supplétif et complémentaire de l'État, on voit émerger une pratique de plus en plus collée au milieu, axée sur la prise en charge par la communauté. Lorsqu'on observe de plus près la recherche, on se rend compte qu'elle aussi subit l'influence de ce changement. Son questionnement du paradigme « classico-expérimental » (Kuhn, 1962) ou des approches quantitatives semble suivre un cheminement parallèle à une certaine déprofessionnalisation de la pratique, à une mixité de l'intervention, bref, à une communautarisation de la pratique. La recherche opère alors un rapprochement du paradigme naturaliste, plus flexible, basé sur des données qualitatives et apparemment moins objectives. Nadeau et Desautels (1984 : 42) affirment que la science est le travail social par excellence et que, de fait, les chercheurs bénéficient tant du travail de leurs prédécesseurs, que de celui de leurs contemporains, soit pour l'approuver ou soit pour l'infirmer. Ainsi, l'objectivité de la recherche repose dans notre attitude à l'égard des autres. Il s'agirait donc de vérifier le bien-fondé d'un argument dans un contexte social défini. Croire à la neutralité politique de la recherche est une illusion quant à son objectivité et à sa crédibilité. L'utilisation de l'approche expérimentale ou naturaliste dans la recherche ne change guère cette réalité.

UN BILAN DE LA SITUATION ACTUELLE

Le processus dialectique, où l'échange devient essentiel entre théorie et pratique, entre producteurs et utilisateurs de connaissances, caractérise un nouveau mode d'opération de la recherche dont le savoir est fortement affecté par les nouvelles transformations technologiques (Lyotard, 1979). Ce rapport entre producteurs et utilisateurs assimile la connaissance à la forme valeur et le savoir devient un enjeu pour le pouvoir, en particulier pour les gestionnaires, ceux qui assument la prise de décision vis-à-vis des intervenants et intervenantes, acteurs réels qui maîtriseraient en principe le savoir d'expérience (phénoménologique). Gélinas (1984 : 20) indique que l'intégration des connaissances par l'individu passe par la médiation des savoirs théoriques en rapport aux savoirs d'expérience et que toute transformation de systèmes d'intervention par l'utilisation de la recherche passe par la transformation des individus. Le problème de la transmission des connaissances dépasse ainsi la frontière de son utilisation en s'insérant dans la perspective d'une recherche utile pour une pratique sociale nouvelle.

Lorsque chercheurs et utilisateurs définissent, dès le début, qui utilisera la recherche, les liens entre l'action et la recherche s'établissent dans un rapport institutionnalisé et formateur de la théorie et de la pratique. L'utilisation de la recherche comme une activité intégrée à l'action remet en question son statut. Cela a comme effet de démocratiser les connaissances générées par la recherche; celles-ci ne sont plus confinées à une élite. La recherche devient dorénavant le résultat d'une interaction entre un savoir systématique et une pratique consciente. Cette interaction élimine le sens linéaire fréquemment assigné au mouvement de la connaissance. Elle permet d'instaurer une rétroaction qui favorise une intégration entre les connaissances produites par la recherche et le savoir « expérientiel » des utilisateurs. Ceci contribue au processus de développement de la recherche et au transfert des connaissances entre producteurs et utilisateurs.

Dans cette veine, nous pensons que l'association entre les ressources du réseau et la communauté académique est indispensable pour répondre aux besoins de santé et de services sociaux. Le Conseil québécois de la recherche sociale (CQRS), créé en 1979, a, au cours des années, davantage élargi sa conception de la recherche sociale que son budget d'opération. En 1984, le ministre des Affaires sociales constatait l'écart entre les secteurs de la santé et du social au niveau de la recherche : tandis que le budget du CQRS était de 800 000 $, la recherche en santé disposait d'un budget de 6 000 000 $. Dans son mémoire, le CQRS indique à la commission parlementaire des Affaires sociales, que la recherche doit répondre à la pratique, non seulement aux questions des intervenants et intervenantes, mais aussi à l'expérimentation de nouvelles pratiques sociales et à l'évaluation de l'efficacité et de l'efficience des services et des programmes implantés. C'est ainsi que dans sa brochure 1991-1992, le Conseil distingue, au niveau de l'octroi des subventions, celles pour la recherche et celles pour les études et analyses. Les subventions à la recherche (CQRS, 1991-1992 : 17) visent à supporter des projets en recherche fondamentale ou appliquée, théorique ou empirique, recherche-action ou recherche exploratoire ou tout autre type de recherche et tout choix méthodologique convenant à l'objet de recherche, susceptibles de faire avancer les connaissances dans les domaines de la recherche sociale. Pour leur part, les subventions pour études et analyses visent essentiellement à apporter une meilleure connaissance des problèmes des clientèles et des pratiques dans le but d'aider la planification et intervention (CQRS, 1991-1992 : 29). Cette orientation qui découle des objectifs du programme de subventions du CQRS exige une réflexion sérieuse sur la dichotomie entre recherche fondamentale et recherche appliquée et nous ouvre une piste de réflexion sur l'écart toujours présent entre théorie et pratique.

Revenons maintenant à notre question de départ, à quelles conditions la recherche sociale permet-elle le transfert de connaissances et le renouvellement de la pratique sociale ? Outre les considérations analysées, il nous semble nécessaire d'établir d'abord quel est le rapport concret entre la recherche et la pratique. Ouellet (1990 :5) affirme que la « mal-adaptation » de la recherche sociale à la pratique sociale s'explique par l'isolement réciproque du milieu des services et du milieu de recherche. Les actes du colloque sur « l'autre recherche » (Joubert et al., 1984) font ressortir d'une façon différente les objectifs déjà formulés dans le *Rapport Bonneau* (1973) et mettent en évidence que le concept de recherche sociale englobe trois niveaux : la recherche fondamentale, monopolisée par le secteur universitaire, la recherche appliquée, entreprise par les établissements du réseau, et la recherche militante et critique, développée par les groupes populaires.

Pour leur part, Lefrançois et Soulet (1983 : 29) expliquent que la science ne se distingue pas de sa pratique et que la recherche constitue un système social en voie de s'institutionnaliser. Ainsi, la recherche devenue pratique répond à un besoin utilitaire en progression. Elle est partagée entre un champ scientifique qui privilégie le critère d'excellence, un champ professionnel qui met l'accent sur la pertinence et l'utilité sociale et un champ politique qui vise à légitimer l'ordre « techno-bureaucratique ». Cette recherche devenue pratique exige deux approches : l'une, inductive, utilisée en général par les professionnels du réseau et qui apporte une conception critique de la science, et l'autre, hypothético-déductive, traditionnellement utilisée par la communauté académique.

Gélinas (1988) fait référence au besoin d'accentuer les relations entre ces « trois mondes » tellement différents qui s'impliquent aussi de façons très différentes dans la recherche. En effet, il y a l'intervention et sa lecture interactive avec une réalité terrain, il y a la gestion et la prise de décision qui possède le pouvoir et il y a le monde de la conceptualisation où toute connaissance est une réponse à une question (Bachelard, 1938), monde détenteur de la rigueur méthodologique et des avantages épistémologiques. Chacun de ces mondes est enfermé en lui-même et isolé des autres; en outre, ce qui est encore plus grave, il semble être « incompatible » avec les normes qui guident les actions des autres mondes. Certes, il faut agir et briser l'isolement afin de favoriser un échange mutuel, une véritable inter-action, mais il est évident qu'il nous reste une part de communication et de compréhension à établir entre ces mondes.

De son côté, Ouellet (1990) considère que la recherche n'a pas comme condition nécessaire d'émerger du réseau des services, mais d'avoir comme cible ce réseau et qu'elle doit informer les pratiques, sans pourtant « désapproprier » les intervenants et intervenantes de leurs questions ou de leurs projets, aspect qui, sans aucun doute, doit être respecté, ne serait-ce que par souci d'éthique professionnelle, ajoutons-nous. Mais pourquoi avoir comme cible le réseau et ne pas développer la mise en œuvre de stratégies de partage, un nouveau partenariat qui pourrait donner de meilleurs résultats ?

Un autre point à analyser dans les conditions du transfert de connaissances est lié à la diffusion des résultats de recherche. Le monde de la pratique, c'est-à-dire celui des intervenants et intervenantes, n'est presque pas touché par la communication des activités de recherche, à l'exception d'une possible participation à des colloques orientés vers les milieux de pratique, colloques encore très récents et, de plus, de participation très restrictive. Citons, à titre d'exemple, celui organisé par le CQRS en avril 1990 et celui, en santé communautaire, organisé par le MSSS à Québec en mai 1990 et intitulé « La recherche au service de l'action ». Ce sont plutôt les exigences des organismes subventionnaires, la reconnaissance des pairs, la publication des articles dans des revues scientifiques et les communications dans les colloques ou congrès, qui deviennent les buts ultimes de la trans-mission des connaissances.

Si nous désirons que la recherche remette en question la pratique ou, plus encore, qu'elle la transforme, nous devons trouver des mécanismes adéquats, non seulement pour stimuler une interaction réelle entre la théorie et la pratique, mais aussi pour divulguer les résultats de la recherche en les rendant accessibles aux milieux de la pratique d'intervention ou de la planification. Mais comment, d'une part, réussir à renouveler une pratique sociale capable de nourrir la recherche de questions ou d'objets pertinents et valides et comment, d'autre part, une pratique renouvelée saura-t-elle se servir des résultats de la recherche ?

Rinfret-Raynor *et al.* (1986) constatent que la participation des praticiens et praticiennes à la recherche leur offre non seulement la possibilité de systématiser leur pratique mais de la rendre crédible face aux milieux d'intervention. La pratique peut s'inspirer des données apportées par la recherche et développer en conséquence des modes d'intervention plus efficaces auprès des populations.

INTERACTION ENTRE PRATIQUE ET RECHERCHE AU CENTRE DE SERVICES SOCIAUX RICHELIEU

Pour faire avancer cette réflexion, nous croyons utile d'illustrer à l'aide d'un exemple le processus de transfert des connaissances au Centre de services sociaux (CSS) Richelieu ainsi que l'association entre chercheurs, gestionnaires et praticiens. Tâche ardue au début, il y a huit ans, la recherche appliquée était dans notre établissement l'objet tant d'un scepticisme généralisé que la cible des blagues de gestionnaires et intervenants. Très lentement, et après beaucoup d'efforts, nous sommes aujourd'hui en mesure de dire que nous avons réussi à créer un climat de confiance et une concertation assez élargie sans aller pour autant jusqu'à affirmer que le transfert des connaissances serait perçu comme un succès par les gestionnaires et les intervenants.

Nous avons essayé au début de relever d'une façon systématique et approfondie les principaux besoins de l'établissement en matière de recherche. Pour ce faire, nous avons recouru à un processus de consultation dans lequel nous avons utilisé une combinaison de différentes techniques d'avis des groupes, telles la méthode Delphi et celle du groupe cible (toutes deux des techniques inductives de collecte de données). Ce travail, exécuté à travers des étapes formelles successives, visait à traduire les besoins exprimés par les gestionnaires en programmes opérationnels de recherche échelonnés sur une période de trois ans.

La préparation de chaque programme de recherche exigeait la participation de tous les comités de gestion de notre établissement, à l'exception de celui de la Direction des services administratifs. Cette procédure nécessitait la participation des cadres des quatre sous-régions du CSS Richelieu ainsi que celle des membres des directions de la Protection de la jeunesse et des Services professionnels. Au préalable, il était convenu que les gestionnaires de chaque direction et service devaient recueillir des informations de première main auprès des praticiens. Ces informations devaient être susceptibles d'apporter des perspectives variées, des renseignements exhaustifs et hétérogènes sur des interventions, des approches ou des problèmes particuliers concernant les besoins ressentis dans l'exercice de leur pratique professionnelle et reliés aux caractéristiques de notre clientèle.

Chacun des gestionnaires était invité à soumettre les besoins de recherche détectés dans son service en appliquant le principe du « round robin » (tour de table) fréquemment utilisé au niveau des recherches exploratoires. À la suite de cette première rencontre, nous avons dressé un inventaire de propositions de recherche par sous-région et par direction. Après avoir établi cette liste, le service de recherche a produit une rétroaction à tous les comités consultés, afin de faire, d'abord, un échange interrégional visant à une compréhension univoque de toutes les propositions de recherche et, ensuite, de dresser une liste d'énoncés prioritaires axés sur les besoins globaux, plutôt que sectoriels, de l'établissement.

À la fin de ce processus d'une durée de quelques semaines, les besoins exprimés sont transcrits sur une grille synthèse adaptée à partir de celle utilisée par l'Association des centres de services sociaux du Québec (ACSSQ) pour la cueillette et la classification de recherches faites par les établissements membres. La structure de la grille permet aussi d'indiquer l'ordre des priorités établies à la suite du processus itératif qui a mené à un consensus. En l'absence de celui-ci, une pondération a été faite sur un mode hiérarchique tenant compte de l'importance accordée aux énoncés par les comités de gestion et à la lumière d'une analyse fournie par le service de recherche. La phase finale du programme consiste en son dépôt au Comité de régie afin d'être entériné.

À la fin de chaque programme triennal de recherche, nous en profitons pour produire un bilan des opérations effectuées durant la période. Le bilan inclut une analyse de « l'efficacité » et de « l'efficience » du programme, et ses résultats favorisent, en général, la visibilité de notre service à l'intérieur de l'établissement. Les retombées de cet exercice ont une influence directe sur l'ampleur et la qualité des demandes de recherche formulées lors de l'analyse de besoins. Parallèlement à l'aboutissement du programme de recherche, d'autres activités sont aussi accomplies; à titre d'exemples, mentionnons les conférences données à l'École de service social de l'Université McGill, au Jewish General Institute of Psychiatry et la consultation méthodologique auprès des équipes de recherche du réseau.

Lorsqu'il s'agit de recherches faites en collaboration avec d'autres organismes du réseau, tels les centres d'accueil ou les CLSC, nous nous donnons la tâche de créer un comité de suivi composé de personnes (une par organisme) représentant le personnel clinique de chaque organisme. Le rôle de ces personnes est complexe et varié : elles doivent avoir l'expérience et les connaissances qui font d'elles des personnes ressources au sein du comité où elles seront appelées à apporter des informations cliniques tirées de leur pratique et à apprécier certains résultats de la recherche en fonction de leur expertise vis-à-vis la problématique, tout au cours du processus. En ce qui a trait aux recherches internes, nous procédons d'une façon très semblable et les comités de suivi sont constitués par des intervenants et des cadres concernés par l'objet de recherche choisi. Cette forme d'engagement dès le début d'une recherche, c'est-à-dire de l'identification du problème jusqu'à la production des résultats, favorise tout au long de la recherche une association privilégiée entre la chercheure et les milieux de pratique. En outre, elle suscite l'intérêt accru des utilisateurs potentiels des services concernés.

En plus du fait de travailler dans une atmosphère stimulante et d'avoir un support clinique systématique, nous nous assurons, par le biais de cette collaboration, de l'applicabilité et de la diffusion de nos résultats, c'est-à-dire du transfert des connaissances tant à l'intérieur du CSS que dans le réseau. Nos deux dernières recherches illustrent concrètement notre exposé. L'une, « Adoption tardive : point d'ancrage », a été produite conjointement avec le CSS du Montréal métropolitain, grâce à une subvention de Santé et Bien-être Canada. L'autre, « La désinstitutionnalisation : facteurs de prédiction pour un modèle de planification », subventionnée par le Conseil de la santé et des services sociaux de la Montérégie, a été réalisée avec la participation des centres d'accueil Foyer Savoy, Centre de la Grande Ligne, Maison Notre-Dame des Érables ainsi qu'avec celle des Services de réadaptation du Sud-Ouest.

Sans nier les aspects positifs et l'évolution de notre cheminement à l'égard de l'interaction entre la recherche et le milieu de la pratique, et sans vouloir non plus transmettre une vision trop optimiste de celle-ci, nous sommes très conscients que nous avons encore du travail à accomplir et de nouveaux défis à relever. Pour qu'on puisse pallier ces difficultés, il faut que la chercheure les ait bien cernées. À notre avis, elles sont de trois ordres : il faut d'abord que les praticiens adhèrent à l'objet de recherche en sachant qu'à la fin de cette dernière, ils en tireront un gain secondaire. Il faut ensuite maintenir leur motivation à y participer constamment par le biais d'une contribution directe (référence des clientèles, obtention des consentements, discussions, etc.). Finalement, une fois que les résultats de recherche sont disponibles, il faut savoir les encourager à se les approprier. Deux cibles sont alors visées au niveau des utilisateurs : les milieux de la pratique et de la gestion. En référence à la gestion, la recherche peut avoir un impact tant sur l'organisation des services que sur les politiques, la planification et la modification des pratiques. Le défi, c'est de trouver les moyens qui vont aider à surmonter ces difficultés. Comme nous les avons présentés, plusieurs de ces moyens, tels la planification du programme triennal de recherche, la présence des comités de suivi, les lancements des recherches etc., nous permettent d'atteindre l'objectif principal que nous nous sommes fixés, à savoir faire le lien entre recherche et pratique sociale. Il faut toutefois, pour chaque recherche, adapter les moyens et demeurer vigilant pour s'assurer que ce lien se maintienne et se renforce.

Bibliographie

BACHELARD, G. [1938] (1978). *La formation de l'esprit scientifique*, Paris, Librairie philosophique, Vrin.

BONNEAU, L.-P. (1973). *Pour une politique de recherche en affaires sociales*, Québec, Ministère des Affaires sociales.

CASTONGUAY, C. et G. NEPVEU (1967-1972). *Rapport de la Commission d'enquête sur la santé et le bien-être social*, Québec, Éditeur officiel du Québec.

COMMISSION D'ENQUÊTE SUR LES SERVICES DE SANTÉ ET LES SERVICES SOCIAUX (1987). *Programme de recherche, Recueil de résumés*, Québec, Les Publications du Québec.

CONSEIL QUÉBÉCOIS DE LA RECHERCHE SOCIALE (1990). *Subventions à la recherche, bourses d'excellence et subventions pour études et analyses 1991-1992*, Québec, Ministère de la Santé et des Services sociaux.

GÉLINAS, A. (1984). « Évaluation et multirationalité », dans PAQUET, C. (1984). *Des pratiques évaluatives*, Victoriaville, éditions NHP.

GÉLINAS, A. (1988). *Essai sur la nature et les modalités du programme de subventions pour études et analyses*, Québec, Conseil québécois de la recherche sociale.

GÉLINAS, A. (1990). *Les fondements du transfert des connaissances*, Communication, 6 avril 1990, Forum du Conseil québécois de la recherche sociale sur le transfert des connaissances, Département d'éducation, Université du Québec à Rimouski.

JOUBERT, P., LACROIX, L. et M. A. TREMBLAY (1984). *L'autre recherche*, Actes du colloque du 10 mai 1984, 52e congrès de l'ACFAS, Université Laval, Section Santé Communautaire, Québec, CSS de Québec.

KUHN, T. S. (1962). *The Structure of Scientific Revolutions*, Chicago, University of Chicago Press.

LEFRANÇOIS, R. et M. H. SOULET (1983). *Le système de la recherche sociale*, tome 1 : *La recherche sociale dans l'État* , Collection Recherche sociale, nos 3-4, Sherbrooke, Université de Sherbrooke.

LYOTARD, J.-F. (1979). *La condition post-moderne*, Paris, Minuit.

NADEAU, R. ET J. DESAUTELS (1984). *Épistémologie et didactique des sciences*, Ottawa, Conseil des services du Canada.

OUELLET, H. (1990). *Le transfert des connaissances et les structures de recherche*, Communication, 6 avril 1990, Forum du Conseil québécois de la recherche sociale sur le transfert des connaissances, Québec, Centre de recherche sur les services communautaires.

RINFRET-RAYNOR, M., LAROUCHE, G. et A. PAQUET-DEEHY. (1986). « La recherche évaluative au profit de la pratique », *Service social*, vol. 35, n°s 1-2, 141-155.

UNIVERSITÉ LAVAL (1967-1970). *Rapport du Comité d'étude des relations entre l'Université Laval, la Faculté de médecine et les hôpitaux d'enseignement*, Québec.

Gestion publique du système sociosanitaire : où allons-nous ?

Luciano BOZZINI
Université de Montréal

Lee SODERSTROM
Université McGill

L'actuel processus de décision concernant les choix politiques en matière sociosanitaire repose sur un déficit d'information : il est difficile pour l'État de savoir s'il dépense trop en soins de santé et si les dépenses sont bien contrôlées. La centralisation excessive accroît la gravité de ce déficit informationnel. La réforme législative veut obvier à cette difficulté en décentralisant au niveau régional : cependant, le Ministère se réserve des pouvoirs très importants. Il est à se demander si les régions pourront résister aux pressions du centre et si elles ne sont pas victimes du même manque d'informations.

Au Québec, l'engagement de l'État dans le financement et la gestion de l'appareil sociosanitaire est prépondérante et il y a de bonnes raisons à priori justifiant un tel engagement. Dans la pratique pourtant, les conséquences de l'intervention de l'État dépendent de la qualité des décisions arrêtées par les pouvoirs publics et les agences publiques quant au financement, aux structures et aux opérations du système. À titre d'exemple, l'effet réel du financement public du secteur hospitalier dépend des décisions sur les budgets d'immobilisation et d'opération des centres hospitaliers.

L'implication massive de l'État depuis trente ans a permis des progrès considérables. Toutefois, l'idée sera défendue ici que d'autres progrès substantiels pourraient être obtenus à travers des processus de décision publique plus appropriés. Des problèmes importants au plan du financement et de l'organisation subsistent à cause de processus de décision publique déficients. Telle a bien été l'argumentation de la Commission Rochon et ce point de vue sous-tend un bon nombre des réformes qui s'enclenchent avec la loi 120.

La qualité des décisions dépend de la qualité des personnes (formation, expérience, valeurs) mais également des structures et processus de prise de décision, ces derniers comportant différentes dimensions. L'attention sera dirigée ici sur deux éléments : l'étendue de la décentralisation des décisions, et l'information disponible aux décideurs et à tous les citoyens intéressés par les politiques sociosanitaires. Ces deux éléments serviront à illustrer l'idée que des progrès significatifs dans la prise de décision publique sont nécessaires, loi 120 ou pas. La nécessité d'une plus grande décentralisation a été unanimement reconnue, mais beaucoup d'incertitudes subsistent sur le type de décentralisation que la loi 120 va permettre dans les faits. Le problème de la disponibilité d'une information adéquate a par contre seulement été effleuré : ni la Commission Rochon ni le document Côté n'ont accordé suffisamment d'attention au fait que la performance du système sociosanitaire ne peut être améliorée en l'absence d'une information adéquate.

Dans une première section, une esquisse des facteurs qui influencent la prise de décision publique sera présentée. La deuxième section sera surtout consacrée à deux lacunes fondamentales du système sociosanitaire québécois : la centralisation excessive et l'absence d'une information adéquate. Finalement, les perspectives ouvertes par la réforme Côté seront discutées en fonction des lacunes relevées et une proposition pour améliorer l'information disponible sera présentée.

LES DÉTERMINANTS DE LA PRISE DE DÉCISION PUBLIQUE

Il existe au moins trois justifications à l'existence d'un système sociosanitaire universel, à gestion et financement largement publics. Premièrement, un tel système rend accessibles à tous les citoyens des services de santé et des services sociaux bénéfiques, indépendamment de leur capacité de payer (Fein, 1972) et de leur statut social (statut économique, statut d'emploi, état civil, etc.). Les pouvoirs publics ont la responsabilité à la fois de déterminer les services socialement bénéfiques et de les rendre disponibles. Les citoyens, eux, ne se butent pas à des barrières financières lorsqu'ils ont besoin de ces services[1].

Deuxièmement, le fait que tous les citoyens soient couverts par un plan étatique universel signifie que les organisations sociosanitaires et les professionnels de la santé sont payés directement par les pouvoirs publics sans contribution financière directe de l'usager. Contrairement à la situation aux États-Unis par exemple, on ne demande pas à l'usager, avant la dispensation des services, qui va payer la note. À services rendus, les usagers n'ont pas à subir les irritants bureaucratiques liés au remboursement de leurs dépenses par les assureurs. De plus, l'existence d'un système universel avec un seul payeur assure des économies colossales en termes de frais administratifs (Woolhandler, 1991).

En troisième lieu, l'intervention publique permet aux pouvoirs publics d'agir comme « force compensatoire » par rapport aux professionnels de la santé (les médecins au premier chef) vis-à-vis desquels l'usager se trouve en position de vulnérabilité. L'épicier du coin a peu d'influence sur la quantité d'oranges que le public lui achète sauf à travers le prix exigé puisque le consommateur peut décider par lui-même de la désirabilité de consommer des oranges. Mais la situation est différente dans le cas des médecins (ou d'autres professionnels de la santé). L'usager dépend d'eux quant à la nature des services nécessaires parce qu'il est généralement peu apte à en juger. De plus, pour de nombreux problèmes de santé, la profession médicale est incertaine de la valeur de plusieurs interventions. Bref, contrairement aux producteurs d'autres biens et services, les médecins ne subissent pas de contraintes serrées ni de la part des usagers ni sur le plan des indications technologiques; ils disposent d'une latitude importante dans la décision d'initier ou non des services. Indépendamment de leurs intentions (généralement considérées comme bonnes), il peut en résulter – si leur

---

1. L'information disponible indique que l'intervention publique a amélioré l'accessibilité aux services des divers groupes sociaux. L'introduction de l'assurance-maladie, par exemple, a amélioré l'accès des couches sociales inférieures aux services médicaux (ENTERLINE,1973; McDONALD, 1974). Contrairement aux États-Unis (BROYLES, 1983; MANGA, 1987), le revenu n'est plus, au Québec, un déterminant important de l'utilisation des services médicaux et hospitaliers.

latitude n'est pas balisée par des contre-pouvoirs – à la fois de la sous-utilisation et de la surutilisation de services, donc en particulier une augmentation injustifiée des coûts.

STRUCTURE ET PROCESSUS
DE LA PRISE DE DÉCISION PUBLIQUE

Il y a donc en principe de bonnes justifications à l'intervention publique. Toutefois, les effets réels de cette intervention dépendent dans une large mesure de la qualité des décisions prises par le gouvernement et les autres agences publiques quant à la structure et aux ressources du système. Ces facteurs déterminent la performance des fournisseurs et le comportement des usagers. Dans un système public, les décideurs publics ont un rôle central. La nature et la qualité des décisions dépend d'au moins cinq facteurs[2].

La structure de la prise de décision publique constitue le premier facteur. Ceci réfère à la nature des organisations publiques concernées, à la répartition entre elles des responsabilités et des pouvoirs de décision comme également à la répartition des responsabilités et de l'autorité à l'intérieur de chaque organisation. Un aspect important de la structure consiste dans la répartition adéquate de la prise de décision entre le central et la périphérie (niveaux régional, sous-régional et des établissements) et dans le degré auquel la prise de décision est ouverte à l'influence des usagers et des citoyens.

Le problème de l'étendue et de la qualité de l'information disponible constitue un deuxième enjeu central, car l'étendue et la qualité de l'information disponible affecte la qualité des décisions à tous les niveaux. La disponibilité d'informations adéquates est une condition sine qua non de débats éclairés sur les effets des programmes actuels, sur les problèmes et les solutions possibles. Les décideurs publics sont mieux éclairés à la fois par un débat public valide et par une information utile. De plus, une information adéquate a une influence positive sur les fournisseurs et les usagers.

Qu'appelle-t-on une information utile ? Premièrement, des données descriptives sont requises sur l'état de santé, l'utilisation des services, les

---

2. À noter que le champ de l'intervention publique est variable : il dépend à la fois du contexte social général et des caractéristiques du système. Au Québec, ce champ est étendu. Bien qu'on ait ces récentes années beaucoup discuté de sa réduction, la privatisation a jusqu'à présent été très limitée pour trois raisons : le financement largement public du secteur sociosanitaire rencontre l'assentiment généralisé; les planificateurs et politiciens sont obligés de convenir que sa performance est relativement bonne; des preuves que la privatisation améliorerait cette performance sont plutôt inexistantes (SODERSTROM, 1988).

ressources disponibles et le financement des services. Deuxièmement, des évaluations des services, politiques et programmes actuels ainsi que des réformes possibles sont nécessaires. Ceci requiert des efforts de recherche au Québec, mais également le suivi des expériences et recherches d'autres pays. Troisièmement, on doit interpréter les données descriptives et les évaluations; une montagne de rapports de recherche et de tableaux décrivant les services utilisés est d'une utilité limitée pour la plupart des gens intéressés. On doit en souligner les résultats essentiels, les implications en termes des politiques et les questions exigeant des examens ultérieurs. Finalement, l'information, si elle doit enrichir le débat public et la prise de décision, doit être diffusée à tous les niveaux, y compris vers les citoyens.

Le troisième facteur est constitué par les contraintes économiques et les incitatifs financiers confrontant les pouvoirs centraux, les gestionnaires publics et les professionnels. La nature des décideurs publics constitue le quatrième facteur. Plusieurs composantes entrent ici en jeu, dont entre autres la qualité des décideurs publics (habiletés, formation, expérience) et les ressources dont ils disposent, c'est-à-dire à la fois la quantité et la qualité de leurs « états-majors » comme les outils disponibles (connaissances, outils de gestion, outils informatiques, etc.). Finalement, les décisions publiques se prennent dans une contexte social donné incluant en particulier des dimensions politiques et idéologiques. À titre d'exemples, la prise de décision publique peut dépendre de la marge de pouvoir dont dispose le parti gouvernemental, ou encore de certains choix de valeurs qui peuvent refléter celles des décideurs eux-mêmes, celles du public (considérations électorales) ou celles des groupes de pression.

LA PERFORMANCE DU SYSTÈME SOCIOSANITAIRE QUÉBÉCOIS

En dépit des problèmes, la société québécoise ne doit pas sous-estimer les progrès que l'intervention publique a rendu possibles. L'implication publique a grandement amélioré l'accessibilité des services sociosanitaires : la disponibilité des services a augmenté, les obstacles financiers sont minimes et le financement public permet des services adéquats sur le plan personnel. De plus, le financement public assure une certaine équité sociale. Au-delà de la démocratisation de l'accès, deux autres aspects valent la peine d'être soulignés. D'une part, un certain progrès dans l'efficience/la rationalisation du système (contrôle de l'offre, meilleure distribution régionale des ressources, contrôle de la technologie, débuts de planification par programmes, etc.). Contrairement aux prétentions des adversaires du système public au début des années 70, le contrôle public de la croissance des ressources a permis de garder les coûts sous contrôle. D'autre part, l'approche globale aux problèmes de santé a pris de l'ampleur (développement des CLSC, activités des DSC, etc.).

Des problèmes importants subsistent. L'accessibilité n'est pas optimum, en particulier dans les régions éloignées et pour les groupes plus vulnérables (personnes âgées, jeunes et femmes en difficulté, personnes handicapées, personnes alcooliques et toxicomanes, autochtones, etc.). Comme en ont amplement témoigné les audiences de la Commission Rochon, une autre lacune majeure est l'intégration très insuffisante des services, l'éclatement du système en une myriade d'institutions et de groupes professionnels « égocentriques » poursuivant chacun leurs propres stratégies alors que la distribution rationnelle des services sociosanitaires suppose une intégration des différents services en fonction d'objectifs et de programmes par rapport à une population donnée. Cet éclatement produit des effets négatifs en série : chevauchements, absence de continuité, absence d'une « porte de référence » claire pour l'usager, défense de « ses services » au détriment d'objectifs de population, etc.[3]

Le système sociosanitaire est également critiqué en ce que malgré les progrès accomplis depuis vingt ans, les services accaparent toujours la part du lion au détriment d'activités de prévention et de promotion de la santé. On se souviendra que ceci constituait un thème majeur du Rapport Rochon. Autre question en suspens : le niveau de financement. Les fournisseurs prétendent que le système est sous-financé; d'autres opinent que la réponse au sous-financement de certains services spécifiques est une meilleure allocation des ressources et non pas une augmentation sensible des budgets. Finalement, on ne peut passer sous silence l'éventail de problèmes spécifiques irrésolus qui traînent depuis des années : les inégalités dans la distribution régionale des ressources, la pénurie de lits pour chroniques, l'engorgement des urgences, la pénurie d'infirmières, la dégradation des conditions de travail dans les établissements affectant le moral des employés comme des gestionnaires, etc.

PROBLÈMES DANS LA PRISE DE DÉCISION PUBLIQUE

Étant donné le rôle central des décideurs publics dans un système sociosanitaire public, les progrès enregistrés sont tout à leur honneur. En même temps, les problèmes actuels soulèvent des doutes sur la qualité de la

---

3. Cet éclatement est le résultat d'une série de facteurs maintenant bien identifiés : l'autonomie juridique des établissements; l'ambiguïté dans la définition des rôles; les obstacles professionnels et syndicaux à l'intégration; la faiblesse du palier régional; l'absence (sauf dans le cas des CLSC) d'un lien explicite entre les services et un bassin de population.

décision publique. Naturellement, les décideurs ne sont pas la cause de tous les problèmes. Ils ne sont pas responsables, par exemple, ni de l'explosion des nouvelles technologies, ni de l'augmentation de certains problèmes sociosanitaires. Ils ont dû, ces récentes années, faire face à la fois à la crise financière de l'État et à la vague néo-conservatrice qui ont entravé leurs possibilités d'action. De plus, les solutions ne sont pas toujours évidentes, ni simples, et les changements demandent du temps. En dépit de ces réserves, force nous est de reconnaître que la performance du système sociosanitaire québécois a été gênée par plusieurs dysfonctionnements dans la prise de décision publique, en particulier la centralisation excessive et l'absence d'information appropriée. Ces éléments ont un impact déterminant et il n'est pas certain que la réforme enclenchée conduira à des progrès importants sur ces deux plans.

1) Le système a clairement souffert de centralisation excessive. C'est un des diagnostics clés de la Commission Rochon. Pour une série de raisons maintenant connues (absence au départ d'une bureaucratie régionale éprouvée, absence d'un niveau politico-administratif régional, faiblesse de l'enracinement « politico-social » des conseils régionaux[4]), le gouvernement provincial n'a transféré que relativement peu de pouvoirs aux conseils régionaux et surtout pas de pouvoirs d'allocation des ressources entre les différents éléments du système. Les conditions d'une décentralisation significative n'existant pas, le secteur sociosanitaire a largement été géré et contrôlé par le haut, avec tous les effets pervers de ce genre de gestion : lenteurs, décisions inadaptées, prolifération de la réglementation, court-circuitage (administratifs et politiques) du palier régional, gestion par des fonctionnaires qui connaissent plus ou moins le réseau, etc.[5]. Dans la même veine, le réseau sociosanitaire et l'État ont subi les effets pervers du mode « corporatif », centralisé d'allocation des fonds publics : les débats sur la distribution de la manne étatique se faisant de façon plus ou moins transparente au centre, chaque groupe a essayé de maximiser ses gains propres, dans des confrontations politiques à deux avec l'État. Le *Rapport Rochon* concluait avec justesse : « le Ministère ne peut gérer 900 établissements depuis Québec » et « le système est en otage aux groupes d'intérêts ».

---

4. De façon générale, les conseils d'administration des conseils régionaux ont été plutôt dominés par les établissements du réseau en lutte pour les ressources.

5. Cette image devrait être nuancée. Peu à peu, les conseils régionaux ont enrichi leurs compétences; le gouvernement leur a progressivement confié plus de mandats; ils ont joué un rôle important dans le travail de coordination/concertation « à partir du bas », en particulier à l'extérieur des grands centres (pour des raisons sociologiques connues : enracinement social, front commun contre le centre, etc.).

2) Un deuxième problème – très fondamental – est l'absence d'informations adéquates pour une prise de décision éclairée. Il est en effet très surprenant de constater jusqu'à quel point on manque d'informations essentielles sur la performance du système sociosanitaire. Les changements continuels des récentes années se sont faits sans qu'il existe beaucoup de données, ni sur l'état de santé (l'Enquête Santé Québec date de 1987), ni sur l'utilisation (en particulier, des services non médicaux), ni sur la disponibilité des ressources. De plus, comme l'a souligné la Commission Rochon, l'évaluation de tous les programmes publics a été très insuffisante. Bien que ce problème ne soit pas unique au Québec, des exemples existent où une bien meilleure information est rendue disponible[6].

L'absence de données sur l'impact des coupures budgétaires est l'exemple le plus frappant d'absence d'évaluation adéquate. Ces coupures ont été un élément clé des politiques gouvernementales des quinze dernières années et ont été l'objet du débat public le plus important. Des décisions éclairées sur le financement des hôpitaux, par exemple, sont impossibles sans une évaluation de l'impact des contraintes sur plusieurs paramètres : le climat de travail, l'utilisation des services, la qualité des soins, l'état de santé, etc. Pourtant, on ne sait que très peu de choses à cet égard. Une meilleure information quant à l'impact des contraintes budgétaires sur l'état de santé, en particulier, est sans aucun doute possible[7]. Il faut toutefois ajouter que ce problème n'est pas unique au Québec : aucune des provinces canadiennes n'a entrepris la nécessaire évaluation de ses politiques de contraintes budgétaires (Detsky, 1990)[8].

---

6. Au Manitoba, Leslie et Noralou Roos ont produit beaucoup d'informations utiles sur la performance du système de santé, entre autres sur l'utilisation des services médicaux et hospitaliers. Également, voir plus loin la discussion de l'organisme ProPAC aux États-Unis.

7. En octobre 1983, les Américains modifièrent la méthode de remboursement des hôpitaux pour les patients du programme Medicare, en introduisant le «Prospective Payment System», remboursement forfaitaire basé sur des catégories de diagnostic. On était à l'époque préoccupé par une détérioration possible des soins à cause de la méthode PPS. En conséquence, plusieurs chercheurs américains analysèrent les effets du PPS sur l'accessibilité, la mortalité, la prévalence des maladies, l'incapacité et l'inconfort (SODERSTROM, 1991). Encore plus important, les chercheurs de Rand viennent de rapporter les résultats d'une importante étude sur les effets du PPS sur l'état de santé (KAHN, 1990). Ainsi, moins de sept ans après son introduction, le gouvernement et les chercheurs américains ont fourni une information substantielle sur l'impact du PPS. Après quinze ans de coupures budgétaires, rien de comparable n'a été produit au Québec.

8. Les contraintes budgétaires ne sont pas la seule politique qui n'a pas été adéquatement évaluée. Peu d'efforts ont été faits pour évaluer les conseils régionaux, les cliniques privées ou les CLSC (QUÉBEC, 1987; BOZZINI, 1988; BÉLANGER, 1990). L'expansion du maintien à domicile se poursuit, mais ces programmes n'ont pas été évalués en profondeur. L'importance de le faire est soulignée par les données montrant que les services à domicile aux États-Unis – au moins tels que mal organisés – n'ont pas les retombées favorables attendues, ni sur le plan des coûts ni sur celui de la santé (SODERSTROM, 1988). Il convient toutefois de noter des progrès. À titre d'exemple, on a établi le Conseil d'évaluation des technologies de la santé du Québec.

Finalement, peu d'efforts ont été faits pour interpréter et diffuser l'information disponible. Occasionnellement, des analyses de certains problèmes spécifiques sont publiées par des chercheurs, par le Ministère, d'autres agences publiques ou les associations de producteurs. Mais le Ministère ne publie pas régulièrement une analyse de l'état du système. Une meilleure interprétation et diffusion de l'information disponible est faisable, comme le démontre l'expérience américaine avec la « Prospective Payment Assessment Commission » (ProPAC). Ce modeste conseil indépendant fournit à l'administration américaine et autres groupes intéressés de l'information relative au financement et à l'utilisation des services hospitaliers couverts sous le régime Medicare. Ses rapports annuels sont en grande partie basés sur des données recueillies par d'autres agences et sur des évaluations produites par d'autres chercheurs (Soderstrom, 1991). À part les informations sur l'utilisation des services médicaux contenues dans le rapport annuel de la Régie de l'assurance-maladie, rien de comparable n'existe au Québec.

L'importance du « déficit informationnel » est bien illustrée par la prétention voulant que le secteur sociosanitaire soit en butte à d'importants problèmes de financement. On opine que le gouvernement ne peut plus financer le système dans la même mesure que par le passé, d'où des propositions visant à éliminer certains services de la couverture publique (services dentaires pour les jeunes) ou à introduire des frais aux usagers. Ces frais auraient une série d'effets négatifs sur la performance du système sociosanitaire (Soderstrom, 1988). De plus, la vraie nature de nos problèmes financiers n'a pas été approfondie. La vraie question n'est pas la rareté des ressources ou l'impossibilité pour le gouvernement d'augmenter les taxes. La racine du problème est l'absence d'information adéquate sur le système sociosanitaire.

Le niveau de dépenses adéquat n'est pas fonction de contraintes techniques posées par la rareté des ressources, mais bien de choix sociaux. Nous dépensons actuellement seulement 9 % du revenu national pour les services de santé, mais nous pourrions dépenser plus si la collectivité en décidait ainsi. La société québécoise a eu tendance à résister à l'augmentation des dépenses, car personne n'était convaincu que cela signifierait plus de bien-être. Ceci explique pourquoi la politique gouvernementale de contraintes budgétaires n'a pas entraîné de fortes résistances dans le public.

Inversement, il est probable que la population québécoise réagirait différemment si elle était convaincue que des dépenses additionnelles produiraient des bénéfices substantiels. Si un remède pour le cancer devenait disponible – même un remède coûteux en période de récession économique – il ne fait aucun doute que la collectivité serait prête à dépenser plus pour la santé. À ce stade-ci toutefois, on n'a pas produit d'information convaincante indiquant que des dépenses supplémentaires amélioreraient le niveau de bien-être, que les bénéfices additionnels vaudraient les dépenses additionnelles et que l'augmentation des dépenses serait nécessaire pour obtenir ces bénéfices[9].

Le gouvernement prétend qu'il ne peut augmenter les taxes afin de maintenir la capacité concurrentielle du Québec (attraction de capitaux et de main-d'œuvre qualifiée). Ce problème est complexe, mais la question centrale en est une de perception. Si des taxes plus élevées ne sont pas vues comme le résultat d'inefficiences, mais comme un facteur produisant des bénéfices significatifs au niveau du bien-être, elles pourraient entraîner des retombées économiques positives[10].

Par ailleurs, le gouvernement est à juste titre sensible au fait que le public n'est pas partisan d'une augmentation des taxes, vu les doutes répandus sur l'utilisation actuelle des fonds publics. Pour ce qui est des services sociosanitaires, le gouvernement est un peu prisonnier de son propre discours : lui-même et les experts du secteur de la santé ont dit pendant des années – et en partie avec justification – que des dépenses additionnelles n'étaient pas nécessaires et qu'il y avait encore pas mal de « gaspillage ». Il est peu surprenant dans ce contexte qu'une hausse de taxes ne soit pas très populaire. Il y a toutefois des limites à la compression du système sociosanitaire; l'étendue du « gras » a été sensiblement réduite au long des années 80, et de nouveaux développements technologiques comme de nouveaux besoins peuvent justifier aujourd'hui l'injection de fonds supplémentaires. On revient à un problème central : l'absence d'information qui permettrait de décider si les nouveaux services nécessaires peuvent être financés en éliminant des inefficiences ou bien si des fonds supplémentaires seront nécessaires au cours des prochaines années[11].

---

9. Cet argument n'implique pas qu'une information plus adéquate signifierait automatiquement une augmentation des dépenses. Elle pourrait pointer aussi vers une réduction de celles-ci.

10. Par exemple, des entreprises de l'extérieur pourraient trouver des avantages à une localisation au Québec à cause des bénéfices retirés par les employés en vertu du régime public de santé. Par ailleurs, même si une augmentation des taxes causait des « fuites d'entreprises », il faudrait estimer l'effet sur l'emploi : 75 ou 75 000 mille emplois perdus ?

11. On sait qu'on ne peut se fier à cet égard aux prétentions des producteurs. De la même manière que les architectes sont portés à concevoir des structures toujours plus grandes et sophistiquées, les producteurs de services sociosanitaires veulent toujours plus de ressources, cela reflétant des considérations sincères pour le bien-être des usagers comme de l'intérêt personnel (EVANS, 1990). De plus, l'allocation des fonds publics se fait dans l'arène politique. Ici, les groupes sont en concurrence vigoureuse pour les ressources de telle sorte que leurs demandes reflètent souvent des considérations tactiques (EVANS, 1986).

LA RÉFORME CÔTÉ ET L'AMÉLIORATION
DE LA DÉCISION PUBLIQUE

Dans l'ensemble, le document d'orientation Côté et la loi 120 présidant à la réforme qui s'enclenche – et ceci en continuité avec le *Rapport Rochon* et les *Orientations* Lavoie-Roux – font un choix de base en faveur du renforcement du système public. Malgré la crise de l'État-providence, on n'a pas succombé au mirage de la privatisation. Les principales orientations choisies visent toutes à bonifier un système public et universel de santé qui, en dépit de ses lacunes, constitue néanmoins – dans une perspective comparative – une réussite appréciable[12].

Le document d'orientation et la loi 120 proposent toute une série de stratégies visant la bonification du système public. Une première catégorie inclut des mesures ayant pour objectif la bonification des structures et processus qui encadrent la prestation de services : confirmation du rôle central des CLSC et renforcement de ceux-ci à travers l'accroissement à la fois de la présence sociale (transferts des travailleurs sociaux) et de la présence médicale (en principe); des mesures visant une meilleure intégration de l'ensemble des établissements et services (fusion des conseils d'administration, accroissement de la présence des citoyens sur les conseils d'administration); des mesures visant une meilleure protection des usagers; enfin, des mesures visant la mobilisation des ressources humaines[13].

Une deuxième catégorie de stratégies concerne le thème de cet article. Il s'agit des mesures qui modifient les structures et processus encadrant la décision publique : des changements éventuels dans le financement des

---

12. Il y a une ombre au tableau. En même temps que le caractère public de la prestation des services est renforcé, le document Côté introduit – par la proposition de frais aux usagers « modestes » – une brèche importante dans le financement solidaire des coûts de la santé. Il est même inquiétant : il annonce sans ambages que – eu égard à l'état des finances publiques et les déficits gouvernementaux à tous les niveaux – des modifications seront demandées à la loi fédérale sur la santé qui proscrit les frais aux usagers sur les services médicaux et hospitaliers. Il s'agit d'une brèche à la fois trompeuse et dangereuse. Trompeuse, car le gouvernement prétend qu'on ne peut augmenter l'impôt général : mais l'impôt-services est une augmentation de taxes ! La taxe sur les malades remplace la taxation solidaire. La solution consiste à améliorer l'utilisation actuelle des impôts (dans le secteur de la santé et ailleurs) et non à taxer les malades. Cette mesure est également dangereuse : l'introduction de frais aux usagers « modestes » pourrait s'accélérer et mener à la renaissance des assurances privées (pour ceux qui en ont les moyens) et à un système de santé « à plusieurs étages ». Bref, on pourrait assister à une brèche fondamentale dans le contrat social passé : les coûts de la maladie et de l'incapacité – largement indépendants de la volonté des individus – doivent-ils être partagés solidairement, ou bien est-on prêt à accepter que la personne supporte, outre le poids de la malchance, également son coût ?

13. On répète depuis des années que la « mobilisation » des ressources humaines est une impérieuse nécessité, mais les solutions sont toujours renvoyées aux calendes grecques. Le document Côté en fait une priorité; cette fois sera-t-elle la bonne ?

---

services (frais aux usagers); le renforcement de la décentralisation régionale; une plus grande ouverture du réseau à la voix des citoyens (présence nettement accrue sur les conseils d'administration); des mesures visant à intégrer un des acteurs principaux – les médecins – dans la planification centrale et régionale (création du Conseil médical du Québec et des Commissions médicales régionales[14]); quelques mesures visant l'amélioration de l'information. Les mesures prévues réussiront-elles à contrecarrer les deux problèmes majeurs – la centralisation excessive et l'absence d'une information adéquate – relevés dans la section précédente ?

LA POURSUITE DE LA DÉCENTRALISATION

La formule de décentralisation adoptée à la suite de la réforme Castonguay était une sorte de compromis technocratique et législatif fondé sur peu de choses : ni identités régionales fortes, ni compétences, ni conscience de l'échec de la gestion centralisée. Inversement, tout rend mûre aujourd'hui l'idée de la décentralisation. Comme l'a souligné fort à propos la Commission Rochon, depuis 1970 les dynamismes régionaux – au moins dans le secteur sociosanitaire – se sont intensifiés. On assiste à un renforcement des compétences, du sentiment d'appartenance, et surtout à un renforcement de la prise de conscience de l'échec de la gestion centralisée (à la base comme au sommet) et, réciproquement, à l'émergence de la volonté d'autogestion. C'est là en fait un des messages les plus forts que la Commission ait reçu tout au long de ses audiences.

En continuité avec les débats des récentes années et les récents documents, la réforme Côté propose un renforcement sensible du palier régional, au moyen de deux stratégies. En premier lieu, théoriquement au moins, les responsabilités et pouvoirs des instances régionales seraient considérablement élargis. Les régies détermineraient les priorités régionales, alloueraient les ressources aux divers établissements et organismes en fonction de ces priorités, contrôleraient les activités des établissements et la

---

14. Le Conseil médical du Québec (composé majoritairement de représentants des différents groupes médicaux mais d'autres experts également nommés par le gouvernement) est chargé de donner des avis au ministre sur à peu près toutes les questions afférentes à la pratique médicale. Sur certains aspects, le ministre doit consulter le conseil, tout ceci revenant à dire que ce dernier exercera une influence certaine sur les orientations et le mode d'organisation du secteur sociosanitaire. Au niveau régional, la Commission régionale médicale donnera son avis sur les plans d'organisation de services, la répartition des effectifs médicaux (pour assurer à la fois une présence régionale suffisante et une présence inter-établissements suffisante), les modes de pratique médicale. Bref, les médecins ont réussi, au cours de l'été 1991, à convaincre le gouvernement que l'intégration des médecins à la décision et la participation volontaire à la résolution des problèmes était préférable à la contrainte bureaucratique. Il reste à voir si cette cooptation donnera les fruits attendus.

réalisation des programmes et seraient chargées de l'intégration des services. Deuxièmement, les régies seront gérées par un conseil d'administration formé majoritairement de citoyens représentant les divers établissements/organismes sociosanitaires mais également d'autres acteurs sociaux de la scène régionale[15]. Liée au projet en développement de la gestion par programmes, l'existence d'un pouvoir régional fort, si réellement il voit le jour, représentera une contrainte importante par rapport aux tendances égocentriques des établissements et des organismes du territoire.

Comme il n'est pas question, au moins dans la situation actuelle au Québec, de créer un nouveau palier politico-administratif avec pouvoirs de taxation (modèle pur de décentralisation politique), le gouvernement choisit une voie mitoyenne : le renforcement de la décentralisation administrative simultanée à l'accroissement de « l'enracinement politico-social » des conseils. Le centre politique et technocratique n'abandonnera évidemment pas les responsabilités que les citoyens lui ont confiées. (La rhétorique courante de « pilonnage » du contrôle technocratique central pêche par naïveté : comment imaginer que le centre politique et technocratique délaisse le contrôle ultime de 11 milliards d'impôts confiés par les citoyens ?) Toutefois, en confiant un pouvoir d'allocation et d'adaptation aux forces sociales et aux acteurs sociosanitaires régionaux, le centre officialise, rend transparent et renforce le débat politique et administratif régional. Bref, le pari est fait que la décentralisation de la négociation, des relations de pouvoir et de la programmation/gestion des opérations conduira à une prise de décision plus efficace et à des décisions plus adaptées.

Les optimistes prévoient ou espèrent des gains. Les régions gagneraient en services adaptés et en motivation. Le centre, en efficacité opérationnelle (il pourra enfin se concentrer sur ses responsabilités propres : la coopération et la planification intersectorielle, la définition des politiques et des moyens fondamentaux du système, la péréquation interrégionale, l'évaluation et le contrôle ultime) – et en efficacité politique, en favorisant un débat politique régional ouvert (sur lequel les députés et le ministre auront évidemment un œil).

---

15. Le conseil d'administration de la régie sera élu par une assemblée régionale comprenant de 60 à 150 membres et composée ainsi : 20 % d'élus locaux, 20 % élus par les groupes socio-économiques, 20 % élus par les organismes communautaires et 40 % élus par les établissements publics et privés. Le conseil d'administration comptera une base de 20 membres choisis selon les mêmes proportions. À ces 20 membres s'ajouteront 1 membre coopté, le président de la commission médicale régionale et le directeur de la régie, pour un total de 23 (à Montréal et dans la Montérégie, il y aura 3 membres cooptés, pour un total de 25). L'objectif de la cooptation est d'enrichir le conseil de compétences techniques ou sociales (communautés culturelles, groupes démographiques, etc.) jugées souhaitables. Du document Côté à la loi 120, deux changements sont à remarquer : l'exigence de ne pas être un salarié/professionnel du réseau a disparu dans le cas des 8 membres élus par les établissements ; ces derniers pourraient comprendre des employés. D'autre part, les médecins ont assuré leur présence.

Bref, le Ministère restera un décideur central, mais, pour les optimistes, la décentralisation qui correspond à une tendance forte des techno-bureaucraties publiques ne pourra que progresser. Il y a un consensus presque généralisé en faveur du renforcement du palier régional à condition que celui-ci continue dans la voie ouverte par les conseils régionaux : une programmation et une gestion « participée » fondée, dans toute la mesure du possible, sur la bonne volonté des divers acteurs. De plus, le gouvernement ayant suffisamment claironné ses intentions de décentraliser, la pression politique de livrer la marchandise sera présente.

Le progrès réel de la décentralisation reste toutefois incertain. Un consensus généralisé existe à la fois sur la nécessité d'un contrôle administratif et politique de la part du centre comme sur la nécessité de normes provinciales (dans un système fondé sur l'équité). Dans ce contexte, l'enjeu devient la marge de manœuvre réelle dont les régies bénéficieront en termes d'adaptation des priorités, d'élaboration de normes, d'allocation des ressources et de contrôle des résultats.

Un premier test est fourni par le libellé de la loi 120. Celle-ci accorde bien les pouvoirs promis dans le document Côté, mais il est frappant de constater que non seulement la régie doit faire approuver par le ministre ses activités principales : établissement des priorités, plans d'organisation de services, plans d'allocation des ressources, etc. (ce qui est somme toute normal dans la dynamique de l'imputabilité politique) – mais aussi que le ministre se réserve toute une série de fonctions et de contrôles qui pourraient limiter substantiellement l'étendue réelle de la décentralisation : approbation des plans d'effectifs médicaux régionaux, détermination des conditions d'emprunt, détermination des règles d'allocation budgétaire, détermination de la composition des groupes représentés à l'assemblée régionale, etc. Le ministre se réserve également la possibilité de demander à la régie des renseignements sur plusieurs aspects. Il est classique pour les ministres de se réserver des pouvoirs qu'ils n'utiliseront pas ou avec discernement, mais l'épée de Damoclès bureaucratique n'est pas absente.

Le deuxième test devrait avoir lieu bientôt. De l'avis général, les régies ne pourront remplir les mandats que la loi leur confie sans une augmentation de leur personnel, qui normalement devrait aller de pair avec une baisse progressive des effectifs au centre. On murmure en haut lieu que des budgets seront débloqués, ce qui, dans la situation actuelle des finances publiques, est loin d'être sûr. Quelques déplacements volontaires de personnel du centre vers les régions pourraient avoir lieu, mais cela ne pourra pas être très significatif.

À court terme, un autre obstacle important limitera la marge de manœuvre des régies. Le Ministère annonce que l'allocation des budgets se fera par programmes en fonction de certaines caractéristiques régionales (démographie, état historique des ressources, etc.). Il reviendrait ensuite à la régie d'allouer ces masses budgétaires aux établissements et organismes en fonction de plans régionaux intégrés, ce qui reviendrait à coup sûr à modifier certaines rentes de situation et, le cas échéant, l'éventail de services fournis par chaque établissement. Dans le court terme toutefois, les régies devront bien fonctionner avec les budgets historiques sauf pour les budgets de développement qui ne constituent qu'une petite partie de l'ensemble. En clair, pour sabrer dans l'organisation actuelle, il faudra compter sur l'attrition et avec le temps.

La latitude des régies sera également influencée par les accords conclus entre le centre et les associations de professionnels ou d'établissements. On a vu à l'été 1991 que les médecins pouvaient pousser loin le recul du gouvernement. Le gouvernement sera-t-il par ailleurs capable de mettre un terme aux court-circuitages administratifs et politiques qui ont tellement neutralisé les conseils régionaux ? La réponse à cette question dépendra à la fois du développement réel des régies dans les prochaines années (problème des ressources) et de la dynamique décisionnelle qui s'installera dans les régions (leadership des régies, degré de réussite de la concertation, etc.). La cooptation des médecins, la négociation pluraliste (surveillée politiquement par le centre comme au plan local) constituent ici des éléments favorables.

Il est vrai que le renforcement du palier régional correspond à une « centralisation partielle du local », contre laquelle s'insurgent ceux qui défendent les corporatismes locaux, la sacro-sainte autonomie des établissements. Cette centralisation comporte toutefois un risque : celui d'une bureaucratisation régionale excessive. À court terme, vu la pénurie de ressources, le danger relié à l'absence d'une bureaucratie suffisante est possiblement plus grand que celui qu'entraînerait une bureaucratisation régionale excessive. Mais ce dernier est toujours présent, en raison de la complexité actuelle que le secteur sociosanitaire a revêtu. À voir les tâches que le ministre se réserve de demander au personnel des régies, les craintes ne sont pas infondées que les régies (ainsi que les établissements par ricochet) soient prises dans un dédale bureaucratique. Toutefois, au sommet comme à la base, tous les acteurs sont à l'affût du danger bureaucratique qui pourrait ainsi être conjuré. Ce risque pourrait également diminuer en fonction de la capacité de mettre sur pied des méthodes de gestion axées sur les résultats et non sur les moyens.

Une autre question ouverte est le degré auquel les nouveaux conseils d'administration agiront en fonction des intérêts des citoyens plutôt qu'en fonction des pressions des producteurs comme cela a eu tendance à se produire avec les conseils régionaux. (L'histoire des instances régulatrices en Amérique du Nord confirme ce danger.) Le gouvernement n'aura pas les mêmes possibilités d'influence directe puisque les nominations gouvernementales ont disparu. Toutefois, presque la moitié des membres des conseils auront des liens directs avec les établissements et ceux-ci disposent de moyens supplémentaires pour influencer les décisions (lobbying, noyautage des conseils, présence sur les comités consultatifs). Toutefois, le processus d'élection en deux étapes (dans la deuxième, les élus doivent gagner le support d'autres groupes) pourrait conduire au choix de représentants d'établissements choisis en fonction de leur compétence et de leur motivation et capables de s'élever au-dessus des intérêts singuliers. De plus, les producteurs ne constituent pas un groupe homogène : hôpitaux, CLSC et centres d'accueil ne font pas nécessairement bloc. En tout état de cause, les représentants des producteurs devront faire face à un éventail de représentants de divers groupes de la communauté.

Un facteur influencera la performance des membres des conseils : l'information dont ils disposeront. L'information est synonyme de pouvoir et les gens qui n'ont pas de liens directs avec les producteurs ou d'autres groupes d'intérêt sont souvent désavantagés par leur manque d'information pertinente. Malheureusement, la réforme Côté n'accorde pas suffisamment d'importance à ce point capital[16].

L'IMPORTANCE D'UNE MEILLEURE INFORMATION

Étant donné les problèmes sérieux d'information discutés précédemment, l'existence d'une meilleure information est un préalable à l'amélioration de la gestion publique, du gouvernement aux établissements. La Commission Rochon a fait un important plaidoyer en faveur d'un rôle accru du Ministère dans l'évaluation des programmes. Elle a également suggéré diverses avenues pour stimuler la recherche sur les programmes sociosanitaires. Finalement, elle recommanda la création d'un Conseil de la santé et du bien-être qui aurait pour mandats l'évaluation de l'ensemble des politiques gouvernementales quant à leur impact à long terme sur le plan sociosanitaire et la suggestion de stratégies globales quant aux politiques sociosanitaires.

Le consensus est assez généralisé sur l'idée que le Ministère consacre plus d'attention à l'évaluation et au soutien de recherches pertinentes. Par ailleurs, la proposition d'un conseil indépendant du gouvernement est une

---

16. L'expérience des conseils d'administration du secteur sociosanitaire montre aussi que la formation des membres est un aspect important pour une bonne performance.

bonne idée pour deux raisons. D'une part, les responsabilités du Ministère sont étendues et il pourrait négliger certains besoins d'information. D'autre part, le gouvernement se retrouve facilement dans une position de juge et partie : un organisme indépendant fournirait des informations neutres sur les débats en cause. La Commission proposait que ce conseil se concentre sur les enjeux « intersectoriels » à long terme. Sans nier cette nécessité, il est évident qu'il y a un besoin urgent d'information à court terme, et spécifique au système sociosanitaire.

Le document Côté reprend à son compte le plaidoyer de la Commission en faveur du développement de l'évaluation et de la recherche. Il restera à voir si les ressources suivront les intentions. Il propose également l'établissement d'un Centre d'enquête épidémiologique et sociale dont le rôle serait toutefois limité à des enquêtes sur l'état de santé et de bien-être. Cependant, le projet de création d'un Conseil de la santé et du bien-être dans la ligne des propositions de la Commission est toujours sur la planche à dessin.

En tout état de cause, l'ensemble de ces mesures est insuffisant si l'on veut surmonter les problèmes d'information sérieux qui gênent actuellement la prise de décision publique. On a vu que l'existence d'un conseil indépendant est essentielle. En conséquence, l'idée d'un conseil dont la mission serait différente de celui proposé par la Commission Rochon devrait être explorée. Le premier pourrait avoir les mandats et caractéristiques suivantes.

Ce conseil devrait rassembler les données disponibles sur la performance du système de santé et l'évaluation de programmes spécifiques. Il pourrait entreprendre de son propre chef des projets de recherche limités, commanditer des recherches spécifiques sur des problèmes urgents, mais il devrait en premier lieu rassembler et interpréter les résultats des travaux produits par d'autres agences ou chercheurs. Le Ministère devrait conserver le rôle central de générateur d'informations descriptives et serait responsable de l'évaluation des programmes, le Conseil d'évaluation des technologies de la santé conserverait ses responsabilités, le Centre proposé dans le document Côté aurait la responsabilité première pour la collecte d'information sur l'état de santé et les problèmes sociosanitaires. Le conseil proposé ici, quant à lui, devrait fournir des analyses approfondies de l'information disponible, en souligner les implications en termes de politiques et de besoins de recherche ultérieurs. Cette information et ces analyses devraient faire l'objet d'un rapport annuel ou bisannuel au ministre. Organisé de cette manière, ce conseil ressemblerait à une formule qui est en train de faire ses preuves aux États-Unis (ProPAC).

Ce conseil ne serait pas un forum pour satisfaire les intérêts du gouvernement ou des producteurs. Ses membres (sur les modèles du Conseil d'évaluation des technologies de la santé et de ProPAC) devraient être des experts indépendants bien au fait du financement, fonctionnement et de l'évaluation du secteur sociosanitaire québécois. Leur expertise assurerait la qualité et l'indépendance nécessaire aux travaux du conseil.

Le gouvernement pourrait être hésitant, par crainte des retombées politiques, à constituer un tel organisme. Sans doute, celui-ci serait parfois critique des politiques gouvernementales, ce qui ne serait que sain du point de vue de la collectivité. Toutefois, les travaux et recommandations du conseil constitueraient un soutien important pour les politiques du gouvernement. Ils pourraient, entre autres, lui fournir l'information requise pour contrer les revendications injustifiées des divers groupes (producteurs ou consommateurs). Ils représenteraient également une source d'idées utiles pour le gouvernement et une information qui enrichirait le débat public.

CONCLUSION

Il y a d'excellentes justifications à l'intervention publique dans le domaine sociosanitaire et il faut saluer dans la réforme qui s'enclenche – en continuité avec le *Rapport Rochon* et les *Orientations* Lavoie-Roux – la volonté du gouvernement québécois de conserver au système sociosanitaire son caractère essentiellement public (avec le spectre toutefois des frais aux usagers). Toutefois, la performance d'un système sociosanitaire public ne vaut que ce que valent la qualité des décideurs publics et la qualité des structures et processus décisionnels dans lesquels ils opèrent. Bien que la « nationalisation » du système sociosanitaire ait permis des progrès importants, bien que la performance du Québec dans une perspective comparative – en termes d'efficience, d'équité, de résultats – soit bonne, il est très clair qu'elle peut et doit être largement bonifiée, en particulier à travers l'amélioration des décisions publiques.

Le fonctionnement du système sociosanitaire a en effet été entravé par plusieurs phénomènes, entre autres par la centralisation excessive et l'absence d'information adéquate. Les effets pervers de la centralisation ont été reconnus et la réforme pourrait conduire à des progrès significatifs sur ce plan. Toutefois, des obstacles importants subsistent et seule l'expérience dira si la décentralisation généralement souhaitée ne sera pas remplacée par une simple déconcentration bureaucratique plus poussée. Par contre, on n'a pas jusqu'à présent accordé suffisamment d'attention au fait que la performance du système sociosanitaire ne peut être améliorée en l'absence d'une information adéquate.

Ces deux problèmes majeurs n'épuisent pas les lacunes dans la dynamique de la prise de décision publique. Il serait utile d'examiner également diverses questions inhérentes à la nature des décideurs publics, entre autres le problème de la qualité de la planification et de la gestion gouvernementales. La simple disponibilité d'une information à elle seule en effet n'apparaît pas être garante d'une planification et d'une programmation appropriées. À titre d'exemple, les tiroirs ministériels regorgent de données et rapports de recherche sur le vieillissement de la population, sur l'affaiblissement des capacités de prise en charge par les familles, et pourtant une raison majeure d'engorgement aigu des urgences et des lits de centres hospitaliers est la présence de malades chroniques pour lesquels les ressources, à la fois en aide à domicile et en hébergement, sont insuffisantes.

Un autre phénomène frappe l'observateur. Tout un éventail de problèmes – tels l'engorgement des urgences, la question de la répartition des effectifs médicaux ou l'intégration sous-optimale des services – perdurent depuis des années. Plusieurs facteurs ont joué ici un rôle, parmi lesquels l'absence d'information adéquate et la centralisation excessive. On attend, par exemple, de la décentralisation – à travers une négociation et une programmation locales adaptées comme à travers la cooptation des médecins – qu'elle favorise une meilleure intégration des services.

Il faut toutefois se demander ici si l'incapacité des décideurs publics à résoudre un certain nombre de problèmes persistants n'est pas le résultat, en bonne partie, de deux systèmes de valeurs contradictoires. Les Québécois préfèrent un financement public du secteur sociosanitaire et veulent que l'État rende les services de base disponibles. D'un autre côté, prévaut une résistance diffuse à de trop grandes contraintes de la part des pouvoirs publics, le Québec participant de l'idéologie de la responsabilité individuelle et de la liberté de choix enracinées dans la culture nord-américaine. Ainsi, en même temps que la population souhaite une disponibilité étendue des services et des services intégrés, elle hésite à conférer aux autorités publiques les pouvoirs correspondant à ces objectifs, car les mesures nécessaires pourraient contraindre la traditionnelle liberté de choix des producteurs et des usagers. Elle veut en quelque sorte le meilleur de deux mondes... Cette ambiguïté idéologique s'est naturellement reflétée dans l'action du gouvernement québécois dans le secteur sociosanitaire depuis la Révolution tranquille et s'est possiblement accentuée avec la vague néo-conservatrice : le gouvernement a oscillé (et oscille toujours) entre un projet de socialisation du secteur sociosanitaire et une sorte de timidité dans les moyens mis en œuvre. Ainsi, pour améliorer l'insuffisante intégration des services, la réforme Côté mise encore largement sur une stratégie de type concertation volontaire (encadrée progressivement par des contraintes comme l'allocation par programmes) qui ne bouscule pas trop les manières de faire actuelles :

l'autonomie relative des établissements, la liberté de choix des professionnels et des usagers. Il faudra attendre pour juger des résultats. De façon
générale, la bonification ultérieure du système sociosanitaire québécois
pourrait dépendre de la mise en œuvre de moyens aptes à concilier ces deux
systèmes de valeurs contradictoires.

Bibliographie

BÉLANGER, Jean-Pierre (1990). *Local Community Service Centers : A Contribution to
    Promotive Services in Québec/Canada*, manuscrit non publié, novembre.

BOZZINI, Luciano (1988). « Local Community Services Centers (CLSCs) in Québec :
    Description, Evaluation, Perspectives », *Journal of Public Health Policy*, vol. 9,
    n° 1, 346-375.

BROYLES, Robert W. *et al.* (1983). « The Use of Physician Services Under a National
    Health Insurance Scheme », *Medical Care*, vol. 21, 1037-1054.

DETSKY, Allen S. *et al.* (1990). « Containing Ontario's Hospital Costs Under Universal
    Insurance in the 1980's : What Was the Record ? », *Canadian Medical Associa-
    tion Journal*, vol. 142, n° 6, 565-572.

ENTERLINE, Philip E. *et al.* (1973). « The Distribution of Medical Services Before and After
    'Free' Medical Care : The Québec Experience », *New England Journal of Medi-
    cine*, 289 (22), 1174-1178.

EVANS, Robert G. (1986). « Finding the Levers, Finding the Courage : Lessons from Cost
    Containment in North America », *Journal of Health Politics, Policy and Law*,
    vol. 11, n° 4.

EVANS, Robert G. (1990). « Tension, Compression and Shear : Directions, Stresses and
    Outcomes of Health Care Cost Controls », *Journal of Health Politics, Policy and
    Law*, vol. 15, n° 1, 101-128.

FEIN, Rashi (1972). « On Achieving Access and Equity in Health Care », *The Milbank
    Memorial Fund Quarterly*, octobre, 157-190.

GOUVERNEMENT DU QUÉBEC, Ministère de la Santé et des Services sociaux (1987). *Rapport
    du Comité de réflexions et d'analyse des services dispensés par les CLSC*,
    Québec, MSSS.

GOUVERNEMENT DU QUÉBEC, Ministère de la Santé et des Services sociaux, (1988). *Rapport
    de la Commission d'enquête sur les services de santé et les services sociaux*,
    Québec, Les Publications du Québec.

GOUVERNEMENT DU QUÉBEC, Ministère de la Santé et des Services sociaux (1989). *Pour
    améliorer la santé et le bien-être au Québec : Orientations*.

GOUVERNEMENT DU QUÉBEC, Ministère de la Santé et des Services sociaux (1990). *Une
    réforme axée sur le citoyen*, Québec, MSSS.

GOUVERNEMENT DU QUÉBEC (1991). *Projet de loi 120, Loi sur les services de santé et les
    services sociaux et modifiant diverses dispositions législatives*, dans *Lois du
    Québec, 1991*, chap. 42, Éditeur officiel du Québec.

KAHN, Katherine et al. (1990). « The Effects of the DRG-Based Prospective Payment System on Quality of Care for Hospitalized Medicare Patients : An Introduction to the Series », Journal of the American Medical Association, 264 (15), 1953-1955.

MANGA, Pran et al. (1987). « The Determinants of Hospital Utilization Under a Universal Public Insurance Program in Canada », Medical Care, vol. 25, n° 7, 658-670.

McDONALD, Alison et al. (1974). « Effects of Québec Medicare on Physician Consultation for Selected Symptoms », The New England Journal of Medecine, 291 (13), 649-652.

SODERSTROM, Lee (1988). Privatization : Adopt or Adapt ?, Synthèse critique 36, Commission d'enquête sur les services de santé et les services sociaux, Québec, Les Publications du Québec.

SODERSTROM, Lee (1991). « The American Experience with a Prospective Payment System : Some Lessons for Canada », dans DEBER, R. et G. THOMPSON, (sous la direction de). Restructuring the Health Services System : Where Do We Go from Here ?, Proceedings of the Fourth Canadian Conference on Health Economics, Toronto, University of Toronto Press.

WOOLHANDLER, Steffie et David U. HIMMELSTEIN (1991). « The Deteriorating Administrative Efficiency of the U.S. Health Care System », The New England Journal of Medicine, 324 (18), 1253-1258.

❖ # Un bilan québécois des quinze premières années du Régime d'assistance publique du Canada (1966-1981) : la dimension constitutionnelle

Yves VAILLANCOURT
Université du Québec à Montréal

Dès les origines du Régime d'assistance publique du Canada (RAPC), au milieu des années 60, le Québec, en raison d'« arrangements provisoires » négociés avec le gouvernement fédéral au temps de Pearson et de Lesage, jouissait dans les faits d'une sorte de statut particulier. En effet, le Québec était la seule province à s'être prévalue de l'*opting out* d'un certain nombre de programmes à frais partagés, dont le RAPC, en retour d'une compensation fiscale. Au terme d'une période provisoire de cinq ans qui devait se terminer en 1970, il était même prévu que le Québec pourrait négocier des arrangements permanents lui permettant à la fois d'obtenir une équivalence fiscale définitive, ajustée aux coûts réels de ses programmes, et de maîtriser pleinement ses programmes. Toutefois, au cours des quinze années qui suivent, de 1966 à 1981, le gouvernement fédéral déploie une stratégie pour niveler et banaliser le statut particulier déjà octroyé au

Québec. Pendant ce temps, les gouvernements qui se succèdent à Québec finissent par perdre de vue le sens politique initial de l'*opting out* et à pratiquer une sorte de sommolence. Paradoxalement, au cours des années 80 et même 90, le Québec est toujours la seule province à avoir des points d'impôt pour le RAPC. Cependant, il demeure anachroniquement soumis aux contraintes des arrangements provisoires de 1965, ce qui veut dire qu'il ne tire aucunement les dividendes politiques et financiers recherchés dans les années 60.

INTRODUCTION[1]

Les demandes du Québec pour un certain statut particulier fiscal et social et les résistances du fédéral à ces demandes peuvent être illustrées, pour les années 60, 70 et 80, à partir de plusieurs dossiers de politique sociale. Dans cet article, je m'en tiens au Régime d'assistance publique du Canada (RAPC) (Canada, 1966), mais en l'examinant à partir d'une fenêtre québécoise, c'est-à-dire en pensant constamment aux nombreux programmes de sécurité du revenu et de services sociaux québécois qui entretiennent des interfaces avec le RAPC fédéral pour leur financement[2]. Dans le prolongement d'autres articles consacrés aux origines du RAPC de 1963 à 1966, je m'arrête cette fois sur les quinze premières années de l'histoire du RAPC, soit sur la période 1966-1981. Pour découper davantage mon objet, je mets l'accent sur la dimension constitutionnelle du dossier, c'est-à-dire sur tout ce qui concerne le partage des pouvoirs entre le gouvernement fédéral et le gouvernement du Québec et, plus particulièrement, sur l'évolution des interactions entre le RAPC et l'*opting out* de 1966 à 1981[3]. Pour mes sources, je miserai principalement sur des données inédites tirées des Archives nationales du Canada et de quelques entrevues faites avec des informateurs clés.

---

1. Je remercie Mme Jaye Jarvis, archiviste, qui m'a guidé avec compétence, empressement et humour, dans mes démarches de recherche aux Archives nationales à Ottawa en 1990 et 1991.

2. Pour suivre les débats sur le partage des coûts dans les services sociaux à partir des années 60, il faut préciser que le fédéral, avant la réforme Castonguay, partageait les coûts de certains services sociaux dispensés par les agences de service social dans le cadre de l'entente sur l'assistance-chômage d'abord (de 1960 à 1967), puis en vertu de l'entente sur le RAPC. Ce fait est souvent oublié par les spécialistes québécois des services sociaux qui ont l'habitude d'associer l'ancien programme d'assistance-chômage et le RAPC actuel à l'aide sociale financière exclusivement. Pourtant, l'assistance publique fédérale entretient des interfaces tant avec les services sociaux qu'avec la sécurité du revenu.

3. J'ai soumis ailleurs (VAILLANCOURT, 1992b) un bilan des quinze premières années du RAPC en mettant l'accent sur l'impact du RAPC sur le développement des programmes québécois de sécurité du revenu et de services sociaux au cours de la même période.

L'analyse qui suit met à contribution deux hypothèses qui renvoient l'une à l'autre. La première fera ressortir comment les revendications du Québec pour obtenir, maintenir et consolider son droit de sortir du RAPC en retour d'une pleine compensation fiscale, s'inscrivent, de façon plus ou moins consciente selon les années, à l'intérieur d'une lutte pour l'obtention d'un statut particulier sur le plan des politiques sociales et fiscales[4].

La deuxième hypothèse fera ressortir comment le gouvernement fédéral, dans sa gestion du dossier des arrangements provisoires au cours des années 1966 à 1977 en particulier, s'est employé à combattre le statut particulier concédé au Québec en 1964-1965[5]. En ce sens, il a mis de l'avant à partir de 1966 une stratégie qui visait à neutraliser les concessions faites au Québec en 1964 en les offrant à l'ensemble des provinces à l'occasion des discussions fédérales-provinciales sur les arrangements fiscaux. Cette stratégie contre le statut particulier du Québec dans les politiques fiscales et sociales a guidé les actions du gouvernement fédéral au cours des années 60 et 70 et eu un impact particulier sur les origines et l'histoire du RAPC au Québec.

J'ai commencé ailleurs (Vaillancourt, 1992a) à mettre à l'œuvre ces deux hypothèses en scrutant les origines du RAPC. Je compte maintenant poursuivre ma démonstration en me penchant sur la période 1966-1981. Après avoir fait brièvement référence aux acteurs gouvernementaux qui se sont succédés à Ottawa et à Québec, je m'arrêterai sur la stratégie fédérale concernant l'*opting out* des programmes à frais partagés au cours des années 1966 à 1977 pour ensuite cerner la position sur le dossier de l'*opting out* des divers gouvernements qui se sont succédés à Québec au cours de la période 1966-1981.

---

4. Le Québec avait été la seule province en 1965 à se prévaloir des arrangements provisoires (CANADA, 1965) en signant des accords pour sortir « provisoirement » de l'assurance-hospitalisation en retour de 14 points d'impôt sur le revenu des particuliers, du « programme spécial de bien-être social » en retour de 4 points et de deux autres programmes en retour de 2 autres points. En 1965, avant l'adoption du RAPC, le « programme spécial de bien-être social » désignait quatre programmes d'assistance publique appelés à être bientôt remplacés par le RAPC. À la suite de l'adoption de la législation sur le RAPC en 1966 et de la signature d'un accord sur le RAPC en août 1967, il y eut pendant quelques années cinq programmes d'assistance qui pouvaient être reconnus comme faisant partie du « programme spécial de bien-être » de la Loi des arrangements provisoires. Mais en 1973, le RAPC avait remplacé à 99,5 % les anciens programmes fédéraux de partage de coûts dans l'assistance au Québec (GARNER, 1973). L'examen du tableau 1 peut aider à saisir plus concrètement les implications financières de l'*opting out*.

5. D'abord, du printemps 1964 au printemps 1966, le ministère des Finances a de la difficulté à faire entériner pleinement sa stratégie contre le statut particulier par le Bureau du Premier ministre Pearson ainsi que par le Bureau du Conseil privé. Mais à partir du printemps 1966, la stratégie est clairement partagée par l'ensemble du gouvernement. Cette position sera maintenue sous les gouvernements Trudeau.

LES ACTEURS GOUVERNEMENTAUX À OTTAWA ET À QUÉBEC (1966-1981)

Au fédéral, six gouvernements se succèdent au cours de la période. De 1966 au printemps 1968, ce sont les deux dernières années du deuxième gouvernement libéral minoritaire de Pearson. Puis se succèdent trois gouvernements libéraux dirigés par Trudeau : un premier, majoritaire, de 1968 à l'automne 1972; un second, minoritaire, de l'automne 1972 à l'automne 1974; un troisième, majoritaire, de l'automne 1974 à l'automne 1979. De l'automne 1979 à février 1980, c'est le court intermède du gouvernement minoritaire du Parti progressiste conservateur dirigé par Clark. En février 1980, commence un quatrième gouvernement Trudeau qui durera jusqu'en 1984.

Pour le dossier qui nous intéresse, la position du gouvernement fédéral demeure stable en dépit des changements de gouvernement : pendant les deux dernières années de gouvernement Pearson et les treize années de gouvernement Trudeau, la politique du gouvernement fédéral est marquée par l'opposition au statut particulier du Québec. Cette opposition se manifeste en particulier lors des négociations constitutionnelles de 1968-1971, du référendum québécois de 1980 et du rapatriement de la Constitution de 1981-1982.

À la direction du ministère Santé et Bien-être, au cours des années, le changement le plus important survient à la fin de l'année 1972 : un nouveau ministre fait son entrée, Marc Lalonde. Mais à la différence de ses prédécesseurs libéraux (LaMarsh de 1963 à 1965, MacEachen de 1965 à 1968 et Munro de 1968 à 1972), Lalonde favorise le remplacement du sous-ministre Willard en poste d'influence depuis douze ans par Al W. Johnson qui est passé par les Finances, le Conseil privé et le Conseil du Trésor. Johnson connaît fort bien le dossier des arrangements provisoires et des arrangements fiscaux. L'arrivée du tandem Lalonde-Johnson dans une conjoncture de gouvernement minoritaire marque un changement à Santé et Bien-être qui se traduit par une nette amélioration des relations Québec-Ottawa dans les politiques sociales (Roy, 1973; Lesage, 1973).

Au Québec, cinq gouvernements passent au cours des années 1966 à 1981. D'abord, il y deux gouvernements de l'Union nationale, l'un dirigé par Daniel Johnson de juin 1966 à septembre 1968, l'autre par Jean-Jacques Bertrand de septembre 1968 à mai 1970. Ensuite, arrivent deux gouvernements dirigés par Robert Bourassa, l'un d'avril 1970 à octobre 1973, l'autre de 1973 à novembre 1976. De novembre 1976 à l'automne 1981, c'est le premier gouvernement de René Lévesque.

Pour le dossier de l'*opting out*, nous le constaterons, les changements de gouvernement amènent plus de changements de positions politiques à Québec qu'à Ottawa.

LA STRATÉGIE DU « FEDERAL *OPTING OUT* » DANS LES ANNÉES 60 ET 70

Pour mieux saisir les arrangements provisoires avec le Québec dans les années 60 et 70, il faut rappeler qu'en vertu de ces arrangements, les contributions fédérales versées au Québec prenaient la forme de trois composantes interreliées : 1) la valeur des points d'impôt transférés au Québec; 2) la péréquation appliquée pour chacun des points d'impôt transférés; 3) les coûts d'ajustement calculés en tenant compte du total des coûts partageables dont on soustrayait la somme des deux premières composantes[6]. Le tableau 1 permet de comprendre ce que cette méthode voulait dire pour le programme spécial de bien-être et le RAPC.

Paradoxalement, le ministère des Finances, responsable du dossier des arrangements provisoires avec le Québec, ne les prisait pas particulièrement. À ses yeux, et cela dès 1964, ces arrangements avaient l'inconvénient de conférer un statut particulier au Québec. En conséquence, il se préoccupait de « limiter les dégâts », en privilégiant des modalités qui permettaient la réversibilité des arrangements provisoires et camouflaient leur caractère bilatéral. Pourvus d'un étonnant sens du long terme, certains hauts fonctionnaires des Finances, dont Al Johnson, s'étaient employés systématiquement, à partir de 1965, à mettre au point une nouvelle stratégie qui permettrait d'utiliser le dossier des arrangements fiscaux avec toutes les provinces pour régler le dossier des arrangements provisoires avec le Québec.

---

6. Le ministère fédéral des Finances, en interaction avec les partenaires concernés, était le maître d'œuvre de l'application des arrangements provisoires. Il tenait compte de la valeur estimée des points d'impôt transférés au Québec. Il calculait la valeur de la péréquation appliquée pour chaque point d'impôt transféré. Il tenait compte de la valeur totale des réclamations partageables en vertu du programme à frais partagés. Ces réclamations étaient envoyées par le Québec au ministère fédéral concerné par le dossier (c.-à-d. Santé et Bien-être pour le RAPC), lequel informait le ministère fédéral des Finances. Ensuite, ce dernier versait à chaque mois un chèque au Québec. Ce chèque représentait la différence entre la totalité des coûts partageables réclamés par le Québec et la valeur des points d'impôt soumis à la péréquation.

TABLEAU 1

Transfers fiscaux et financiers faits par le fédéral au Québec dans le cadre du programme spécial de bien-être (incluant le RAPC) de 1966-1967 à 1972-1973 (en millions de $ sauf pour (5))

Année	(1) Total des transferts	(2) Points d'impôt	(3) Péréquation	(4) Ajustements financiers	(5) Rapport (2)/(1)
1966-1967	112,7	36,3	17,1	59,3	32,2
1967-1968	136,7	43,3	18,5	74,9	31,7
1968-1969	161,6	50,0	22,5	89,1	30,9
1969-1970	185,7	57,4	29,4	98,9	30,9
1970-1971	224,0	67,0	30,8	126,2	29,9
1971-1972	272,2	77,5	34,7	160,0	28,5
1972-1973	294,6	105,3	n.d.	n.d.	35,7
1981-1982	872,3	300,0	n.d.	n.d.	34,4

Source : GARNER (1973) pour les années 1966-1967 à 1972-1973 et CANADA (1981 : 69) pour l'année 1981-1982 [7].

La nouvelle stratégie des Finances qui sera appelée *federal opting out* est apparue nettement à l'automne 1966, lorsque le ministre des Finances, Mitchell Sharp, dans le cadre de deux réunions importantes du Comité du régime fiscal, a rendu publiques de nouvelles propositions fédérales concernant les arrangements fiscaux de 1967-1972 (Sharp, 1966a, 1966b; A.W. Johnson, 1967)[8].

Les propositions fédérales de 1966 offrent aux provinces la possibilité de reprendre, dans une première étape allant du 1er janvier 1967 au 31 mars 1970, la responsabilité des programmes reliés à l'assurance-hospitalisation, au RAPC et aux subventions à l'hygiène, en retour de l'abattement de 17 points d'impôt sur le revenu des particuliers, complétés

---

7. Les chiffres rapportés dans le tableau pour les années 1966 à 1972 varient avec d'autres également fiables qu'on peut retrouver dans les Rapports annuels sur le RAPC ou à partir de OSBORNE (1985 : 91). Mais les chiffres de Garner sont utiles à deux égards. D'abord, ils nous donnent la lecture de la situation que se faisait le ministère fédéral des Finances et qui était transmise au ministère des Finances du Québec en mars 1973. Ensuite, ils nous donnent une vision fiable du poids de la composante fiscale (des points d'impôt) dans l'ensemble des transferts financiers et fiscaux consentis par le fédéral au Québec dans le cadre du « programme spécial de bien-être ».

8. Pour des informations de base sur les arrangements fiscaux dans les années 60, voir Claude MORIN (1972 : 51-66) et CANADA (1981 : 46-48).

par la péréquation afférente et d'autres paiements en espèces calculés à partir des coûts. Au cours de cette étape, les sommes transférées par le fédéral aux provinces demeureraient liées aux coûts des programmes, puisque le total des transferts, fiscaux et financiers, devait représenter 50 % des coûts des provinces (Sharp, 1966a : 19-20; 1966b : 67).

À partir d'avril 1970, s'amorcerait une seconde étape qui serait marquée par une séparation entre les coûts des programmes « établis » et les transferts fédéraux. Sharp l'expliquait de la façon suivante :

> La seconde étape consistera donc à rendre la compensation fédérale entièrement indépendante des coûts des programmes, en d'autres termes une compensation non conditionnelle. On y arrivera par un taux de croissance des paiements d'ajustement, après une date donnée; ce taux sera fondé sur des facteurs objectifs sans rapport aux coûts des programmes. Après cette date, la compensation aux provinces augmenterait indépendamment des coûts et, presque certainement selon la formule que nous proposerons, de façon plus rapide que le coût de ces programmes (Sharp, 1966a : 20).

Ainsi, dans la seconde comme dans la première étape, les provinces reprendraient le contrôle des programmes concernés qui seraient financés en partie avec les revenus fiscaux récupérés grâce aux 17 points d'impôt et en partie[9] avec les transferts financiers que le fédéral continuerait à verser à chaque année aux provinces à partir de ses propres revenus fiscaux. Pour les provinces, cela signifiait qu'elles continueraient dans la deuxième étape à dépendre, partiellement à tout le moins, de subsides fédéraux pour le financement de leurs programmes. Pour le fédéral, cela signifiait que lors de la deuxième étape, les sommes versées aux provinces ne le seraient plus en vertu de la méthode des programmes à frais partagés (soit la moitié des coûts des réclamations partageables acheminées par les provinces), mais en vertu d'une formule rodée dans le financement de l'éducation post-secondaire (et envisagée pour le financement du *medicare*), soit le financement global (*block funding*) ou les subventions *per capita*[10].

---

9. À partir de l'expérience acquise dans l'administration de ces programmes, le fédéral savait à l'avance que les revenus représentés par les 17 points d'impôt représentaient une compensation fiscale inférieure aux responsabilités financières dont les provinces écoperaient en assumant pleinement la responsabilité de ces programmes. C'est pourquoi la formule de 1966 prévoyait que le fédéral continuerait à verser des montants en espèces pendant la seconde étape autant que pendant la première.

10. La formule utilisée à partir de l'année 1970, d'après les propositions de Sharp, est souvent appelée à l'époque méthode des « subventions inconditionnelles ». Sharp lui-même utilise l'expression « compensation non conditionnelle » pour la distinguer de la « compensation conditionnelle » propre aux programmes à frais partagés. Paradoxalement, en faisant sienne une proposition de Willard, le sous-ministre du Bien-être, Sharp parle de trois conditions qu'il faudrait stipuler dans un accord fédéral-provincial en 1970, advenant l'acceptation de ses propositions de l'automne 1966 (SHARP, 1966a : 21).

Sur le coup, les propositions de Sharp furent refusées par la majorité des provinces. Mais le gouvernement fédéral n'y renonça pas pour autant. Il y demeura fidèle pendant plus de dix ans, jusqu'à l'adoption de la *Loi sur le financement des programmes établis (FPÉ) de 1977* (Canada, 1977).

Il y a un lien étroit à dégager entre les propositions fédérales de 1966 sur les arrangements fiscaux et les arrangements provisoires faits avec le Québec en 1965. Avec sa proposition de 1966 à toutes les provinces, le fédéral cherche à sortir le Québec du statut particulier fiscal et social obtenu *de facto*, quoique provisoirement, en vertu des accords d'arrangements provisoires signés en 1965. Comme il estime qu'il serait périlleux politiquement de tenter d'enlever au Québec les 20 points d'impôt déjà concédés, le fédéral préfère donner aux autres provinces une partie de ce qu'il a déjà donné au Québec. De cette façon, il sera possible sans le dire de court-circuiter le projet de se retirer seul et définitivement de certains programmes à frais partagés en 1970, ce qui aurait pour effet de le mettre sur la voie du statut particulier d'une manière plus considérable et irréparable. Il s'agissait là, pour reprendre l'expression utilisée par Al Johnson en 1970 d'une stratégie du *federal opting out*. Il expliquait cette stratégie de la façon suivante :

> When the Governement of Canada became concerned about « special status », it sought to restore the situation under which all provinces were treated alike. The 1966 federal-provincial proposals, therefore, contained the proposition that the Governement of Canada should step out of the two major shared-cost programmes, and later when medicare was legislated the same step was proposed for 1973 (Johnson, 1970 : 1).

> In all of this, you might well imagine, the Department of National Health and Welfare was opposed to what came to be called « federal opting-out » while we in the Department of Finance, supported by Mitchell Sharp and Pierre Trudeau and finally Prime Minister Pearson were in favour (Johnson, 1970 : 2).

Lorsqu'il écrivait ces lignes, Johnson était secrétaire du Trésor et jouissait d'une grande influence dans le gouvernement Trudeau. Il savait que la stratégie du *federal opting out* prévalait nettement aux Finances[11] et dans les principaux centres décisionnels du gouvernement, notamment dans

---

11. Après le départ de Johnson et de Gallant des Finances, en 1968, la ligne politique de l'équipe qui s'occupe des arrangements provisoires avec le Québec et des arrangements fiscaux avec l'ensemble des provinces demeure la même. L'équipe en place à la fin des années 60 (soit les Shoyama, Rubinoff, Garner, Hayes, Haney et Veilleux) souscrit à la stratégie élaborée au temps de Johnson en 1965 et s'en inspire pour préparer plusieurs documents (MFC, 1968, 1970, 1971; VEILLEUX, 1968a, 1968b, 1968c). Évidemment, le sous-ministre Bryce était demeuré en place pendant les années 60 et il endossait cette stratégie. Lorsque Bryce devint conseiller économique de Trudeau en 1970, il fut remplacé par Reisman, qui épousait avec aisance la stratégie anti-statut particulier de Johnson et l'appliquerait avec zèle.

l'équipe du Conseil privé qui avait préparé les documents sur les politiques sociales pour les conférences constitutionnelles qui se succédaient depuis février 1968 (Canada, 1969a, 1969b).

Quant à la résistance de Santé et Bien-être à la stratégie du *federal opting out*, elle était moins forte qu'au début. Avec le temps, la direction de ce ministère avait accepté d'endosser la proposition fédérale de 1966, mais à condition que le RAPC puisse être exclu du *package* et demeurer un programme fédéral à frais partagés contrôlé par le fédéral. Dans son « rapport secret » sur les politiques sociales, préparé pour le Premier ministre Trudeau en 1968 et 1969, Willard, si réticent en 1966, tient pour acquise l'idée que la stratégie du *federal opting out* sera mise en application pour les programmes de santé mais pas pour le RAPC, appelé à demeurer un important programme fédéral à frais partagés (Willard, 1969a, 1969b).

La vision de Willard sur le RAPC était reprise par Benson, ministre des Finances, dans un mémo au Cabinet en juin 1970[12].

Al Johnson lui-même avait changé son point de vue sur le RAPC depuis la fin des années 60. Dans le mémo de novembre 1970 cité plus haut, il s'expliquait ainsi :

> Today the situation has changed substantially, in my opinion. In the first place, I think that all of us have developed second thoughts about the wisdom of general opting-out in respect to the Canada Assistance Plan. As you know, total expenditures under this programme vary quite widely depending upon the levels of unemployment, and it would seem unwise to force the kind of divorce we contemplated in 1966. This leaves us with the problem of Quebec which is already being compensated partially, by way of tax points (Johnson, 1970).

Donc, Al Johnson n'est plus disposé à abandonner le RAPC aux provinces comme il l'était en 1966. Néanmoins, il demeure aussi chatouilleux qu'à l'époque sur le statut particulier fiscal et social du Québec. À ce titre, il entrevoit un problème :

> [...] the problem is how to retain shared-cost programmes [le RAPC], and at the same time eliminate the « special status » which Quebec enjoys (by reason of having more tax points than the other provinces) (Johnson, 1970 : 3).

Pour résoudre le problème, deux moyens sont envisagés par Johnson : enlever au Québec les 4 points d'impôt reçus en 1965, ou les donner à toutes les autres provinces. Johnson préfère la première solution pour ne

---

12. « To move to a permanent arrangement with respect to the Canada Assistance Plan would reduce the government's flexibility in the social policy field, especially important in view of unemployment insurance and other possible proposals respecting income maintenance measures » (BENSON, 1970b : 2).

pas entraver davantage l'érosion du système fiscal fédéral au moment où le fédéral doit déjà se préparer à donner de nouveaux points d'impôt aux provinces pour le *medicare*.

Une dernière remarque doit être faite. À la suite du refus de ses propositions de l'automne 1966, le fédéral avait une marge de manœuvre étroite pour négocier avec le Québec sur les arrangements provisoires, puisque l'échéance de 1970 risquait de bousiller l'opération à long terme, qui visait à utiliser les arrangements fiscaux pour régler le problème des arrangements provisoires sans conférer de statut particulier au Québec. Le fédéral devait à tout prix trouver une façon de prolonger les arrangements provisoires aussi longtemps que l'opération du *federal opting out* n'aurait pas été acceptée par les provinces et mise en route. Comme les arrangements fiscaux venaient à échéance à tous les cinq ans et que l'échéance de 1967 avait été ratée, il fallait surveiller l'année 1972, puis éventuellement l'année 1977, soit les années charnières pour le renouvellement des arrangements fiscaux avec les provinces. Nous comprenons maintenant la raison pour laquelle le fédéral a tout fait pour que les arrangements provisoires de 1965-1970 soient prolongés en 1970. Il fallait à tout prix empêcher le passage du provisoire au permanent souhaité par le Québec. Comme la Loi sur les arrangements provisoires de 1965 avait placé l'année 1970 comme échéance incontournable[13], la prolongation des arrangements provisoires obligeait le gouvernement fédéral à amender sa Loi des arrangements provisoires de manière à fixer une nouvelle date d'échéance. Ce scénario s'est répété à trois reprises. Un premier amendement autorisait la prolongation des arrangements provisoires de 1970 à 1971 (Canada, 1970), un second, de 1971 à 1972 (Canada, 1971) et un troisième, introduit par le biais de la législation des arrangements fiscaux de 1972 (Canada, 1972)[14], de 1972 à 1977.

En outre, comme la Loi des arrangements provisoires de 1965 exigeait la signature d'accords pour chaque programme concerné entre le Canada et le Québec, il ne suffisait pas d'amender la législation pour rendre étanche la légalité de la prolongation des arrangement provisoires. Il fallait aussi, par des lettres d'entente, rendre officielle la prolongation des enten-

---

13. Certains programmes « établis » dans la Loi sur les arrangements provisoires (dont le programme « spécial de bien-être » dont faisait partie le RAPC) arrivaient à échéance le 31 mars 1970 et d'autres, comme le programme d'assurance-hospitalisation, le 31 décembre 1970.

14. Les amendements apportés à la Loi des arrangements provisoires de 1965 en 1972 (CANADA, 1972) touchaient aussi le nombre de points d'impôt accordés. À partir de 1972, le nombre de points d'impôt concédés au Québec était de 16 au lieu de 14 pour le programme d'assurance-hospitalisation et de 5 au lieu de 4 pour le « programme spécial de bien-être social », c'est-à-dire pour le RAPC. En 1972-1973, 99,5 % des sommes versées par le fédéral au Québec, en vertu du programme spécial de bien-être social, l'étaient en vertu de l'accord sur le RAPC (GARNER, 1973).

tes. Sans cela, aux dires des représentants du gouvernement fédéral, les Finances ne pouvaient plus, en toute légalité, faire le suivi financier des arrangements provisoires et envoyer des chèques au Québec.

AU TEMPS DE L'UNION NATIONALE (1966-1970) : BEAUCOUP DE SURENCHÈRE NATIONALISTE, MOINS DE DÉTERMINATION POLITIQUE

Dans la littérature touchant la transition du gouvernement Lesage au gouvernement Johnson en 1966, l'accent est souvent mis sur les éléments de continuité. On se plaît à rappeler que la modernisation de la Révolution tranquille a continué dans les principaux dossiers, que les bureaucrates réformistes de la période Lesage sont restés en poste, etc. À mes yeux, trop de témoignages et d'analyses ont succombé au charme de la personnalité de Daniel Johnson et perdu de vue les éléments de rupture avec le gouvernement antérieur sur le plan social et constitutionnel.

Si l'on s'en tient à la dimension constitutionnelle du dossier, disons que, sous Johnson et Bertrand, les demandes en faveur d'un statut particulier du Québec en matière de politique sociale et fiscale ont été maintenues, voire élargies. Les mémoires du Québec présentés par Daniel Johnson à l'automne 1966 aux deux réunions du Comité du régime fiscal étaient étonnamment revendicateurs, comme si le gouvernement de l'Union nationale ne voulait pas être en reste par rapport à celui de Lesage, en matière de combativité constitutionnelle contre Ottawa (A. W. Johnson, 1966a, 1966b)[15]. En effet, à ces conférences fédérales-provinciales, Daniel Johnson, au nom du Québec, ne demandait pas moins de 100 % des impôts sur les revenus des particuliers, des sociétés et des successions. Dans le domaine des politiques sociales, il demandait le rapatriement des allocations

---

15. Claude Morin a raconté comment avaient été préparés les mémoires du Québec pour les réunions fédérales-provinciales de l'automne 1966, quelques mois après la victoire de l'Union nationale (MORIN, 1991 : 215-257). À plusieurs reprises, Morin, sous-ministre des Affaires fédérales-provinciales à l'époque, avait sollicité un entretien avec le nouveau Premier ministre pour avoir des directives sur la façon de préparer le contenu des mémoires en tenant compte de la position du nouveau gouvernement. Mais Daniel Johnson, pris par d'autres priorités, n'avait pas le temps de le rencontrer. Il avait dit à Morin à la blague de se débrouiller de son mieux et « d'arranger ça avec Parizeau ». Il lui avait dit aussi de s'inspirer de son livre *Égalité ou indépendance* (D. JOHNSON, 1990). Cette attitude de Daniel Johnson représente un contraste inouï avec celle du Premier ministre Lesage. Il me semble que plusieurs des faits rapportés par Morin appellent des conclusions plus sévères concernant le gouvernement de l'Union nationale (sous Bertrand tout comme sous Johnson) que celles qu'il dégage lui-même : à un moment crucial de l'évolution des négociations Québec-Ottawa en matière de partage des ressources fiscales et des responsabilités en matière de politiques sociales, le Premier ministre du Québec n'avait pas le temps d'être là et demandait à des hauts fonctionnaires de faire de leur mieux. À très court terme, cela devait contribuer à affaiblir la position de négociation du Québec.

familiales, de la sécurité de la vieillesse, des programmes de santé, de la formation de la main-d'œuvre, etc. (D. Johnson, 1966a : 56). Sur la question des arrangements provisoires, il demandait, comme au temps de Lesage, le passage à des arrangements permanents dès la fin de la « période de transition » et cela « après l'établissement d'une compensation fiscale fondée sur une estimation juste des coûts actuels et futurs » (A. W. Johnson, 1966a : 54-55).

Les positions « maximalistes » exprimées au nom du gouvernement du Québec par Daniel Johnson à l'automne 1966 en matière de politiques sociales ont été reprises par Jean-Paul Cloutier, le ministre de la Famille et du Bien-être, lors de deux conférences fédérales-provinciales des ministres du Bien-être tenues en 1969. Le ministre réitère la position du Québec concernant l'*opting out* du RAPC (Cloutier, 1969a : 4) et met de l'avant une politique sociale cohérente et intégrée dans laquelle le Québec serait maître d'œuvre des programmes d'aide sociale, d'assurance-chômage, d'allocations familiales, de sécurité du revenu et des services de main-d'œuvre (Cloutier, 1969a : 6-7, 10-11; 1969b : 4-11)[16].

Cependant, à force de tout demander, le gouvernement de l'Union nationale risquait de perdre une part de sa crédibilité. Sous ce gouvernement, les demandes québécoises étaient considérables, mais pas toujours bien appuyées au Cabinet, ce qui les rendait fragiles dès l'arrivée des obstacles.

Tandis que la position officielle du gouvernement demeure la même sur les arrangements provisoires au cours des années de Johnson et de Bertrand, la détermination politique pour obtenir des arrangements permanents semble moins ferme qu'au temps de Lesage. Le Premier ministre ne met plus tout son poids dans le dossier. Le ministre de la Famille et du Bien-être ne suit pas les choses de près comme Lévesque, son prédécesseur[17]. Aux Finances, le ministre Dozois et le sous-ministre Cazavan expriment des inquiétudes au sujet des éventuels dangers associés à l'*opting out* permanent. Dans une conjoncture marquée par les hausses du taux de chômage et des coûts de l'assistance sociale, ces inquiétudes ont du poids[18].

Néanmoins, à l'automne 1969 et à l'hiver 1970, le Québec, principalement par la voix de Mario Beaulieu, le ministre des Finances des derniers

---

16. En relisant le mémoire de CLOUTIER à la conférence d'octobre 1969 (1969b), on est frappé par certains points de recoupement avec les positions prises par CASTONGUAY en 1971 dans sa campagne pour une « politique sociale intégrée ».

17. Ce point m'est apparu clair à la suite des entrevues faites avec Jean-Paul CLOUTIER (1991), Roger MARIER (1990a, 1990b) et Louis BERNARD (1991).

18. Dozois et Cazavan craignaient de voir les finances publiques québécoises se retrouver dans une situation désavantageuse, puisque les arrangements permanents n'offriraient plus la garantie que les revenus fiscaux récupérés seraient suffisants pour couvrir les coûts des programmes dont le Québec serait devenu totalement responsable (MORIN, 1990; BERNARD, 1991).

mois de l'Union nationale, et de Claude Morin, encore sous-ministre aux Affaires intergouvernementales, réitère à plusieurs reprises son désir de négocier la transition aux arrangements définitifs (Québec, 1969a; Beaulieu, 1969; 1970a, 1970b; Morin, 1970a).

Le gouvernement fédéral sent la légitimité des demandes québécoises[19], mais n'en demeure pas moins inflexible. Il utilise toute la gamme des arguments disponibles[20]. Équipés de mandats du Cabinet (Benson, 1969b, 1970b), Benson, le ministre des Finances, et ses collaborateurs laissent entrevoir qu'ils seraient prêts à accommoder les demandes du Québec, mais à la condition que toutes les autres provinces participent aux mêmes arrangements, en sachant fort bien que ce scénario est irréaliste à court terme. Alors, à leurs yeux, une seule hypothèse demeure valable, soit celle de prolonger les arrangements provisoires pour se donner un temps additionnel pour la négociation. Ils savent que le camp adverse est divisé sur certaines questions (Bryce, 1969a). Ils souhaitent une prolongation de trois ans si c'est possible. Sinon, ils s'accommoderont d'une extension d'un an (Benson, 1969a, 1969c, 1970a; Bryce, 1970a, 1970b; Shoyama, 1970a, 1970b, 1970c; Haney, 1969a, 1969b, 1969c). Ils sont conscients que l'enjeu de l'opération demeure le statut particulier du Québec et qu'avec le gouvernement Trudeau, il n'en est pas question : « [...] Mr. Trudeau is endeavoring to resist and avoid this [c'est-à-dire le statut particulier] » (Bryce, 1969d).

Au moment où les élections d'avril approchent, le Québec est sur le point de céder tout en réexprimant son désir de « continuer les négociations dans l'espoir qu'elles aboutiront rapidement » (Beaulieu, 1970b).

AU TEMPS DES LIBÉRAUX DE BOURASSA (1970-1976) : UNE « POLITIQUE SOCIALE INTÉGRÉE » QUI INTÈGRE MAL LES SERVICES SOCIAUX, LE RAPC ET L'*OPTING OUT*

En référence à la position constitutionnelle du gouvernement du Québec dans le domaine des politiques sociales, je distingue deux périodes dans les six années et demie de gouvernement Bourassa et je place le moment de

---

19. Les fédéraux qui connaissent le dossier sont conscients que, dans ses demandes, le Québec peut miser une base solide de légitimité morale et politique. En transmettant à Shoyama un important document de négociation du Québec que Morin lui a fait parvenir (QUÉBEC, 1969a), Bryce donne les directives suivantes : « Can you have a careful translation made of Morin's paper on opting out. We will need to have some fairly fundamental discussions about this. In particular we had better review our legal or moral obligations to convert these interim arrangements into final arrangements » (BRYCE, 1969b).

20. Parmi les arguments suggérés, il y a la nécessité d'attendre que les programmes deviennent vraiment « établis », que se dénouent les discussions fiscales ou constitutionnelles en cours, etc. (BRYCE, 1969c; 1970b; HANEY, 1969a).

transition au début de l'année 1973[21]. Au cours de la première période, le Québec, avec Castonguay comme porte-parole, mène une campagne pour une « politique sociale intégrée ». De façon plus ou moins claire[22], Castonguay réclame d'Ottawa des changements constitutionnels qui permettraient au Québec d'avoir la primauté sur le plan de la conception et de l'administration de la politique sociale intégrée. Au cours de la deuxième période, qui commence avant le départ de Castonguay du ministère des Affaires sociales (MAS) et se poursuit avec l'arrivée de Claude Forget, le Québec continue de préconiser une politique sociale intégrée mais agit en mettant de l'eau dans son vin sur la question du partage des pouvoirs. À l'heure du slogan du « fédéralisme rentable » de Bourassa, la deuxième phase, moins nationaliste que la première, cadre mieux avec l'ensemble de la politique gouvernementale.

Le « combat de Castonguay » (1970-1972)

En mai 1970, lors de l'arrivée au pouvoir du gouvernement Bourassa, les fédéraux craignent le retour à une position politique plus ferme sur le dossier de l'*opting out* comme au temps de Lesage (Benson, 1970b). Mais ces craintes sont exagérées.

Au cours de l'année 1970, le nouveau gouvernement et Castonguay n'ont pas le temps de s'occuper de la négociation des arrangements provisoires. Castonguay est absorbé par la fusion des ministères de la Santé et du Bien-être social en un seul ministère, le MAS, par la mise en applica-

---

21. Sans pouvoir approfondir la question ici, je considère que le virage de 1973, contrairement à des perceptions largement répandues, a été moins celui de Lalonde que celui de Castonguay. Par exemple, l'idée fédérale d'offrir une modulation provinciale de ses allocations familiales n'est pas une trouvaille du Livre orange (LALONDE, 1973), mais une trouvaille développée avant la Conférence de Victoria en 1971 (BRYCE, 1971d, 1971f; LEACH, 1971e; MORIN, 1988).

22. Certains dont Claude MORIN (1991 : chap. 18) ont avancé l'idée que Bourassa avait joué sur deux tableaux dans les mois qui ont précédé la Conférence de Victoria de juin 1971. Sur un tableau, Castonguay aurait défendu une position dans laquelle les réformes nécessaires pour une politique sociale intégrée exigeaient clairement des changements constitutionnels. Sur un autre tableau, Bourassa aurait avancé une autre position à l'effet que les réformes pouvaient être mises en œuvre à partir de simples arrangements administratifs avec Ottawa. Cette thèse est séduisante et je l'ai personnellement alimentée (VAILLANCOURT, 1991b) en analysant certaines pièces de documentation inédite (ROBERTSON, 1971; BRYCE, 1971a, 1971b, 1971e; LEACH, 1971a; CARTER, 1971a; MUNRO, 1971e). Elle a cependant le défaut d'amener une démarcation trop claire entre une position plus louvoyante chez Bourassa (ce que je ne conteste pas) et une autre qui serait plus claire chez Castonguay (ce que je conteste). Sans pouvoir approfondir la question ici, j'avance que la position constitutionnelle de Castonguay à l'époque, en dépit de la légende qui tend à l'embellir dans certains milieux, n'était pas bien définie et arrêtée. Castonguay aussi hésitait entre deux positions sur l'aspect constitutionnel et cela l'amenait à modifier son discours à l'occasion. En somme, sur la question constitutionnelle, le volume V du *Rapport Castonguay-Nepveu* (1971a, 1971b), dans le prolongement d'ailleurs du volume I (1967), était vague et l'action de Castonguay comme ministre en 1971 et 1972 s'en est vivement ressentie. À ce chapitre, il devait improviser !

tion de la nouvelle loi d'aide sociale et par l'instauration de l'assurance-maladie. Ces réformes sociales se déploient à l'automne dans une conjoncture sociale et politique tendue, faisant suite à la grève des médecins et aux « événements d'Octobre ».

Pourtant, pendant ces mois, la direction du ministère fédéral des Finances réitère à diverses reprises sa proposition de prolonger les arrangements provisoires concernant le RAPC en utilisant la formule d'un échange de lettres (Benson, 1970b; Reisman, 1971; Shoyama, 1970c, 1970d; Haney, 1970a). Claude Morin fait le suivi de son mieux, en répétant que la réponse du Québec s'en vient (Morin, 1970a, 1970b, 1970c). Mais la lenteur des négociations finit par exaspérer la partie fédérale. À la fin de l'année 1970, l'hypothèse de procéder « de façon unilatérale » à la prolongation des accords de non-participation est même envisagée du côté fédéral (Haney, 1970b; Rubinoff, 1970).

Enfin, le 1er mars, Castonguay fait parvenir à Benson la lettre d'entente tant attendue. Dans une lettre sommaire de moins d'une page, il accepte officiellement « la prolongation de douze mois des accords de non-participation ». Mais il ajoute, en reprenant le refrain québécois maintenant connu : « J'ose croire que cette période supplémentaire nous permettra de poursuivre les négociations en vue d'arriver à un arrangement final bientôt » (Castonguay, 1971a).

En 1972, le même scénario se répète. Des lettres d'entente pour prolonger les arrangements provisoires pour un an sont échangées (Castonguay et Garneau, 1972; Munro et Turner, 1972). Au Québec, les tractations pour institutionnaliser ces renouvellements deviennent de plus en plus une tâche de fonctionnaires qui éprouvent de la difficulté à obtenir des positions claires de leurs ministres sur ce dossier. Jusqu'en octobre 1971, le dossier demeure entre les mains de Claude Morin, sous-ministre des Affaires intergouvernementales. Après le départ de Morin, il passe entre les mains de Michel Bélanger, Secrétaire du Conseil du Trésor. Après le départ de Bélanger en décembre 1972, il se retrouve entre les mains de Pierre Goyette, sous-ministre des Finances. En 1972 et 1973, le fédéral fait pression sur le Québec pour que le renouvellement des ententes soit fait pour cinq ou trois années à la fois (Shoyama, 1972a, 1972b; Reisman, 1973a, 1973b, 1973c). Au déplaisir du fédéral, les fonctionnaires québécois finissent par répondre que leurs ministres préfèrent des prolongations d'un an, ou de deux ans à la fois (Bélanger, 1972a, 1972b; Goyette, 1973).

Paradoxalement, en 1971 et 1972, au moment où il pose des gestes pour prolonger d'un an à la fois les arrangements provisoires sur le RAPC, Castonguay mène deux opérations publiques importantes. D'une part, sur le terrain des relations fédérales-provinciales, il livre sa campagne pour une « politique sociale intégrée ». D'autre part, sur le terrain plus domestique, il est engagé à fond dans la préparation du projet de loi 65 sur la réforme de la santé et des services sociaux qui, en décembre 1971, deviendra le chapitre 48 des *Lois du Québec* (Québec, 1971). De toute évidence, la question de l'*opting out* du RAPC entretenait de multiples interfaces avec ces deux opérations. Néanmoins, elle semble bien avoir été traitée de façon parallèle, comme si l'équipe Castonguay avait eu de la difficulté à l'époque à saisir les liens qui reliaient la politique sociale intégrée, le « chapitre 48 » et la lutte pour le retrait définitif du RAPC. Voyons cela de plus près.

Théoriquement, la « politique sociale intégrée » de Castonguay faisait référence autant aux services sociaux et aux services de santé qu'aux services de main-d'œuvre et à la sécurité du revenu. Mais dans les faits, elle se réfère d'abord aux programmes de sécurité du revenu et de main-d'œuvre. Elle renvoie aux composantes dont il est question dans l'analyse et les recommandations du volume V du *Rapport Castonguay-Nepveu*, qui était sorti au début de l'année 1971 et portait sur la *Sécurité du revenu* (Castonguay et Nepveu, 1971a, 1971b).

Les principales recommandations du volume V avaient trait à une audacieuse réforme des allocations familiales et à l'instauration d'un régime de revenu minimum garanti à deux paliers. Les allocations familiales substantiellement augmentées, indexées et imposables jouent ici un rôle central. Elles constituent un complément de revenu visant à sortir les familles à faibles revenus de la pauvreté en s'ajoutant soit au salaire minimum, soit aux diverses prestations des régimes d'assurance sociale, soit aux prestations d'aide sociale.

La publicité dont avait bénéficié la sortie du volume V avait rapidement eu pour effet de jeter de l'ombrage sur le Livre blanc de Munro publié à la fin de l'année 1970 sur *La sécurité de revenu au Canada* (Munro, 1970). Le livre blanc était associé à l'approche plus sélective qui traversait notamment sa proposition centrale d'un *Family Income Security Plan*, surnommé FISP. C'était le testament de l'équipe Willard en poste au ministère Santé et Bien-être depuis plus de dix ans. À peine sorti, il souffrait mal la comparaison avec l'approche apparemment plus universelle du volume V et des propositions de Castonguay.

Paradoxalement, dans la politique sociale intégrée, il n'est pas fait mention des services sociaux, ni de l'arrimage entre le RAPC fédéral et les programmes québécois d'aide sociale et de services sociaux, et encore moins de l'*opting out* du RAPC. Ce silence est étrange de la part d'une équipe par ailleurs impliquée à fond dans la préparation et l'opérationnalisation du chapitre 48. Comment ne pas tenir compte des rapports entre la réforme du système québécois de santé et de services sociaux et les programmes fédéraux, comme le RAPC, le *medicare* et l'assurance-hospitalisation, régissant le partage des coûts ? En particulier, comment ne pas examiner soigneusement les coûts-bénéfices représentés sur le plan politique, administratif et financier par le RAPC fédéral qui concerne non seulement la sécurité du revenu (aide sociale) mais également les services sociaux (services de bien-être dans la terminologie du RAPC) ?

Cette lacune de l'approche du ministre Castonguay au cours des années 1970-1973 est elle-même tributaire de l'héritage de la Commission Castonguay-Nepveu. Celle-ci s'est avérée incapable de tenir compte adéquatement des services sociaux dans sa démarche et dans sa production[23]. De plus, dans ses travaux sur la sécurité du revenu, elle a élaboré des plans de politique intégrée sans tenir compte rigoureusement du rôle du fédéral dans le financement des programmes québécois de sécurité du revenu (Vaillancourt, 1991a : 21). Elle a encore moins tenu compte du dossier de l'*opting out* du RAPC. Cette faiblesse de la Commission Castonguay-Nepveu s'est répercutée sur la stratégie de Castonguay devenu ministre des Affaires sociales en 1970-1973.

Dans les négociations entre Québec et Ottawa sur la politique sociale intégrée, notamment au cours de la période du combat de Castonguay en 1971 et 1972, les faiblesses relevées ci-dessus ont été repérées et utilisées par les représentants du gouvernement fédéral. Ainsi, en prévision des réunions qui doivent avoir lieu bientôt avec Castonguay sur le projet de revenu minimum garanti (RMG), Munro est encouragé à demander à Castonguay de quelle façon il a prévu aménager le financement de son programme de revenu minimum garanti. Ce nouveau programme serait-il financé à partir du RAPC actuel, ou à partir d'un RAPC amendé qui pourrait utiliser un test de revenu ? En outre, les stratèges fédéraux considèrent qu'il serait intéressant d'amener Castonguay à expliquer de quelle façon il conçoit les rapports entre ses demandes sur la politique sociale intégrée et la position du Québec sur le dossier des arrangements provisoires (Munro, 1971a : 5; 1971d : 3). En mars, Bryce avait suggéré une série de huit questions à soulever dans les rencontres de négociation entre Munro et Castonguay sur les politiques sociales. La première de ces questions était la suivante :

---

23. Le volume VI sur les services sociaux (CASTONGUAY et NEPVEU, 1972a, 1972b) n'est-il pas sorti longtemps après le départ de Castonguay de la Commission en 1970 et même après l'adoption du chapitre 48 en décembre 1971 ? Et même avant le départ de Castonguay de la Commission, il ne fait pas de doute que le volet des services sociaux demeurait marginal et peu valorisé dans la composition et la démarche de la Commission. Ce point est ressorti dans mes entrevues avec Jacques BRUNET (1990) et Nicole MARTIN (1990).

What do they propose in regard to the CAP and its relations to their GSAP [Régime général d'allocations sociales] ? Have they considered the relation of it to the Established Programs Act and the definitive settlement of the CAP program under the Act ? (Bryce, 1971c)

Ces questions étaient pertinentes et éventuellement déstabilisatrices pour Castonguay et ses collaborateurs qui n'avaient pas l'habitude de les placer bien en vue dans leur problématique générale et dans leurs propositions de négociation avec le fédéral. Curieusement, même en ces années 1971-1972, lorsque la dimension constitutionnelle était plus importante pour l'équipe Castonguay dans les pourparlers avec Ottawa, cette dimension était mise en évidence davantage dans les discussions sur les allocations familiales que dans celles sur le revenu minimum garanti et l'aide sociale (qui invitaient à tenir compte du RAPC).

Le camp fédéral avait une longueur d'avance sur le camp québécois en étant toujours empressé de tenir compte du RAPC à chaque moment dans ses discussions avec le Québec soit à partir du Livre blanc de Munro, soit à partir des recommandations du volume V. Chaque fois qu'ils songent à une réforme des programmes d'assistance publique qui s'inspirerait de leurs hypothèses ou de celles du Québec, les fédéraux font immédiatement des scénarios d'amendement du RAPC. Au printemps 1971, par exemple, ils songent très sérieusement à introduire des amendements qui permettraient de faire de la place à un test de revenus autant qu'à un test de besoins pour partager les coûts de programmes provinciaux de sécurité du revenu (comme le supplément de revenu de travail) et de services sociaux[24].

À un moment donné, en mai 1971, dans la fébrilité des délibérations fédérales stimulées par l'approche de Victoria, le ministre Munro avait même suggéré au Cabinet un scénario non orthodoxe dans lequel le fédéral pourrait céder au Québec l'*opting out* définitif du RAPC (Munro, 1971e). Cette hypothèse étonnante a fait long feu. Munro a aussitôt été ramené à l'ordre par l'entourage de Trudeau et ses collègues du Cabinet. Le Cabinet a demandé à Munro d'aller refaire ses devoirs. Il n'était pas question de faire

---

24. En examinant une riche documentation inédite sur les discussions menées au Cabinet fédéral concernant les négociations avec le Québec sur les politiques sociales et le partage des pouvoirs dans les six mois qui ont précédé la Conférence de Victoria, j'ai constaté que de nombreux scénarios de modification du RAPC avaient été envisagés pour tenir compte des demandes de Castonguay (PRÉFONTAINE, 1971; MUNRO, 1971a, 1971b, 1971c, 1971d, 1971e; LEACH, 1971a, 1971c, 1971d, 1971f; CARTER, 1971b, 1971c). À l'inverse, dans les documents québécois de l'époque, le RAPC est rarement pris en considération. Par exemple, il est presque toujours oublié dans les discours de CASTONGUAY (1970, 1971b). En somme, les positions québécoises étaient préparées en faisant abstraction des règles de financement fédéral comme me l'a confirmé l'entrevue avec Nicole MARTIN (1990).

au Québec des offres qui lui permettraient d'aller dans le sens d'un statut particulier (Carter, 1971b; Leach, 1971b).

Après l'échec de Victoria en juin 1971, Castonguay a continué son combat pour une politique sociale intégrée jusqu'à la fin de l'année 1972 (Hunter, 1972). Sur la défensive, la direction de Santé et Bien-être a tenté de sauver son livre blanc en continuant de faire des scénarios qui impliquaient des amendements au RAPC pour tenir compte des recommandations du volume V (Pépin, 1972a, 1972b, 1972c).

Après le « combat de Castonguay » (1973-1976)

Au début de 1973, une nouvelle phase commence à la suite de l'arrivée de Marc Lalonde à Santé et Bien-être. Le Québec et Castonguay deviennent plus conciliants sur la question du partage des pouvoirs. Ce climat de réconciliation constitutionnelle se prolonge lorsque Claude Forget est ministre des Affaires sociales et colore les positions du Québec lors de la Révision de la sécurité sociale (RSS).

La RSS se prolonge de 1973 à 1978 et nécessite de nombreuses réunions fédérales-provinciales sur la sécurité du revenu et sur les services sociaux. Elle apparaît comme un processus de révision fédérale-provinciale des politiques sociales déclenché en réponse aux demandes québécoises de 1971-1972. Le Québec se doit de collaborer à la révision. La délégation québécoise participe aux divers comités de la RSS, mais avec un enthousiasme modéré, comparativement à celui des délégations des autres provinces. Lorsque le moment arrive en 1975-1976 de prendre position devant des esquisses de programmes concernant le revenu minimum garanti ou les services sociaux et qu'il devient évident que le gouvernement fédéral veut garder un contrôle important, les représentants du Québec sont coincés. Il leur est difficile de dire oui avec empressement. Mais comme ils ont été à l'origine du processus, il leur est encore plus difficile de reculer[25].

Au cours de cette période, une certaine routine s'installe dans le dossier du renouvellement des accords de non-participation au RAPC. En 1973, ces accords sont prolongés pour une période de deux ans qui couvre les années 1973 et 1974 (Forget et Garneau, 1973; Lalonde et Turner, 1973). Curieusement, après l'année 1974, il n'y a pas eu d'échanges de lettres pour reconduire les accords et cette anomalie perdure jusqu'à la fin du

---

25. Les entrevues avec Jacques Brunet (1990), Aubert Ouellet (1988), Thomas Duperré (1988, 1990), Jean-Bernard Robichaud (1988), Michael Mendelson (1988) et Joseph Ryant (1988) m'ont beaucoup aidé à développer ma vision critique de la Révision de la sécurité sociale vue du Québec. J'assume évidemment la responsabilité de mon évaluation.

gouvernement Bourassa[26]. Le régime des arrangements provisoires continue, mais à l'insu d'un nombre croissant de personnes dans le gouvernement et l'administration publique du Québec.

Pendant que le dossier des arrangements provisoires subit une sorte d'ensevelissement, celui des arrangements fiscaux débloque de la manière escomptée par les propositions fédérales de 1966. En juin 1976, les provinces et le fédéral s'entendent sur la formule du «financement des programmes établis» qui sera utilisée pour préparer une importante législation au printemps 1977.

AU TEMPS DE LÉVESQUE-LAZURE (1977-1981) : UNE POSITION CONSTITUTIONNELLE DE SOUVERAINETÉ-ASSOCIATION QUI INTÈGRE MAL LES DOSSIERS DE POLITIQUES SOCIALES

Paradoxalement, lorsqu'il est arrivé au pouvoir en novembre 1976 avec un programme de «bon gouvernement» et un engagement à tenir un référendum sur la souveraineté-association, le gouvernement du PQ n'était pas bien préparé pour entreprendre, dans les dossiers de politiques sociales, une action conséquente sur le plan de son option constitutionnelle. Certes, ce nouveau gouvernement avait une vision à moyen terme du rapatriement souhaitable des ressources fiscales et des programmes de politiques sociales. Mais à court terme, sur des dossiers comme le retrait des programmes à frais partagés et le projet de loi fédérale sur les services sociaux avancé dans le cadre de la révision de la sécurité sociale, le nouveau gouvernement souverainiste se trouvait mal préparé pour prendre position. Pourtant, à la fin de l'année 1976, les échéances ne manquaient pas.

En référence à la *Loi sur le financement des programmes établis* (FPÉ) (Canada, 1977), la marge de manœuvre du PQ était étroite, puisque le gouvernement antérieur avait pratiquement donné l'accord du Québec au FPÉ en juin 1976. Le PQ toutefois avait un préjugé favorable pour la formule du financement global qui paraissait plus acceptable sur le plan constitutionnel que celle des programmes à frais partagés. En outre, cette formule paraissait avantageuse au plan financier, parce que personne ne soupçonnait à l'époque que les subventions «inconditionnelles» qui étaient prévisibles pour l'avenir en 1977 pourraient un jour être révisées à la baisse à partir de décisions unilatérales du gouvernement fédéral.

---

26. La reconduction des accords provisoires pour l'assurance-hospitalisation et pour le RAPC sera légalisée rétroactivement pour les années 1975 à 1977 par le gouvernement du PQ en 1978 (BERNARD, 1978; BÉGIN et CHRÉTIEN, 1978).

La Loi sur le FPÉ de 1977 permettait de réaliser en partie l'opération de nivellement du statut particulier fiscal et social du Québec souhaité depuis longtemps par le ministère fédéral des Finances. Ce nivellement n'était pas réalisé en totalité, parce que le *federal opting out* était appliqué aux programmes de santé et d'éducation post-secondaire, mais pas au RAPC. En vertu du FPÉ de 1977, le RAPC allait curieusement demeurer après 1977 un programme fédéral à frais partagés au sein duquel le Québec allait continuer discrètement à jouir d'un maigre et peu avantageux statut particulier. En effet, le FPÉ, tout en abrogeant la Loi des arrangements provisoires de 1965 telle qu'amendée, stipulait que le Québec, à la différence des autres provinces, continuerait d'avoir 5 points d'impôt sur le revenu des particuliers pour le RAPC (voir le tableau 1). Comme la législation de 1965 était abrogée, cela continuerait à se faire sans signature d'accords. Plus étonnant encore, sans que les règles du jeu ne soient proclamées trop solennellement, le Québec continuerait à demeurer soumis aux conditions fixées en 1965 pour la durée de la phase provisoire : le Québec d'après 1977, tout comme celui de 1965 à 1977, ne pouvait pas devenir pleinement responsable de ses programmes provinciaux concernés par le RAPC. Pour avoir droit au partage des coûts recevables en vertu du RAPC, c'est-à-dire pour toucher la différence entre le total des coûts partageables et le montant représenté par les 5 points d'impôt, il continuerait, sur le plan administratif (réclamations et vérification), à être traité comme une province comme les autres. En d'autres termes, le statut particulier du Québec au sein du RAPC deviendrait de plus en plus symbolique après 1977. Plusieurs gestionnaires fédéraux ou québécois du RAPC l'ont confirmé en entrevue (Yzerman, 1988; Des Byrne, 1990; Bédard, 1990; Duperré, 1988, 1990). Et lorsque cette manche rapide s'est jouée en 1977, peu de personnes au Québec ont perçu les enjeux ! Nos programmes concernés par le RAPC demeureraient donc longtemps encore prisonniers des conditions fixées pour la période provisoire prévue en 1965 comme devant se terminer en 1970 !

Pour les autres programmes concernés dans les domaines de la santé (assurance-hospitalisation et *medicare*) et de l'éducation post-secondaire, la formule du FPÉ se résume à ceci[27] : 13,5 % de points d'impôt sur le revenu des particuliers sont transférés à toutes les provinces. À la différence des autres provinces, le Québec reçoit un transfert fiscal additionnel de 8,5 %. Le reste des transferts prévus prennent la forme de versements de péréquation (en fonction des points d'impôt transférés) et de transferts financiers calculés chaque année en tenant compte de la population, de la croissance

---

27. Pour une explication claire de la *Loi sur le financement des programmes établis* et de son évolution après 1977, voir DUPERRÉ (1987).

du PNB, etc. Pour le Québec, les arrangements fiscaux de 1977 signifiaient la fin des arrangements provisoires pour l'assurance-hospitalisation (16 points d'impôt) et pour les subventions à l'hygiène (1 point d'impôt). Les arrangements provisoires, pour ces programmes, cessaient, mais sans devenir permanents de la manière prévue par le Québec en 1965. En effet, en raison de la composante transferts financiers de la formule du FPÉ de 1977, la province demeure toujours dépendante des ressources fiscales fédérales et du pouvoir politique qui en découle.

En ce qui concerne la Révision de la sécurité sociale qui était dans sa phase finale en 1976-1978, pour le dossier des services sociaux (CNBES, 1978; Canada, 1981, Vaillancourt, 1991a), l'arrivée du PQ et la position adoptée par le ministre Denis Lazure dans certaines réunions fédérales-provinciales au début de l'année 1977 eurent un impact majeur et marquèrent un virage important par rapport à la politique adoptée sous le gouvernement antérieur. En référence au projet de loi fédéral C-57 sur les services sociaux, auquel le Québec, sous le gouvernement antérieur, avait pratiquement donné son accord de principe, une nouvelle position fut adoptée, lorsque Lazure exprima au nom du nouveau gouvernement, en juin 1977, un net et brutal désaccord (Kronberg, 1977; Duperré, 1988 et 1990; Robichaud, 1988)[28]. Combiné à d'autres facteurs, ce refus du Québec n'a pas été étranger à la mort au feuilleton du Parlement fédéral, en 1977, du projet de loi C-57.

Quelques mois plus tard, ce projet de loi a été remplacé par un nouveau, le C-55, intitulé projet de Loi sur le financement des services sociaux. Le nouveau devis de programme fédéral sur les services sociaux n'était plus structuré selon la formule des programmes à frais partagés, mais selon celle du financement global. Le Québec donna son accord. La volonté politique du gouvernement fédéral était chancelante. En 1978, le projet C-55 était également retiré. Le processus de la RSS se terminait en queue de poisson.

Pour le reste, le gouvernement du PQ n'a pas fait preuve d'originalité sur le plan constitutionnel dans la gestion des politiques sociales. Il a continué de gérer sans bruit l'opting out du RAPC comme au temps de Bourassa. Il s'est accommodé des rigidités du RAPC sans protester, sauf en 1979, quand il s'est fait refuser par Ottawa le partage des coûts du SUPRET, un nouveau programme de supplément de revenu pour les pauvres qui

---

28. Le projet de loi C-57 sur les services sociaux se situait dans la tradition des programmes à frais partagés. Le devis était fort complexe et les conditions de partage de coûts étaient détaillées et nombreuses.

travaillent. Le fédéral refusa d'en partager les coûts, parce qu'il impliquait un test de revenus au lieu d'un test de besoins.

Puis, il y eut le référendum de 1980 et ses lendemains amers qui reléguaient, plus que jamais, la dimension constitutionnelle des politiques sociales aux oubliettes !

CONCLUSION

Au cours des quinze premières années de l'histoire du RAPC, le Québec a joui d'un certain statut particulier en référence au RAPC. Ce statut particulier a été défini d'abord par la Loi sur les programmes établis (arrangements provisoires) de 1965 appliquée au Québec de 1965 jusqu'à 1977 et ensuite par la *Loi sur le financement des programmes établis* de 1977 qui abrogeait les arrangements provisoires pour tous les programmes, sauf pour le RAPC. C'est ainsi qu'après 1977, le statut particulier du Québec au sein du RAPC a perduré. Mais fort curieusement, les modalités de la période provisoire de cinq ans acceptées en 1965 et prolongées au début des années 70 ont été maintenues après 1977. Cela signifie que le Québec continue d'être la seule province canadienne à jouir d'un abattement de 5 points d'impôt sur le revenu des particuliers en vertu de sa « non-participation » au RAPC. Mais comme le régime de la période provisoire prévue pour cinq ans en 1965 prévaut encore après 1977, le Québec demeure soumis aux conditions des années 60. Il ne récupère pas la pleine responsabilité de ses programmes et encore moins une pleine compensation fiscale. Il doit envoyer toutes les réclamations à Ottawa et demeurer ouvert aux visites des fonctionnaires et vérificateurs fédéraux. Donc, le statut particulier du Québec sur le RAPC, après 1970 et 1977, est un statut particulier étriqué et symbolique qui ne comporte aucun avantage politique et une kyrielle d'inconvénients administratifs. C'est le contraire de celui auquel le Québec aspirait dans les années 60.

Tout cela n'était pas un effet du hasard. L'examen de l'évolution des luttes et négociations Québec-Ottawa au cours des années 1966-1981 a révélé que la détermination politique du gouvernement fédéral pour banaliser le statut particulier du Québec sous le RAPC a été plus cohérente et consistante que celle du gouvernement du Québec pour le maintenir et le consolider.

Au fédéral, au cours de la période, par delà les personnes et les gouvernements, c'est la même orientation politique anti-statut particulier qui est appliquée. Le partage des tâches dans l'appareil gouvernemental demeure le même. Le dossier est géré par des bureaucrates qui reçoivent leurs directives des politiciens et leur rendent des comptes. C'est toujours le ministère des Finances qui a le mandat de s'occuper du dossier en se concertant avec les autres ministères concernés, de même qu'avec le Bureau du Premier ministre et le Bureau du Conseil privé.

Au Québec, la compréhension politique des enjeux du dossier change d'un gouvernement à l'autre. Sous le gouvernement Lesage, le dossier était prioritaire et traité par des élus influents qui travaillaient en concertation avec des bureaucrates. Le ministère des Affaires intergouvernementales, sous la direction de Lesage lui-même, avait le mandat de gérer le dossier en se concertant avec les autres ministères concernés.

Mais en cours de route, un glissement s'opère graduellement.

Sous l'Union nationale (1966-1970), les demandes d'*opting out* définitif sont officiellement maintenues, mais la détermination politique fléchit. L'ambivalence politique s'installe. Le Premier ministre a d'autres priorités. Tranquillement, les politiciens commencent à laisser les fonctionnaires se débrouiller avec le dossier.

Pendant les années 70, sous les deux gouvernements de Bourassa, le retrait définitif du RAPC continue d'être demandé à Ottawa, mais d'une façon routinière. Les politiciens s'intéressent de moins en moins au dossier et prennent l'habitude de le reléguer à des fonctionnaires embarrassés, parce que dépossédés de mandats clairs. La responsabilité du dossier passe des Affaires intergouvernementales aux Finances. Les arrangements provisoires perdurent, mais peu de personnes dans le gouvernement semblent au courant de leur raison d'être.

Sous le PQ, la dimension constitutionnelle redevient importante. Cela a des retombées positives dans la conduite de certains dossiers de politiques sociales, mais pas dans celui de l'*opting out* du RAPC dont la signification politique initiale a fini par être oubliée.

En somme, de 1966 à 1981, le Québec, avec ses points d'impôt, n'est pas une province comme les autres au sein du RAPC. En 1966, cette situation particulière manifestait l'aspiration du Québec à maîtriser ses programmes de politiques sociales. En 1981, elle était devenue le symbole désuet de combats anciens et une source d'ennuis administratifs.

Bibliographie (entrevues incluses)

BEAULIEU, M. (1969). *Beaulieu à Benson*, 26 novembre, 2 p. ANC, RG 19, vol. 5490, dos. 5508-08.

BEAULIEU, M. (1970a). *Beaulieu à Benson*, 2 mars, 3 p. ANC, RG 19, vol. 5490, dos. 5508.

BEAULIEU, M. (1970b). *Beaulieu à Benson*, 16 mars, 2 p. ANC, RG 19, vol. 5414, dos. 5646-05, par. 4.

BÉDARD, A. (1990). *Entrevue faite par Yves Vaillancourt avec André Bédard à Sainte-Foy le 13 juin 1990*, texte validé, 38 p.

BÉGIN, M. et J. CHRÉTIEN (1978). *Bégin et Chrétien à Parizeau et Lazure*, Ottawa, novembre, 3 p.

BÉLANGER, M. (1972a). *Bélanger à Shoyama*, 4 mai, 1 p. ANC, RG 19, vol. 5513, dos. 5646-03-2, par. 3.

BÉLANGER, M. (1972b). *Bélanger à Shoyama*, 14 décembre, 1 p. ANC, RG 19, vol. 5513, dos. 5646-03-2, par. 3.

BENSON, E. J. (1969a). *Benson à Beaulieu*, 10 octobre, 2 p. ANC, RG 19, vol. 5490, dos. 5508-08.

BENSON, E. J. (1969b). *Benson au Comité du Cabinet sur les relations fédérales-provinciales*, 1er décembre, 7 p. ANC, RG 19, vol. 5490, dos. 5508-08.

BENSON, E. J. (1969c). *Benson à Beaulieu*, 23 décembre, 2 p. ANC, RG 19, vol. 5490, dos. 5508-08.

BENSON, E. J. (1970a). *Benson à Beaulieu*, 2 mars, 3 p. ANC, RG 19, vol. 5490, dos. 5508-08.

BENSON, E. J. (1970b). *Benson au Cabinet*, 29 juin, 4 p. ANC, RG 19, vol. 5490, dos. 5508-08.

BERNARD, L. (1978). *Arrêté en conseil 3598-78 concernant les accords de non-participation intervenus entre le gouvernement du Québec et le gouvernement fédéral relativement au programme d'assurance-hospitalisation et au programme spécial de bien-être*, Québec, 15 novembre, 2 p.

BERNARD, L. (1991). *Entrevue faite par Yves Vaillancourt avec Louis Bernard à Montréal le 17 juillet 1991*, transcription non validée, 18 p.

BRUNET, J. (1990). *Entrevue faite par Yves Vaillancourt avec Jacques Brunet à Québec le 6 juin 1990*, transcription validée, 23 p.

BRYCE, R. B. (1969a). *Bryce à Benson*, 10 octobre, 1 p. ANC, RG 19, vol. 5490, dos. 5508-08.

BRYCE, R. B. (1969b). *Bryce à Shoyama*, 30 octobre, 1 p. ANC, RG 19, vol. 5490, dos. 5508-06, par. 1.

BRYCE, R. B. (1969c). *Notes for Discussion with Quebec Officials Thursday*, 28 octobre, 1 p.

BRYCE, R. B. (1969d). *Bryce à Shoyama*, 9 décembre, 1 p. ANC, RG 19, vol. 5490, dos. 5508-08.

BRYCE, R. B. (1970a). *Bryce à Shoyama,* 22 janvier, 1 p. ANC, RG 19, vol. 5490, dos. 5508-06, par. 1.

BRYCE, R. B. (1970b). *Bryce à Benson,* 2 février, 4 p. ANC, RG 19, vol. 5490, dos. 5508-08.

BRYCE, R. B. (1971a). *Bryce à Trudeau,* 5 février, 2 p. ANC, RG 29/85-86/343, vol. 28, dos. 3301-3-C8, par. 1.

BRYCE, R. B. (1971b). *Bryce au Cabinet,* 1er mars, 6 p. ANC, RG 29/85-86/343, vol. 28, dos. 3301-3-C8, par. 1.

BRYCE, R. B. (1971c). *Points for more General Discussion with Castonguay on Social Policy,* 23 mars, 2 p. ANC, RG 29/85-86/343, vol. 28, dos. 3301-3-C8, par. 1.

BRYCE, R. B. (1971d). *Suggested Approach to Family Allowances and Related Matters,* 23 mars, 3 p. ANC, RG 29/85-86/343, vol. 28, dos. 3301-3-C8, par. 1.

BRYCE, R. B. (1971e). *Bryce au Cabinet,* 30 mars, 4 p. ANC, RG 29/85-86/343, vol. 28, dos. 3301-3-C8, par. 2.

BRYCE, R. B. (1971f). *Bryce au Cabinet,* 20 juin, 9 p. ANC, RG 29/85-86/343, vol. 28, dos. 3301-3-C8, par. 2.

BYRNE, D. J. (1990). *Entrevue faite par Yves Vaillancourt avec Desmond J. Byrne à Ottawa le 27 juin 1990,* transcription validée, 26 p.

CANADA (1965). *Loi sur les programmes établis (Arrangements provisoires),* dans *Statuts du Canada, 1965,* chap. 54.

CANADA (1966). *Régime d'assistance publique du Canada,* dans *Statuts du Canada, 1966-67,* chap. 45.

CANADA (1969a). *Sécurité du revenu et services sociaux,* Ottawa, 125 p.

CANADA (1969b). *Les subventions fédérales-provinciales et le pouvoir de dépenser du Parlement canadien,* Ottawa, 11 juin, 59 p.

CANADA (1970). *Loi n° 1 de 1970 portant affectation de crédits,* dans *Statuts du Canada, 1969-1970,* chap. 24, Annexe, ministère des Finances, crédit 5 b.

CANADA (1971). *Loi n° 1 de 1971 portant affectation de crédits,* dans *Statuts du Canada, 1970-1971,* chap. 25, Annexe, ministère des Finances, crédit 7 b.

CANADA (1972). *Loi permettant de faire certains paiements fiscaux aux provinces, autorisant la conclusion d'accords de perception fiscale avec les provinces et modifiant la Loi sur les programmes établis (Arrangements provisoires),* dans *Statuts du Canada, 1972,* chap. 8.

CANADA (1977). *Loi de 1977 sur les accords fiscaux entre le gouvernement fédéral et les provinces et sur le financement des programmes établis,* dans *Statuts du Canada, 1977,* chap. 10.

CANADA (1981). *Le fédéralisme fiscal au Canada, Rapport du Groupe de travail parlementaire sur les accords fiscaux entre le gouvernement fédéral et les provinces,* Ottawa, Chambre des communes, 230 p.

CARTER, F. A. G. (1971a). *Carter au Cabinet,* 1er avril, 2 p. ANC, RG 29/85-86/343, vol. 28, dos. 3301-3-C8, par. 2.

CARTER, F. A. G. (1971b). *Carter au Cabinet,* 29 avril, 3 p. ANC, RG 29/85-86/343, vol. 28, dos. 3301-3-C8, par. 2.

CARTER, F. A. G. (1971c). *Proposals for Amending the Canada Assistance Plan*, relevé de la décision prise par le Cabinet dans sa réunion du 6 mai, 7 mai, 2 p. ANC, RG 29/85-86/343, vol. 28, dos. 3301-3-C8, par. 2.

CASTONGUAY, C. (1970). *Allocution devant le Club Kiwanis Saint-Laurent*, 7 octobre, texte dactylographié, 26 p.

CASTONGUAY, C. (1971a). *Castonguay à Benson*, 1ᵉʳ mars, 1 p. ANC, RG 29, vol. 1526, dos. 201-16-1B.

CASTONGUAY, C. (1971b). *Allocution prononcée devant les étudiants de maîtrise en science de l'administration à l'Université Laval*, 15 avril, texte dactylographié, 15 p.

CASTONGUAY, C. et G. NEPVEU (1967). *Rapport de la Commission d'enquête sur la santé et le bien-être social*, vol. I : *L'assurance-maladie*, Québec, Gouvernement du Québec.

CASTONGUAY, C. et G. NEPVEU (1971a). *Rapport de la Commission d'enquête sur la santé et le bien-être social*, vol. V : *La sécurité du revenu*, Québec, Gouvernement du Québec, tome I.

CASTONGUAY, C. et G. NEPVEU (1971b). *Rapport de la Commission d'enquête sur la santé et le bien-être social*, vol. V : *La sécurité du revenu*, Québec, Gouvernement du Québec, tome II.

CASTONGUAY, C. et G. NEPVEU (1972a). *Rapport de la Commission d'enquête sur la santé et le bien-être social*, vol. VI : *Les services sociaux*, Québec, Gouvernement du Québec, tome I.

CASTONGUAY, C. et G. NEPVEU (1972b). *Rapport de la Commission d'enquête sur la santé et le bien-être social*, vol. VI : *Les services sociaux*, Québec, Gouvernement du Québec, tome I.

CASTONGUAY, C. et R. GARNEAU (1972). *Castonguay et Garneau à Munro et Turner*, 2 mai, 1 p. ANC, RG 19, vol. 5513, dos. 5646-03-2, par. 3.

CLOUTIER, J.-P. (1969a). *Mémoire du gouvernement du Québec*, Conférence fédérale-provinciale des ministres du Bien-être social tenue à Ottawa, 16 et 17 janvier, 15 p.

CLOUTIER, J.-P. (1969b). *Mémoire du gouvernement du Québec*, Conférence fédérale-provinciale des ministres du Bien-être social tenue à Victoria, 2 et 3 octobre, 14 p.

CLOUTIER, J.-P. (1991). *Entrevue faite par Yves Vaillancourt avec Jean-Paul Cloutier à Québec le 27 février 1991*, transcription validée, 35 p.

CONSEIL NATIONAL DU BIEN-ÊTRE SOCIAL (CNBES) (1978). *Le gouvernement fédéral et les services sociaux*, Ottawa, CNBES, mars, 20 p.

DUPERRÉ, T. (1987). *La perspective fédérale-provinciale*, Annexe n° 32 du Rapport de la Commission d'enquête sur les services de santé et les services sociaux, Les Publications du Québec, Québec, 42 p.

DUPERRÉ, T. (1988). *Entrevue faite par Yves Vaillancourt avec Thomas Duperré à Québec le 18 mai 1988*, transcription validée, 13 p.

DUPERRÉ, T. (1990). *Entrevue faite par Yves Vaillancourt avec Thomas Duperré à Québec le 18 avril 1990*, transcription validée, 5 p.

FORGET, C. E. et R. GARNEAU (1973). *Forget et Garneau à Lalonde et Turner*, 10 décembre, 2 p. ANC, RG 19, vol. 5513, dos. 5646-03-2, par. 3.

GARNER, J. (1973). *Garner à Goyette*, 28 mars, 9 p. ANC, RG 19, vol. 5514, dos. 5646-5-2, par. 6.

GOYETTE, P. (1973). *Goyette à Reisman*, 31 juillet, 2 p. ANC, RG 19, vol. 5513, dos. 5646-03-2, par. 3.

HANEY, W. L. (1969a). *Haney à Shoyama*, 22 octobre, 2 p. ANC, RG 19, vol. 5490, dos. 5508-08.

HANEY, W. L. (1969b). *Haney à Bryce*, 23 octobre, 1 p. ANC, RG 19, vol. 5490, dos. 5508-08.

HANEY, W. L. (1969c). *Haney à Bryce*, October 27, about *Established Programs Act*, 3 novembre, 3 p. ANC, RG 19, vol. 5490, dos. 5508-06, par. 1.

HANEY, W. L. (1970a). *Haney à Rubinoff*, 23 juillet, 4 p. ANC, RG 19, vol. 5490, dos. 5508-06, par. 1.

HANEY, W. L. (1970b). *Summary Record. Interdepartmental Committee on Federal Withdrawal from Social Policy Shared-Cost Arrangements*. First meeting, 17 novembre, 4 p. ANC, RG 19, vol. 5490, dos. 5508-06, par. 1.

HUNTER, J. (1972). *La Conférence des ministres provinciaux du Bien-être à Victoria des 27-28 novembre 1972, rapport confidentiel préparé à partir de notes de John Osborne*, Ottawa, Conseil privé, 21 décembre, 22 p. ANC, RG 29, vol. 1605, dos. 5.

JOHNSON, A. W. (1967). « Résumé de la proposition relative aux régimes à frais partagés, présenté par le ministre des Finances aux conférences fédérales-provinciales sur la fiscalité, à l'automne de 1966 », *Procès-verbal de la réunion du Conseil national du bien-être social, les 19 et 20 janvier*, Ottawa, annexe C, 39-44.

JOHNSON, A. W. (1970). *Johnson à Osbaldeston*, 24 novembre, 4 p. ANC, RG 19, vol. 5490, dos. 5508-06, par. 1.

JOHNSON, D. (1966a). « Déclaration de l'Honorable Daniel Johnson, Premier ministre de la province de Québec, au Comité sur le régime fiscal fédéral-provincial à Ottawa le 14 septembre », dans CANADA, *Actes de la 4ᵉ réunion du Comité fédéral-provincial du régime fiscal, (des 14 et 15 septembre)*, Ottawa, Imprimeur de la Reine, 51-61.

JOHNSON, D. (1966b). « Déclaration de l'Honorable Daniel Johnson, Premier ministre de la province de Québec, au Comité sur le régime fiscal fédéral-provincial à Ottawa le 26 octobre », dans CANADA, *Actes de la Conférence fédérale-provinciale Ottawa, 24-28 octobre 1966*, Ottawa, Imprimeur de la Reine, 74-77.

JOHNSON, D. (1990). *Égalité ou indépendance 25 ans plus tard à l'heure du Lac Meech*, (réédition du livre de 1965 avec une préface de Pierre Godin), Montréal, VLB Éditeur, 131 p.

KRONBERG, S. D. (1977). *Kronberg à Lynn : Outstanding Issues with Provinces*, 8 août, 2 p. ANC, RG 19, vol. 5492, dos. 5513-01, par. 2.

LALONDE, M. (1973). *Document de travail sur la sécurité sociale au Canada*, Ottawa, Gouvernement du Canada, 18 avril, 57 p.

LALONDE, M. et J. TURNER (1973). *Lalonde et Turner à Garneau*, 22 novembre, 4 p. ANC, RG 19, vol. 5513, dos. 5646-03-2, par. 3.

LEACH, D. J. (1971a). *Implications of Income Security Proposals of Federal and Provincial Governments*, The Cabinet Committee on Federal Provincial Relations, décisions prises à la réunion du 3 février, 3 p.

LEACH, D. J. (1971b). *Record of Cabinet Decision, Meeting of April 29*, 4 mai. ANC, RG 29/85-86/343, vol. 28, dos. 3301-3-C8, par. 2.

LEACH, D. J. (1971c). *Record of Cabinet Decision re Proposals for Amending the CAP, Meeting of May 6*, 7 mai, 2 p. ANC, RG 29/85-86/343, vol. 28, dos. 3301-3-C8, par. 2.

LEACH, D. J. (1971d). *Report on Federal-Quebec Discussions on Social Policy Matters*, relevé des décisions à la réunion du Cabinet du 13 mai, 18 mai, 1 p. ANC, RG 29/85-86/343, vol. 28, dos. 3301-3-C8, par. 2.

LEACH, D. J. (1971e). *Report on the Constitutional Conference*, relevé des décisions à la réunion du Cabinet du 18 juin, 21 juin, 2 p. ANC, RG 29/85-86/343, vol. 28, dos. 3301-3-C8, par. 2.

LEACH, D. J. (1971f). *The Constitutional Situation*, relevé des décisions à la réunion du Cabinet du 25 juin, 30 juin, 2 p. ANC, RG 29/85-86/343, vol. 28, dos. 3301-3-C8, par. 2.

LESAGE, G. (1973). « Politique sociale : Québec met entre parenthèses la primauté législative », *La Presse*, 28 avril, G.

MARIER, R. (1990a). *Entrevue faite par Yves Vaillancourt avec Roger Marier, à Québec, le 17 mai 1990*, transcription validée, 16 p.

MARIER, R. (1990b). *Entrevue faite par Yves Vaillancourt avec Roger Marier, à Québec, le 20 juillet 1990*, transcription validée, 20 p.

MARTIN, N. (1990). *Entrevue faite par Yves Vaillancourt avec Nicole Martin à Montréal, le 12 juin 1990*, transcription validée, 6 p.

MENDELSON, M. (1988). *Entrevue faite par Yves Vaillancourt avec Michael Mendelson à Winnipeg le 17 mars 1988*, transcription validée, 13 p.

MINISTÈRES DES FINANCES DU CANADA (MFC) (1968). *Notes on Federal Proposals in Respect of Continuing Well-Established Shared-Cost Programmes*, octobre, 10 p. ANC, RG 19, vol. 5590, dos. 5508-02, par. 5.

MFC (1970). *Briefing Paper. Federal Position on Withdrawal from Joint Programs with Compensation to the Provinces*, 27 juillet, 5 p. ANC, RG 19, vol. 5490, dos. 5508-06, par. 1.

MFC (1971). *Notes on Federal Position Respecting Withdrawal from Major Social Policy Shared-Cost programs*, 3 p. ANC, RG 19, vol. 5490, dos. 5508-06, par. 2.

MORIN, C. (1970a). *Morin à Shoyama*, 20 mai, 1 p. ANC, RG 19, vol. 5514, dos. 5646-05, par. 4.

MORIN, C. (1970b). *Morin à Shoyama*, 14 octobre, 1 p. ANC, RG 19, vol. 5514, dos. 5646-05, par. 4.

MORIN, C. (1970c). *Morin à Shoyama*, 4 novembre, 2 p. ANC, RG 19, vol. 5514, dos. 5646-05, par. 4.

MORIN, C. (1972). *Le pouvoir québécois... en négociation*, Montréal, Boréal, 208 p.

MORIN, C. (1988). *Entrevue faite par Yves Vaillancourt avec Claude Morin, à Sainte-Foy, le 18 mai 1988*, transcription validée, 17 p.

MORIN, C. (1990). *Entretien téléphonique de Yves Vaillancourt avec Claude Morin le 18 septembre 1990*, transcription non validée, 3 p.

MORIN, C. (1991). *Mes Premiers ministres*, Montréal, Boréal, 632 p.

MUNRO, J. (1970). *La sécurité de revenu au Canada*, Ottawa, ministère de la Santé nationale et du Bien-être social, 109 p.

MUNRO, J. (1971a). *Munro au Cabinet*, 2 février, 5 p. et annexe de 6 p. ANC, RG 19/85-86/343. vol. 28, dos. 3301-3-C6.

MUNRO, J. (1971b). *Munro au Cabinet*, 26 avril, 5 p. ANC, RG 29/85-86/343, vol. 28, dos. 3301-3-C8, par. 2.

MUNRO, J. (1971c). *Munro au Cabinet*, 3 mai, 5 p. ANC, RG 29/85-86/343, vol. 28, dos. 3301-3-C8, par. 2.

MUNRO, J. (1971d). *Munro au Cabinet*, 11 mai, 3 p. ANC, RG 29/85-86/343, vol. 28, dos. 3301-3-C8, par. 2.

MUNRO, J. (1971e). *Munro au Cabinet*, 31 mai, 3 p. ANC, RG 29/85-86/343, vol. 28, dos. 3301-3-C8, par. 2.

MUNRO, J. et J. TURNER (1972). *Munro et Turner à Garneau*, 21 mars, 4 p. ANC, RG 19, vol. 5513, dos. 5646-03-2, par. 3.

OSBORNE, J. E. (1985). « Evolution of the Canada Assistance Plan (CAP) », dans CANADA, *Task Force on Program Review, Service to the Public. Canada Assistance Plan*, Ottawa, Minister of Supply and Services, annexe 3, 57-92.

OUELLET, A. (1988). *Entrevue faite par Yves Vaillancourt avec Aubert Ouellet, le 23 juin 1988 à Québec*, transcription validée, 18 p.

PÉPIN, G. (1972a). *Summary of the Steps that Have Been Taken to Accommodate Quebec's Point of View*, printemps, 6 p. ANC, RG 29, vol. 1605, dos. 7.

PÉPIN, G. (1972b). *Canada Assistance Plan*, 12 mai, 3 p. ANC, RG 29, vol. 1605, dos. 7.

PÉPIN, G. (1972c). *Income Security*, 16 mai, 3 p. ANC, RG 29, vol. 1605, dos. 7.

PRÉFONTAINE, N. (1971). *Proposals for Amending the CAP*, Comité du Cabinet sur la politique sociale, réunion du 4 mai, 2 p. et annexe de 3 p. ANC, RG 29/85-86/343, vol. 28, dos. 3301-3-C8, par. 2.

QUÉBEC (1969a). *Propositions du gouvernement du Québec pour un arrangement définitif sur le retrait de certains programmes conjoints*, Québec, 10 octobre, 10 p. ANC, RG 19, vol. 5490, dos. 5508-08.

QUÉBEC (1971).*Loi sur les services de santé et les services sociaux*, dans *Lois du Québec, 1971*, chap. 48.

REISMAN, S. S. (1971). *Reisman à Morin*, 25 janvier, 1 p. ANC, RG 19, vol. 5514, dos. 5646-05, par. 5.

REISMAN, S. S. (1973a). *Reisman à Goyette*, 13 mars, 2 p. ANC, RG 19, vol. 5513, dos. 5646-03-2, par. 3.

REISMAN, S. S. (1973b). *Reisman à Goyette*, 27 août, 1 p. ANC, RG 19, vol. 5513, dos. 5646-03-2, par. 3.

REISMAN, S. S. (1973c). *Reisman à Goyette*, 27 novembre, 1 p. ANC, RG 19, vol. 5513, dos. 5646-03-2, par. 3.

ROBICHAUD, J.-B. (1988. *Entrevue faite par Yves Vaillancourt avec Jean-Bernard Robichaud entre Montréal et Ottawa le 5 mai 1988*, transcription non validée, 7 p.

ROBERTSON, R. G. (1971). *Robertson à Trudeau*, 4 février, 4 p. ANC, RG 29/85-86/ 343, vol. 28, dos. 3301-3-C3, par. 1. Texte reproduit intégralement dans *Le Devoir*, 24 octobre 1971, B-10.

ROY, M. (1973). « Lalonde, ravi, écoute Castonguay exprimer son entière satisfaction », *Le Devoir*, 28 avril, 1-2.

RUBINOFF, A. S. (1970). *Rubinoff à Calof*, 11 décembre, 1 p. ANC, RG 19, vol. 5514, dos. 5646-05, par. 4.

RYANT, J. (1988). *Entrevue faite par Yves Vaillancourt avec Joseph Ryant à Winnipeg le 11 mars 1988*, transcription non validée, 15 p.

SHARP, M. W. (1966a). « Déclaration de l'Honorable M. W. Sharp, ministre des Finances du Canada, au Comité sur le régime fiscal fédéral-provincial à Ottawa le 14 septembre », dans Canada, *Actes de la 4e réunion du Comité fédéral-provincial du régime fiscal, (des 14 et 15 septembre)*, Ottawa, Imprimeur de la Reine, 11-31.

SHARP, M. W. (1966b). « Déclaration de l'Honorable M. W. Sharp, ministre des Finances du Canada, au Comité sur le régime fiscal fédéral-provincial à Ottawa le 26 octobre », dans CANADA, *Actes de la Conférence fédérale-provinciale Ottawa, 24-28 octobre 1966*, Ottawa, Imprimeur de la Reine, 65-70.

SHOYAMA, T. K. (1970a). *Shoyama à Morin*, 28 avril, 3 p. ANC, RG 19, vol. 5514, dos. 5646-05, par. 4.

SHOYAMA, T. K. (1970b). *Shoyama à Morin*, 26 mai, 2 p. et 1 p. d'annexe, ANC, RG 19, vol. 5514, dos. 5646-05, par. 4.

SHOYAMA, T. K. (1970c). *Shoyama à Morin*, 2 juillet, 2 p. ANC, RG 19, vol. 5490, dos. 5508-06, par. 1.

SHOYAMA, T. K. (1972a). *Shoyama à Bélanger*, 19 avril, 1 p. ANC, RG 19, vol. 5513, dos. 5646-03-2, par. 3.

SHOYAMA, T. K. (1972b). *Shoyama à Bélanger*, 31 octobre, 3 p. ANC, RG 19, vol. 5513, dos. 5646-03-2, par. 3.

VAILLANCOURT, Y. (1991a). « Le Régime d'assistance publique du Canada : revue de la littérature québécoise et canadienne », *Canadian Review of Social Policy/Revue canadienne de politique sociale*, n° 27, mai, 20-33.

VAILLANCOURT, Y. (1991b). « Il y a 20 ans, Bourassa à la veille de Victoria », *Le Devoir*, 24-25 octobre.

VAILLANCOURT, Y. (1992a). « Les origines du RAPC examinées en mettant l'accent sur le rôle du ministère des Finances : une lecture québécoise (1960-1966) », article soumis à la *Canadian Review of Social Policy/Revue canadienne de politique sociale*, pour le n° 29 en mai ou le n° 30 en novembre.

VAILLANCOURT, Y. (1992b).« Un bilan québécois des quinze premières années du Régime d'assistance publique du Canada (1966-1981) : la dimension sociale », article soumis à *Service social*, vol. 41, n° 1, mai.

VEILLEUX, G. (1968a). *Veilleux à Shoyama*, 2 mai, 7 p. ANC, RG 19, vol. 4854, dos. 5508-2, par. 4.

VEILLEUX, G. (1968b). *Veilleux à Shoyama*, 11 juin, 2 p. ANC, RG 19, vol. 4854, dos. 5508-2, par. 4.

VEILLEUX, G. (1968c). *Discussion Paper on Federal Proposal with Respect to Well-Established Shared-Cost Programs*, 23 septembre, 3 p. ANC, RG 19, vol. 5490, dos. 5508-02, par. 5.

WILLARD, J. W. (1969a). *Willard Report*, Ottawa, Bureau du Conseil privé, volume I (rapport jamais rendu public).

WILLARD, J. W. (1969b). *Willard Report*, Ottawa, Bureau du Conseil privé, volume II (rapport jamais rendu public).

YZERMAN, R. (1988). *Entrevue faite par Yves Vaillancourt avec Ron Yzerman à Ottawa le 8 juin 1988*, transcription validée, 20 p.

Le Sommet
de l'Île de Hull

Marc BACHAND
*Comité des résidents et résidentes
de l'Île de Hull*

Après avoir dressé l'arrière-plan historique de l'Île de Hull et
décrit les transformations socio-économiques et démographiques
auxquelles ce quartier fut soumis, l'auteur présente les événements
qui ont précipité ce qu'on a appelé « Le Sommet de l'Île de Hull ».
Il présente les étapes de cette expérience d'organisation
communautaire, soit la préparation, le déroulement du Sommet
et son évaluation.

Pendant quelques années, les enjeux urbains semblaient avoir disparu du champ d'activité du travail communautaire. Toutefois, la lutte urbaine est tout aussi permanente que la lutte pour conserver les quelques gains des politiques sociales, et le Sommet de l'Île de Hull en est un exemple. Cet événement est d'autant plus significatif que ce milieu a connu un énorme bouleversement à la fois géographique, économique et démographique. Pendant des années, la population résidante a vécu avec l'image que son environnement ne valait rien et qu'il n'y avait plus aucun espoir pour ce quartier ravagé par la criminalité, la pauvreté, la spéculation, les incendies d'origine douteuse sinon criminelle, les démolitions (Poirier, 1986). Et pourtant, dans un sursaut d'énergie, la population de l'Île de Hull a réaffirmé sa volonté de vivre et de mieux vivre. Mais avant de présenter le « Sommet », il nous faut faire un bref détour historique pour situer le contexte dans lequel il s'est déroulé.

ARRIÈRE-PLAN HISTORIQUE

L'histoire récente de Hull se résume dans ce constat lapidaire : c'est l'histoire de la quasi-annexion de Hull à la ville d'Ottawa pour créer la région de la capitale nationale. « Hull se trouve en face d'Ottawa, sur l'autre rive de la Rivière des Outaouais, et brièvement cela constitue l'origine de sa triste histoire » (Flood, 1980 : 13).

Jusqu'au début des années 70, la transformation de la capitale nationale n'avait pas encore eu beaucoup d'impact sur l'Île de Hull. Cependant, après avoir aménagé la cour avant du Parlement – le centre-ville d'Ottawa –, l'État fédéral procédait à l'aménagement de la cour arrière qu'est l'Île de Hull. Cet aménagement était d'autant plus nécessaire que l'espace commençait à manquer ou coûtait très cher à Ottawa, alors que l'Île de Hull était à vendre à cause de son dépérissement industriel. Cet empiétement de la capitale nationale provoqua la mutation extrêmement brutale de Hull : de petite ville industrielle qu'elle était dans les années 50 et 60, elle est devenue une ville de fonctionnaires dans les années 90, et l'industrie y est presque totalement disparue.

Une redéfinition aussi radicale du centre-ville nécessita un réaménagement complet du réseau routier de même qu'une nouvelle utilisation de l'espace urbain. On ne compte plus les grands projets qui ont défiguré l'Île de Hull : Maisonneuve, Aire 6, Place du Centre, autoroute Cartier-MacDonald, Imprimerie, Saint-Laurent, Chaudière, Place du Portage. Dans tous ces cas, des pâtés de maisons ont été rasés pour être remplacés par des autoroutes ou des immeubles à bureaux. Le gouvernement fédéral s'est aussi permis de construire deux gigantesques centres administratifs dans lesquels s'engouffrent chaque matin plus de 30 000 fonctionnaires; on n'y retrouve hélas ! pas beaucoup de résidents de Hull. Pour ne pas être en reste, le gouvernement du Québec a construit un centre administratif provincial; de son côté, la municipalité s'est dotée d'un nouvel hôtel de ville ainsi que d'un centre de congrès que fréquentent les fonctionnaires municipaux et provinciaux. Dernière addition : le Musée des civilisations dont l'ouverture a été soulignée à l'été 1989. L'architecture de cet édifice est saisisssante et a été maintes fois vantée dans les milieux de l'urbanisme; le musée a déjà attiré plus de 700 000 visiteurs dont bien peu sont des résidents de Hull, et encore moins de l'Île. Comme on s'en doute, cet aménagement nécessita la collaboration active des divers niveaux de gouvernement, tant canadien que québécois et municipal.

Les résultats de ce réaménagement furent catastrophiques pour l'Île de Hull. Tout d'abord, de nombreuses usines durent fermer leurs portes, entraînant une hausse importante du chômage dans ce secteur de la ville. Ensuite, les nouvelles constructions ont nécessité la démolition de logements. De 1968 à 1974, on assiste à l'expropriation et à la démolition de 1 531 logements. Ces démolitions constituaient une coupure de 10 % dans le stock de logements de la ville et, encore plus affreux, de près de 25 % de l'ensemble des logements du quartier populaire de l'Île (Bachand, 1975 : 13). Cette disparution de logements bon marché entraîne à son tour « une diminution constante de population au cours des 35 dernières années, passant de 25 000 personnes en 1951 à 12 780 en 1986, représentant ainsi une baisse de près de 50 % » (Hull, 1987 : 26).

Il se produit alors une double migration. D'abord, ceux qui en ont eu la possibilité ont fui l'Île pour aller s'établir ailleurs. Cet exode a eu pour effet d'accentuer encore plus l'étalement urbain par la « banlieusardisation », mais il a entraîné aussi des conséquences encore plus importantes : en quittant leur communauté, les jeunes adultes emportaient avec eux un potentiel de reproduction, accentuant ainsi la dénatalité dans ce milieu. Les effets de cet exode sur le nombre d'enfants de 0 à 4 ans commencent tout juste à se faire sentir en 1986 et devraient s'accentuer au cours des cinq ou dix prochaines années (Conseil des affaires sociales, 1989 : 33).

Pourtant, en même temps que le quartier dépérissait et perdait ses premiers habitants, d'autres arrivaient, alléchés par l'aubaine : l'annexion du centre-ville de Hull au centre-ville d'Ottawa, la proximité du Parlement, la présence de berges et de parcs ont fait que l'Île est devenue un lieu privilégié pour l'implantation de condomininums de luxe, ou encore la rénovation de propriétés en moins bon état. Les espaces du centre-ville laissés vacants subissent un processus de « gentrification » : le bâti existant est transformé en logements de grand luxe, et la construction de condominiums suit de près la démolition de logements moins chers. Sont demeurés dans l'Île les ménages plus pauvres qui ne pouvaient se permettre de déménager, accentuant par le fait même la détérioration du milieu bâti que constitue le centre-ville.

Ce double mouvement migratoire fait que la population traditionnelle de l'Île cède graduellement sa place à une population nouvelle, plus jeune, plus riche, sans enfant et très souvent anglophone. Cette « gentrification » semble le plus grand danger qui guette l'Île actuellement.

L'ÉVÉNEMENT CATALYSEUR

Une telle chute démographique a aussi eu de très lourdes conséquences sur les équipements collectifs : nombreuses fermetures d'école, deux fermetures d'églises, déménagement du siège épiscopal, etc. C'est d'ailleurs à l'occasion de la fermeture d'une école – l'école Reboul – qu'a germé l'idée du « Sommet ». La lutte contre la fermeture de cette école a permis une large mobilisation de la population du quartier : certaines assemblées regroupaient jusqu'à 350 personnes. À notre avis, l'ampleur d'une telle mobilisation des résidentes et des résidents s'explique par plusieurs facteurs.

Dès le départ, cette lutte ne fut pas présentée comme étant une opposition à la fermeture d'une école, mais bien comme une bataille pour la survie du quartier. L'élargissement du débat permettait de tenir un discours positif (*pour* le quartier) et non seulement négatif (*contre* la fermeture). Ensuite, l'école Reboul, par son modèle pédagogique innovateur, faisait figure de symbole dans le quartier. À chaque année, les enfants de cette école réalisaient un spectacle dont la présentation durait une semaine. Cette réalisation avait d'ailleurs fait l'objet de nombreux articles, et la télévision nationale lui avait même consacré de nombreux documentaires. L'école Reboul était devenue un symbole de la capacité de faire, de réaliser, de contrôler. Finalement, malgré que la bataille pour l'école ait été perdue, elle avait réussi à susciter un étonnant regain d'énergie dans la population; surtout, elle avait favorisé le développement d'un large consensus à l'effet qu'il fallait travailler à protéger l'Île de Hull. Le sentiment d'impuissance généré par les nombreuses expropriations avait un peu diminué.

Après six mois de luttes intensives, le curé de la paroisse formula l'idée du « Sommet » lors d'une entrevue avec un journaliste. Quelques jours plus tard, l'éditorialiste du quotidien local (*Le Droit*) reprend l'idée et avance, en parlant des résidents et des résidentes de l'Île, que le « [...] sommet demeure avant tout un outil pour façonner leur avenir, afin de ne pas subir celui qu'on leur réserve » (Maltais, 1989).

Ces états généraux de la population de l'Île étaient rendus nécessaires en raison des nombreuses expropriations, de l'exode de la population et des transformations du quartier.

De tels états généraux ne sont pas nécessaires dans tous les secteurs d'une agglomération urbaine. Il n'est nul besoin de demander à un secteur résidentiel moderne de définir quel est son projet d'avenir. Ce projet va de soi par l'unicité de la fonction du secteur, aussi bien que par la composition socio-démographique du secteur (Bachand, 1989b).

L'enjeu du Sommet était et continue d'être que le quartier bénéficie lui aussi de la richesse collective qui se traduit par la répartition des investissements du gouvernement municipal et le plan d'urbanisme.

LA PRÉPARATION DU SOMMET

La composition du comité organisateur du Sommet devait être représentative des principales forces des résidents et des résidentes de l'Île : on y retrouvait les coopératives d'habitation, l'Église de la base et les groupes populaires. L'importance de chacune de ces organisations était telle que l'absence de l'une ou de l'autre d'entre elle risquait d'enlever toute crédibilité politique au Sommet. Pour obtenir une véritable prise de parole par la population, nous avons choisi d'utiliser la capacité de mobilisation de l'Église. Celle-ci était, et demeure, le groupe le plus présent sur l'Île. C'est elle qui favorise le regroupement le plus large possible; c'est elle qui, encore en 1989, constitue l'organisation la plus souple et la plus efficace pour rejoindre le plus grand nombre de personnes.

Un regroupement aussi large, aux intérêts parfois divergents, ne pouvait faire autrement qu'entraîner de nombreux problèmes de fonctionnement. Le formalisme administratif des coopératives, la prise de décision par consensus des groupes populaires et la puissance organisationnelle de l'Église n'ont pas été sans susciter des tensions. Toutefois, malgré ces difficultés, les membres du comité organisateur se sont entendus dès le départ sur une grande orientation qui ne fut jamais remise en question par la suite : que la population prenne la parole, qu'elle s'interroge sur son milieu de vie et les services qui lui sont offerts, et qu'elle identifie ses besoins. L'objectif ultime fut d'obtenir un large consensus sur les prochaines étapes de développement de l'Île, à tous les niveaux de la vie dans l'Île et d'en arriver à formuler un projet collectif qui orientera les vingt prochaines années (Sommet de l'Île, 1989).

Une fois cette orientation générale arrêtée, le comité organisateur élabora une stratégie permettant une prise de parole par la population et par les diffférents intervenants (CLSC, Direction de la protection de la jeunesse, Église, coopératives, politiciens, la Ville de Hull, l'État fédéral, l'État provincial, etc.). Afin d'éviter que les intervenants ne prennent toute la place, empêchant ainsi la population de s'exprimer, le comité a utilisé la formule des sommets sectoriels. Ces sommets sectoriels consistaient à regrouper des personnes partageant les mêmes intérêts et à permettre à ce sous-groupe d'exprimer sa vision de l'Île : personnes âgées, jeunes, adolescents, handicapés physiques et mentaux, commerçants, urbanistes, conseillers municipaux, députés et ministre, enfants, caisses populaires. Le comité d'organisation a tenu une quinzaine de ces sommets.

Chaque sous-groupe devenait ainsi partie prenante de l'existence du Sommet. De cette façon, le comité organisateur a pu rencontrer tous et chacun sans qu'aucun ne puisse imaginer exercer une prise de contrôle sur les autres : tous ont pu exprimer leur propre point de vue et l'importance de tous et chacun a ainsi été reconnue. De plus, nous avons pu commander une dizaine d'études techniques permettant de mieux cerner la situation réelle de l'Île : la criminalité, les terrains vacants, la spéculation, la démographie, la situation socio-économique, etc. Ces études ont été réalisées par les organismes responsables de chacun des dossiers.

L'organisation du Sommet, pour donner la parole à la population, se devait aussi de trouver la façon de lui permettre d'exprimer ses désirs et de se prononcer sur son avenir. Afin d'obtenir l'opinion des résidentes et des résidents de l'Île, le comité organisateur leur a posé quatre questions :

- Quels sont les problèmes de l'Île de Hull ?
- Que faire pour les résoudre ?
- Comment voyez-vous l'Île de Hull dans 20 ans si rien n'est fait ?
- Comment rêveriez-vous de l'Île de Hull si vous en aviez les moyens ? (Bachand, 1989a).

Comme le but de cette enquête était de découvrir les véritables préoccupations de la population, nous avons retenu un mode de questionnement large et souple permettant une véritable prise de parole. Il nous semblait qu'une enquête genre sondage d'opinion n'aurait fait qu'imposer une vision élaborée par les créateurs du questionnaire. Nous avons ainsi interrogé 400 personnes de façon individuelle.

Pour contrer la mauvaise image que la population de l'Île de Hull avait d'elle-même, et aussi pour se faire connaître, le comité organisateur a doté l'Île de Hull d'un emblème floral. La fleur retenue fut la rudbekia, une marguerite jaune à cœur brun foncé : elle était la fleur idéale car c'était une fleur indigène demandant peu d'entretien et comme le disait notre publicité : « À l'image des gens de l'Île, elle ne demande qu'un peu de soleil pour fleurir ». Nous avons distribué plus de mille sachets de semence aux gens de l'Île.

La collaboration offerte par les différents niveaux de gouvernement et par tous les intervenants fut appréciable. Elle s'explique cependant par le fait qu'il n'existe aucun projet d'envergure à l'heure actuelle. Les instances fédérale, provinciale aussi bien que municipale sont en panne d'idées concernant le redéveloppement de l'Île. Les résidentes et résidents profitent ainsi d'une conjoncture leur permettant d'influencer la vie collective de l'Île. Par le Sommet, il fallait faire en sorte que la population de l'Île se réapproprie son milieu de vie et dégage une volonté claire de continuer à vivre ici et ce, pour longtemps : la survie de l'Île dépend de la vigilance déployée quotidiennement. À la suite d'une rencontre avec l'ensemble des autorités politiques municipales, provinciales et fédérales, il a été convenu de laisser la population s'exprimer sans avoir à polémiquer avec les représentants politiques. C'est ainsi que nous avons pu profiter du silence « bienveillant » des édiles de diverses allégeances.

L'autre facette du problème était de nature plus technique : il s'agissait de situer le Sommet dans le cadre de l'élaboration du plan d'urbanisme de la Ville de Hull et de permettre aux citoyens d'influencer de façon significative le développement de leur environnement urbain.

> Une des grandes difficultés de l'urbanisme actuel provient justement de son efficacité à embrasser un univers conceptuel toujours plus large. Cette redoutable efficacité de l'urbanisme constitue son talon d'Achille, en ce sens qu'il est de plus en plus difficile de traduire toutes les variables retenues en un langage aisément accessible à l'ensemble de la population.

> D'un autre côté, il devient de plus en plus difficile pour la population d'exprimer son point de vue car justement, celui-ci n'est qu'une des variables retenues par l'urbanisme. Il en résulte des difficultés de communications respectives, l'urbanisme s'enfermant de plus en plus dans un univers technique, tandis que la population se désintéresse des choses qu'elle est de moins en moins en mesure de comprendre.

> Le Sommet de l'Île se veut un interface permettant de traduire à la population les enjeux urbains actuels tout en se mettant à l'écoute des désirs de la population. Ces désirs devant eux-mêmes être traduits en consensus permettant de diriger la réflexion urbanistique (Bachand, 1989b).

Le principal défi du Sommet était de vulgariser la problématique urbaine de l'Île, de la rendre accessible à la population résidante et de prendre des positions concrètes. Le second était de rendre compte de l'ensemble de la démarche des sommets sectoriels. Dans cette aventure, nous avions à tenir compte d'un facteur souvent sous-estimé, soit le très haut taux d'analphabétisme au Québec et dans la classe populaire en particulier.

Non seulement fallait-il préparer le Sommet, mais encore les organisateurs devaient savoir s'ils avaient réussi à rejoindre la population. Ils mirent leur réseau à l'épreuve en organisant un souper communautaire auquel le milieu fut invité. Ce fut un vrai succès : c'était le signe que l'information circulait bien, que le réseau était efficace, et que le milieu était organisé.

LE DÉROULEMENT DU SOMMET

Samedi, le 25 novembre 1989, plus de deux cents résidents et résidentes du quartier se rencontraient pour tenir le Sommet de l'Île de Hull. Pour donner véritablement la parole à la population et pour permettre de dégager un consensus le plus large possible, il était nécessaire que l'organisation même de la journée soit la moins contraignante possible tout en étant assez directive pour éviter l'éparpillement.

Un diaporama constituait le coup d'envoi de la journée : on y présentait l'histoire du quartier, les enjeux urbains, les problèmes sociaux du quartier. Ce document audiovisuel voulait non seulement présenter un survol de l'ensemble de la problématique de l'Île mais aussi susciter un sentiment de confiance. Ensuite, les participants étaient dirigés vers l'atelier qu'ils avaient choisi. Les résultats des sommets sectoriels et de l'enquête fournirent le thème des ateliers. Chacun de ces ateliers commençait par une présentation orale dont les idées étaient soumises à la discussion.

Les thèmes abordés furent les suivants : itinérance, vieillissement, jeunes, ethnies; propreté, sécurité, centre-ville, circulation; terrains vagues, « gentrification », coopératives. Chacun ne participait qu'à un seul atelier durant toute la journée : cette précaution avait été prise dans le but de s'assurer que les personnes soient en mesure d'arriver à un consensus et de dégager une ou deux priorités. On évitait ainsi que la plénière ne soit qu'une présentation d'une liste d'épicerie tellement longue qu'elle ne voudrait plus rien dire. Au cours de cette journée, le seul document écrit présenté aux participants et participantes fut le questionnaire d'évaluation de la journée.

ÉVALUATION

Comme le disait le journaliste Murray Maltais dans son éditorial cité précédemment, l'enjeu du Sommet était de taille pour les résidents et résidentes de l'Île : il s'agissait de la survie ou de la disparition du quartier. Les prophètes de la disparition s'étaient déjà exprimés, comme le tonnait déjà l'ancien député et ministre Oswald Parent : « D'ici l'an 2000, le quartier résidentiel de l'Île sera rasé ». Il s'agissait donc pour les partisans de la survie de démontrer qu'ils étaient en mesure de s'opposer à ce processus de dégradation de l'environnement social et économique.

À tout point de vue, la journée du Sommet fut un succès tant par le nombre de participants et de participantes que par l'évident désir de vivre dans l'Île. Le questionnaire d'évaluation nous a permis de constater le très haut niveau de satisfaction, aussi bien en ce qui avait trait au déroulement (80 %) qu'au contenu (75 %). De plus, il s'est dégagé une volonté ferme de cette population de se réapproprier son quartier et son milieu de vie. Le message politique lancé aux autorités municipales était de faire en sorte que les transformations du quartier se fassent en fonction des intérêts des résidentes et des résidents.

Il ne fait pas de doute que la population de l'Île est et sera encore confrontée aux attaques répétées des promoteurs immobiliers, des planificateurs municipaux, provinciaux et fédéraux. Au moment d'écrire ces lignes, des dizaines sinon des centaines de résidentes et de résidents de l'Île ont semé des rudbékia. Ce geste symbolique démontre, plus que tout discours, que nous avons contribué à redonner une fierté à vivre dans l'Île. Le Sommet n'aurait réussi que cela qu'il eût été un succès. De plus, il a permis de démontrer que les gens sont en mesure de se prendre en charge, non seulement au niveau de leur vie collective, mais aussi de leur vie privée.

Plus concrètement, le Sommet a permis de réaliser deux gains. Le premier est que lors de la refonte du plan d'urbanisme de l'Île de Hull, on a obtenu de délimiter clairement ce qui constitue le centre-ville. Il a été possible de très bien délimiter la zone résidentielle, ce qui lui permet pour l'instant de résister à l'empiétement du secteur commercial sur le secteur résidentiel de même que l'extension du centre-ville. De ce point de vue, nous pouvons affirmer que la population a remporté une certaine victoire : la tenue du Sommet a permis de faire progresser le concept de patrimoine et de cerner un peu mieux la notion de qualité de vie urbaine.

Un autre gain a été celui de faire adopter par le conseil municipal hullois une politique concernant les terrains de stationnement. Les développeurs avaient coutume de démolir des logements au lieu de les rénover et de transformer le lot en terrain de stationnement, dans l'attente d'une meilleure affaire. Cette déchirure du tissu urbain fut stoppée. Sur de multiples autres questions, le nouveau plan d'urbanisme correspond un peu mieux aux intérêts des résidentes et rédisents de l'Île. À tout le moins, nous sommes en mesure d'assurer l'existence d'un milieu résidentiel viable pour un certain temps.

Le défi que devaient relever les organisateurs et organisatrices du Sommet était celui de structurer un regroupement qui pourrait promouvoir notre désir collectif de vivre et de transformer le quartier de l'Île. Le comité d'organisation du Sommet a cédé la place au Comité des résidentes et résidents de l'Île de Hull (CRRIH). Dans la foulée des décisions prises au Sommet, le CRRIH a mis de l'avant les revendications des gens du quartier et a été actif dans la refonte du plan d'urbanisme de la Ville de Hull. Les formes organisationnelles demeurent toujours du domaine de l'art du possible, comme le soulignaient Piven et Cloward (1977), et il en est ainsi du regroupement issu du colloque. Le CRRIH a présenté les mêmes faiblesses que la rencontre qui lui a donné naissance : il a dû également créer une synergie entre les groupes d'intérêts parfois divergents. L'Église constitue un agent puissant dans le milieu mais elle se divise elle-même en plusieurs tendances : on peut distinguer l'Église traditionnelle, l'Église institutionnelle, l'Église charismatique dont les dernières élections municipales de Hull ont démontré la présence grandissante. Les liens entre les coopératives d'habitation et l'ensemble de la population sont fort ténus, et il en est ainsi de l'élite coopérative avec la masse des coopérants. Enfin, les groupes populaires n'ont pas l'énergie nécessaire pour prendre en charge une organisation politique qui se ferait le porte-parole des intérêts du quartier.

Un tel regroupement tend à rechercher le plus bas dénominateur commun, mais au détriment d'une position politique significative. Bref, le Sommet n'a pas encore trouvé de véhicule politique capable de traduire efficacement les aspirations qu'il a identifiées mais l'avenir n'aime pas qu'on doute de lui. Chose certaine, la pratique sociale finit par éclaircir les problèmes sur lesquels la théorie se bute !

CONCLUSION

Le Sommet constitue un autre exemple du renouveau de la question urbaine dans les luttes sociales. Deux facteurs expliquent cette résurgence. D'une part, comme le décrit le Conseil des affaires sociales dans *Deux Québec dans un* (1989), l'Île de Hull connaît les mêmes problèmes que les autres centres urbains du Québec : ils se vident des cohortes de population plus jeunes, les 15-34 ans, et ayant un meilleur revenu. Reste alors une population sans revenu ou presque, souvent dépendante des institutions des affaires sociales et qui a besoin d'un important recyclage professionnel ou un supplément de formation pour réintégrer le marché du travail (Conseil des affaires sociales, 1989 : 59).

Les conclusions de cette étude sont par ailleurs percutantes et confirment en tout point les liens entre la véritable rénovation urbaine et l'organisation communautaire : « Et, puisque les personnes à problèmes multiples sont regroupées et localisées, pourquoi ne pas envisager de moyens d'action communautaire en santé, en services sociaux et en éducation qui s'adresseraient aux groupes autant qu'aux individus » (Conseil des affaires sociales, 1989 : 111).

Cette suggestion du Conseil des affaires sociale résume en fait ce qui fut, et continue d'être, tenté par le Sommet de l'Île sauf qu'au lieu de venir de l'extérieur, il s'agit de faire surgir ce processus de la population elle-même. Les résidentes et les résidents ont entrepris de s'organiser. Cette volonté de réappropriation constitue le second facteur de la résurgence de la lutte urbaine : la crise actuelle de l'État-providence nous interpelle à tous les niveaux, même au niveau de l'aménagement de notre milieu de vie. De plus, l'affaiblissement de l'État encourage l'initiative des citoyens qui peuvent reprendre le contrôle qu'on leur avait enlevé.

Ce mouvement d'appropriation du milieu de vie – et non du seul habitat – pose des points d'interrogation à plus d'un niveau. Il peut être interprété comme la convergence d'une pastorale sociale issue en partie de la théologie de la libération avec le déclin – toujours relatif – des classes moyennes que l'on trouve dans les coopératives de logement. Il peut aussi être compris comme étant la manifestation des nouveaux mouvements sociaux (Habermas, 1982; Melucci, 1978; Offe, 1986). Il pourrait tout aussi bien s'agir d'un phénomène de continuité des luttes urbaines à Hull (Bachand, 1980; Poirier, 1986).

Bibliographie

BACHAND, MARC et al., (1975). *L'habitation à Hull : programme quinquennal*, Hull, Service d'urbanisme.

BACHAND, Marc (1980). « Comité de citoyens et enjeux urbains à Hull », *Revue internationale d'action communautaire*, n° 4/44, automne, 134-141.

BACHAND, Marc (1989a). *Propositions pour l'organisation du Sommet de l'Île*, Procès-verbal du Sommet, avril, Hull.

BACHAND, Marc (1989b). « Sommet de l'Île », *Communauté régionale de l'Outaouais : Plan*, octobre, Hull.

CIMON, Jean (1979). *Le dossier outaouais : réflexion d'un urbaniste*, Québec, Éditions Pélican.

CONSEIL DES AFFAIRES SOCIALES (1989). *Deux Québec dans un*, Gaëtan Morin et Gouvernement du Québec.

CÔTÉ, C. et C. BARRIAULT (1987). *Les disparités entre les populations en besoin et la répartition géographique des ressources disponibles*, Conseil régional de la santé et des services sociaux, Hull.

COMMUNAUTÉ RÉGIONALE DE L'OUTAOUAIS (1989). *Cahier statistique*, Communauté régionale de l'Outaouais, Hull.

FLOOD, D. (1980). « Hull and Québec : Several Days in the Networks », *Haversack, A Franciscan Review*, vol. 3, n° 4, avril.

FORTIN, Denis (1988). *Riches contre pauvres*, Québec, Les Éditions Autogestionnaires.

HABERMAS, Jurgen (1982). « New Social Movements », *Telos*, n° 49, 33-37.

GRÉBER, Jacques (1950). *Projet d'aménagement de la capitale nationale*, Ottawa, Imprimerie du Roi.

LUTZ, Buckart (1972). « Rélexion sur le problème sociologique de la ville », *Sociologie et sociétés*, vol. 4, n° 1.

MALTAIS, M. (1989). « Le Sommet de la survie », *Le Droit*, 17 mai.

MELUCCI, Alberto (1978). « Société en changement et nouveaux mouvements sociaux », *Sociologie et société*, vol. 10, n° 2, 37-52.

OFFE, Claus (1985). « New Social Movements : Challenging the Boundaries of Institutional Politics », *Social Research*, vol. 52, n° 4, 817-838.

POIRIER, Roger (1986). *Qui a volé la rue principale ?*, Montréal, Éditions Départ.

PIVEN, F. F. et R. A. CLOWARD (1977). *Poor People's Movements*, New York, Vintage.

Professionnalisme, affirmation et dissidence en protection de la jeunesse

Luc BERNARD

Jean-Marie DORÉ

Paul LANGLOIS
Centre de services sociaux de Québec

À l'heure où les grosses bureaucraties comme les Centres de services sociaux (CSS) font croire à un mode de fonctionnement irréversible qui les amènerait, une fois structurés et lancés, à ne plus être en mesure de corriger leur trajectoire technocratique, de l'avis de Maheu et Descent (1990 : 44), une vague de protestation prend peu à peu son essor quelque part au sein du service de la protection de la jeunesse et du service enfance-famille du CSS de Québec. De la manière la plus inattendue, une volonté nouvelle de réappropriation des pratiques surgit chez les intervenants et intervenantes de ce secteur.

UNE MACHINE DE TERREUR

Le 9 août 1991, une fillette de deux ans fait une chute du troisième étage d'un édifice situé dans le quartier Saint-Roch à Québec. L'enfant s'en tire avec une fracture et des ecchymoses. Le lundi suivant, le *Journal de Québec* souligne l'événement avec force. Le quotidien présente la version pathétique du père, responsable de l'enfant, qui cherchait à la voir à l'hôpital « malgré l'interdiction de la DPJ ». Le lendemain, une avocate de pratique privée fait une déclaration percutante contre la Direction de la protection de la jeunesse (DPJ). Elle attaque directement la crédibilité des intervenants et intervenantes, parle d'abus de pouvoir, de machine de terreur... Le jeudi, un groupe d'avocats et d'avocates se joint à celle-ci pour faire monter l'enchère des accusations : la DPJ placerait des enfants pour la vie et utiliserait des critères arbitraires. Pire encore, tout en se retranchant derrière l'anonymat, une des avocates recommande de ne plus signaler à la DPJ.

Des effets pernicieux font immédiatement leur apparition : baisse anormale des signalements à l'Urgence sociale le soir, déclarants qui désirent retirer leur signalement, téléphones disgracieux à l'endroit des intervenants, etc. C'en est trop ! À l'initiative du professionnel impliqué dans l'histoire, une démarche est entreprise conjointement avec le syndicat pour faire pression auprès de la direction de l'établissement. On demande à ce que le directeur général prenne position publiquement et que la riposte s'organise sur le champ. Un consensus s'articule finalement autour des actions suivantes : plainte à la direction du *Journal de Québec* et au Conseil de presse en regard du manque d'éthique d'une journaliste, plainte au syndic du Barreau contre une avocate, intervention auprès des ministères de la Justice et des Affaires sociales pour qu'ils prennent position, conférence de presse et collaboration accentuée avec les médias écrits dans le but de rétablir les faits.

LA RÉVOLTE ÉCLATE

À Québec, le 2 octobre 1991, la première page du journal *Le Soleil* titre avec fracas « La révolte éclate à la DPJ ». En effet, la direction annonce deux mesures. Premièrement, outre leur travail quotidien, les intervenants devront assumer la responsabilité d'un jour de garde rotatif. Ceci signifie que périodiquement, les supérieurs pourront exiger des intervenants de traiter prioritairement des situations urgentes et imprévues. Deuxièmement, le contrat d'un salarié remplaçant ne sera pas prolongé, en dépit d'un surcroît de travail. Après avoir été saisis de cette information, les 50 intervenants et intervenantes de la prise en charge du CSS de Québec prennent la décision de se soustraire à cette garde rotative. Ils et elles font de plus circuler une pétition et décident d'alerter l'opinion publique sur les dangers de l'alourdissement de leur tâche ainsi que du fardeau administratif. Rapidement, une vaste couverture médiatique s'enclenche : télévisions, radios et journaux offrent alors aux porte-parole du groupe une occasion privilégiée de faire état des problèmes de gestion autoritaire, contrôlante, voire industrielle de la production de service qu'ils et elles ont la responsabilité d'offrir.

Interpellée, la direction de l'établissement convient que le système est engorgé et qu'on lui impose, au surplus, des compressions. Mais, fait-elle valoir, ne faut-il pas voir avec le ministère de la Santé et des Services sociaux (MSSS) lui-même, ce qu'il en est du manque de ressources ? Le MSSS ne fait pas attendre ses réactions et prend alors l'initiative de convoquer des représentants du personnel de tous les CSS de la province pour mesurer l'ampleur des difficultés soulevées. Une rencontre entre les intervenants et le ministre Côté, accompagné de ses experts (Harvey, Jasmin, Bouchard) et de quelques hauts fonctionnaires, a donc lieu le mercredi 16 octobre. Le Ministère écoute attentivement, se dit sensibilisé, et clôt la rencontre sur la promesse de donner des suites.

Parallèlement aux actions et à la mobilisation des professionnels, le syndicat de l'établissement décide d'assumer un rôle complémentaire important. Ainsi, en plus de transmettre aux journalistes la position syndicale sur la question, il entreprend d'établir des contacts avec les autres syndicats concernés de manière à susciter des prises de position à l'échelle provinciale. Il invite de plus la deuxième vice-présidente de la CSN à amorcer certaines représentations politiques. Par ailleurs, le syndicat demande à l'employeur de réactiver le Comité de bien-être des salariés, prévu à la convention collective, qui a pour but principal d'étudier les plaintes relatives au fardeau de la tâche. Une nouvelle rencontre se tient avec des représentants du Ministère, visant à soutenir l'action des intervenants. On examine, enfin, avec le personnel de la prise en charge, comment un certain support technique peut être apporté par le syndicat en vue de permettre une plus grande articulation des demandes.

EN GUISE DE RÉFLEXION

Les événements médiatisés survenus au CSS de Québec à l'été et à l'automne 1991 constituent un double processus d'affirmation tourné aussi bien vers l'extérieur qu'au cœur des professions. Des intervenants et intervenantes, accusés de tous côtés, entraînent leur établissement à formuler des plaintes formelles contre des détracteurs aux manœuvres et intentions douteuses. Ils fixent donc un seuil de respectabilité qu'ils entendent faire respecter. Peu après, un groupe d'intervenants et d'intervenantes refuse avec éclat de réduire la pratique de leur profession au plus simple dénominateur commun de leur titre d'emploi, « Agent de relations humaines », davantage lié, pour l'employeur, à l'application de programmes et de directives institutionnelles et légales, plutôt qu'aux besoins de la clientèle (Bernard, 1991 : 6-7). Cette réduction remet dangereusement en question l'éthique professionnelle et la déontologie minimale à préserver pour l'exercice des professions en sciences humaines.

Pour sa part, privilégiant le traitement en commun des questions à la fois d'ordre professionnel et organisationnel[1], et conscient de la nécessité de le faire, le syndicat s'associe d'abord pleinement à une démarche visant à interpeller la direction de l'établissement. Au cours d'un second événement, par ailleurs, il juge qu'il vaut mieux ne pas interférer dans le mouvement spontané des professionnels et professionnelles en se montrant plus discret, mais non moins actif dans des activités complémentaires de support.

Globalement, de nouvelles exigences prennent forme au sein d'un personnel qui se montre moins disposé que jamais à vivre l'expérience quotidienne de l'exclusion quant à la définition de sa pratique professionnelle. De plus en plus réduits à la fonction d'exécution, les intervenants cherchent désormais à investir les autres fonctions énumérées à leur titre d'emploi, notamment la conception, l'actualisation, l'analyse et l'évaluation de leur pratique sociale.

Bibliographie

BERNARD, L. (1991). «Le titre d'emploi ARH : notion et impacts», *Professionnelles-ls, Services Sociaux et Syndicalisme*, Le journal du syndicat des professionnelles et professionnels des services sociaux de Québec, SPSSQ, vol. 2, n° 3, septembre, 6-7.

LANGLOIS, P. (1991). «Le social... de Côté : un colloque avec pour tête d'affiche l'intervention sociale», *Nouvelles pratiques sociales*, vol. 4, n° 1, printemps, 193-196.

MAHEU, L. et D. DESCENT (1990). «Les mouvements sociaux : un terrain mouvant», *Nouvelles pratiques sociales*, vol. 3, n° 1, printemps 1990, 41-51.

---

1. En février 1991, la CSN a tenu un colloque sur l'intervention sociale où, pour une rare fois, les participants ont traité à la fois des aspects professionnels et organisationnels de leur pratique. À ce sujet, voir le compte rendu de Paul LANGLOIS (1991).

❖ La démocratisation dans les établissements : côté cour, côté jardin

Jacques FOURNIER
CLSC Longueuil-Ouest

Le projet de loi 120 a été adopté après les tiraillements que l'on connaît et confirme la réforme du système de santé et des services sociaux. De ce fait, il est opportun d'examiner si le dispositif législatif retenu marque un progrès dans la démocratisation des établissements. La question peut être abordée sous deux angles : la démocratisation externe, soit la place de la population au sein des conseils d'administration des établissements (côté cour); la démocratisation externe, soit l'ensemble des mesures de gestion participative, la place du personnel au conseil d'administration et dans les comités consultatifs (côté jardin).

CÔTÉ COUR

Les chercheurs ne sont pas unanimes sur les effets de la présence des usagers et de la population au sein des conseils d'administration des établissements. Dans deux longs articles publiés dans *Le Devoir* en octobre 1982 et intitulés « La gestion des établissements publics : où la participation pose plus de problèmes qu'elle n'en résout », Germain Julien analysait déjà les écueils de la participation. Jacques T. Godbout, qui a fait de nombreuses recherches sur le sujet, remarque que « La participation mène souvent à moins de démocratie, et non à plus de démocratie » (1991 : 22), et que « La démocratie représentative et la démocratie participative se renforcent et se complètent jusqu'à un certain seuil, à partir duquel au contraire elles se contredisent » (1991 : 27).

Le Rapport Rochon a de son côté soulevé les maigres résultats de la participation :

> Au cours de ses consultations et des travaux de recherche, la Commission a constaté que le modèle de participation des usagers au conseil d'administration des établissements n'a eu qu'une faible incidence sur la capacité d'adaptation du réseau aux besoins de la population (Rochon, 1998 : 424).

La Commission mentionnait en particulier que « le nombre restreint des usagers au sein des conseils d'administration tend à les marginaliser » (1988 : 425). Assez bizarrement, elle recommandait que les représentants des usagers soient non plus élus par la population mais nommés par la Régie régionale et en partie par cooptation par les autres membres du conseil d'administration (1988 : 530-531).

Michel O'Neil conclut pour sa part, au terme d'une substantielle analyse de la participation dans le secteur des affaires sociales, que la réforme proposée par le ministre Côté constitue une nouvelle donne dans le champ de la participation puisqu'elle met majoritairement les citoyens au pouvoir, tant dans les établissements que dans les régies régionales :

> Les mécanismes proposés offrent donc une garantie légale que ce sont les citoyens qui auront le contrôle de leur système régional [...] Il est [...] évident pour tous les observateurs que ce sera une nouvelle règle du jeu (O'Neil, 1991 : 106).

Il rappelle les quatre conditions associées à la réussite de la participation, déjà formulées par Godbout et Leduc en 1987 : une information suffisante, un mandat communautaire fort et sans équivoque, un appui politique solide et une forte personnalité (O'Neil, 1991 : 97-98-99).

Le dispositif retenu

Que prévoit le projet de loi 120 en ce qui concerne la participation de la population au sein des conseils d'administration des établissements ? Dans les hôpitaux, les Centres d'hébergement et de soins de longue durée (CHSLD), les Centres de réadaptation et les Centres de protection de l'enfance et de la jeunesse (CPEJ), il y aura quatre personnes élues par la population, alors qu'il n'y en avait que deux auparavant. On trouvera aussi deux représentants du comité des usagers. Dans les CLSC, cinq personnes représenteront la population au conseil d'administration en comparaison de quatre sous l'ancienne loi.

Deux membres cooptés s'y ajouteront, choisis par les ⌐
la population, ceux du comité des usagers et ceux de la fondau
blissement s'il y a lieu, ce qui signifie que les représentants du perso.
conseil d'administration et le directeur général ne participeront pas au cι.
des membres cooptés. Le législateur a ainsi voulu s'assurer que la population
ait la main haute sur le choix de la grande majorité des membres du conseil
d'administration. Il faut noter qu'il n'est plus requis d'avoir été usager pour
siéger au conseil d'administration d'un établissement à titre de représentant
de la population : c'est la population elle-même qui est conviée aux assemblées publiques. À ce sujet, les employés du réseau de la santé et ceux des
groupes communautaires œuvrant dans le domaine de la santé et des
services sociaux n'ont pas le droit d'être candidats ni de voter dans les
établissements du réseau à titre de représentants de la population.

La nouvelle composition des conseils d'administration entraîne la disparition des deux personnes nommées pour représenter les groupes socio-
économiques. Il est notoire que ces personnes étaient dans l'ensemble
choisies en fonction de leur allégeance politique et qu'elles représentaient
souvent l'orthodoxie ministérielle au sein des conseils d'administration. De
même, les nouveaux conseils d'administration n'auront plus de représentants des autres catégories d'établissements : ce mécanisme avait été mis en
place pour assurer une inter-fécondation et une meilleure concertation entre
les établissements, mais cette disposition accroissait le poids des décideurs
du réseau au détriment de celui des usagers.

Une série de questions

L'adoption du projet de loi 120 laisse cependant en suspens une série de
questions. La population participera-t-elle de façon importante à l'assemblée
publique qui, à tous les trois ans au mois d'octobre, élira les quatre ou cinq
représentants des usagers, comme le stipule l'article 135 ? L'expérience du
milieu scolaire, où la participation n'est pas très intense, n'est-elle pas
indicative à cet égard ? Dans les établissements où la présence des usagers
est traditionnellement moins forte, comme les hôpitaux, comment s'effec-
tuera le virage vers la participation massive ? Comment outiller les élus pour
qu'ils restent en contact avec les besoins de leurs commettants ?

Les conseils d'administration des établissements auront-ils des pouvoirs véritables ou continueront-ils d'être de plus en plus encadrés par des
directives et des normes ministérielles ? Car il ne s'agit pas que d'augmenter
le nombre des usagers au conseil d'administration mais encore faut-il leur
donner des attributs et des responsabilités réels. On peut même craindre que
le nouvel encadrement régional, qui s'ajoutera à la manière des sédiments

aux politiques ministérielles nationales, restreindra encore davantage la marge de manœuvre locale des établissements.

Seule l'expérimentation permettra de dire si les nouveaux mécanismes auront vraiment changé la dynamique du pouvoir au bénéfice de la population.

COTÉ JARDIN

On peut aborder la question de la démocratisation interne sous trois aspects : le type de gestion favorisé, la représentation des employés au conseil d'administration et les comités consultatifs unidisciplinaires ou multidisciplinaires.

Le type de gestion favorisé

Plusieurs auteurs ont analysé la démotivation qui règne dans le réseau de la santé et des services sociaux et proposé un engagement plus grand du personnel pour y remédier. Le Rapport Rochon a formulé un plaidoyer bien étoffé en faveur de la gestion participative :

> Depuis quelques années, certains établissements mettent de l'avant des formules de gestion participative. Généralement toutefois, cette nouvelle approche ne s'adresse qu'à la direction, aux cadres supérieurs et à certains professionnels. Ces initiatives doivent être fortement encouragées, mais pour atteindre leurs objectifs, elles nécessitent une participation plus large de toutes les catégories de personnel d'une organisation ou d'un établissement (Rochon, 1988 : 569).

Le diagnostic de la Commission Rochon rejoignait celui de Gérald Larose, président de la CSN, qui déclarait dans un colloque organisé par sa centrale, en septembre 1990 :

> Dans les pâtes et papiers, dans la métallurgie, dans l'enseignement, on assiste à de nombreuses expériences de responsabilisation des travailleurs. Dans le domaine de la santé, les gestionnaires ont un gros retard à combler du côté de la gestion participative (Fournier, 1990 : 25).

> Paul R. Bélanger a tenu le même langage :

> Il ne fait pas de doute que la gestion participative permet de revaloriser les ressources humaines, d'atténuer les effets de la division du travail et de concentrer l'énergie sur les objectifs de l'organisation. Et si les directions locales ont suffisamment d'influence pour répondre aux demandes des salariés et des usagers plutôt que de se transformer en relais bureaucratique, il ne fait pas de

doute non plus que ce climat de travail sera largement amélioré de même que la qualité des services (Bélanger, 1991 : 139).

La Commission Rochon a émis l'avis que la participation à la gestion « doit répondre aux aspirations de démocratisation et de valorisation des personnes dans leur milieu de travail » (Commission d'enquête sur les services de santé et les services sociaux, 1988 : 569). Pour y arriver, elle a proposé de créer dans chaque établissement un comité consultatif à la direction possédant un pouvoir de recommandation sur tous les aspects du fonctionnement de cet établissement. Qu'allait retenir le ministre des nombreux appels en faveur de la gestion participative dans le réseau de la santé et des services sociaux ?

Une première version intéressante

Les mécanismes de démocratisation interne des établissements ont connu plusieurs modifications entre le dépôt initial du projet de loi et son adoption. Au départ, le ministre Côté tenait des propos avant-gardistes dans son Livre blanc :

> Le personnel doit être en mesure d'exercer son influence sur le devenir de l'établissement. Il doit en outre sentir que sa voix compte dans la détermination des moyens pour rehausser la qualité des services et que son point de vue est recherché et écouté lorsqu'il est question de l'organisation du milieu de travail. Ainsi associé aux décisions, il peut davantage développer le sentiment d'appartenance nécessaire à la motivation au travail. Des mécanismes précis doivent être prévus à cette fin (MSSS, 1990 : 41)

Cet extrait prêche clairement en faveur de la gestion participative : on y parle de moyens et d'organisation du travail. Le projet de loi initial, déposé en décembre 1990, contenait pas moins de trois dispositions pour favoriser ce type de gestion. L'article 2, alinéa 8, précisait que la loi visait à « assurer la participation des ressources humaines des établissements au choix des orientations et à la gestion des services ». L'article 128, alinéa 4, obligeait le conseil d'administration de chaque établissement à s'assurer « de la participation, de la motivation, de la valorisation, du maintien des compétences et du développement des ressources humaines ». Enfin, l'article 143, alinéa 7, faisait un devoir pour le directeur général de chaque établissement de « favoriser la participation du personnel à l'organisation du travail ».

Des amendements significatifs

Les amendements apportés par le ministre lui-même à son projet de loi ont progressivement remplacé le concept de gestion participative par celui, plus édulcoré, de « participation au choix des orientations et à la détermination des priorités ». C'est le nouveau libellé de l'article 2, alinéa 9. À aucun endroit n'introduit-il une véritable gestion participative : les employés ne seront pas consultés sur les moyens et l'organisation du travail mais seulement sur les grands objectifs et les priorités. Deux dispositions, épargnées par les amendements ministériels, permettent une participation limitée du personnel.

La première, décrite à l'article 231, prévoit que tout établissement doit préparer, avec la participation des employés et de leurs syndicats, un plan d'action pour le développement du personnel. Ce plan contiendra des mesures relatives à l'accueil des employés, à leur motivation, leur valorisation, le maintien de leur compétence, leur perfectionnement, leur mobilité et l'orientation de leur carrière. Rien dans ce plan ne concerne l'organisation du travail comme telle. Cet article offre cependant une piste intéressante quant à l'influence des syndicats, une disposition ajoutée *in extremis* par le ministre, à la demande entre autres de la CSN. La seconde mesure, introduite à l'article 232, oblige à tenir une rencontre annuelle avec le personnel au cours de laquelle seront notamment discutées « les priorités et les orientations » à être adoptées par le conseil d'administration.

Ces dispositions sont nouvelles : rien de tel n'existait dans l'ancienne loi. Tout de même, comme mécanismes concrets favorisant la participation des employés, il faut avouer que c'est plutôt maigre. Nous pouvons en déduire que le ministre a choisi de ne pas prendre le virage de la gestion participative mais plutôt de mettre en place un dispositif de consultation du personnel restreint à certains sujets. On peut penser qu'en cours de route, le ministre a cédé au lobby de certains partisans d'une gestion plus taylorienne dont on trouve la pratique dans certains hôpitaux.

La représentation du personnel au conseil d'administration

La précédente ministre Lavoie-Roux voulait évincer les représentants du personnel des conseils d'administration (MSSS, 1989); par contre, le ministre Côté opte pour la quasi-statu quo. Dans le cas des CLSC, des Centres de réadaptation, des CPEJ et des CHLSD, le personnel sera représenté par trois employés issus de trois corps d'emplois différents. Dans le cas des hôpitaux, il y aura quatre représentants du personnel : un médecin (ou un dentiste ou un pharmacien), une infirmière, un membre du conseil multidisciplinaire et un employé élu par les autres membres du personnel.

Le ministre a donc résisté, sur ce point, aux pressions de certaines directions d'établissements qui voulaient éliminer le personnel des conseils d'administration, ce qui aurait marqué un recul de la démocratisation interne (Bozzini, 1989).

Les conseils unidisciplinaires et multidisciplinaires

Les comités consultatifs unidisciplinaire (conseil des infirmières) ou multidisciplinaire (conseil consultatif du personnel clinique) apparaissent comme des mécanismes de démocratisation interne puisqu'ils peuvent permettre au personnel d'influencer la direction en donnant des avis sur l'organisation scientifique et technique de l'établissement. On ne peut cependant considérer les Conseils de médecins, dentistes et pharmaciens (CMDP) comme un moyen de démocratisation interne : au contraire, les médecins détiennent déjà un pouvoir qui transcende tous les autres niveaux décisionnels de l'établissement. À ce chapitre, la dernière ronde de négociations entre les médecins et le gouvernement, au cours de l'été 1991, a fortement accru les pouvoirs des médecins dans les établissements.

Pour ce qui est des comités consultatifs destinés au personnel « régulier », rappelons qu'auparavant, il n'existait qu'un seul comité consultatif, soit le Conseil consultatif du personnel clinique (CCPC). Ce conseil réunissait toutes les personnes détentrices d'un DEC ou d'un baccalauréat dans un domaine couvrant leur pratique. La nouvelle loi prévoit deux comités consultatifs. Les infirmières ont obtenu la création d'un Conseil des infirmières et infirmiers (CII) dans tout établissement où l'on retrouve au moins cinq infirmières. Le contexte favorisait ce corps d'emploi : la dernière ronde des négociations collectives avait mis en lumière la sous-rémunération des infirmières et leurs conditions de travail difficiles. Dans les hôpitaux, les Conseils des infirmières sont pertinents à cause de l'importance de leurs effectifs. Dans les CLSC, par contre, la création de Conseil des infirmières marque un recul pour la disciplinarité, approche qui fait partie de la culture organisationnelle de ces établissements. La nouvelle loi risque d'encourager, dans les CLSC, un corporatisme étroit qui n'avait pourtant pas besoin de support législatif supplémentaire pour fleurir !

Le deuxième comité, le Conseil multidisciplinaire, réunira les titulaires de DEC ou de baccalauréat dans un domaine couvrant leur pratique, à l'exception des médecins, dentistes, pharmaciens et infirmières. Le législateur a raté une belle occasion de démocratisation en ne permettant pas aux préposés aux bénéficiaires, et à leur équivalent dans les CLSC, les auxiliaires familiales et sociales, de siéger à ce conseil. C'était une recommandation de la CSN (Saint-Georges, 1991). Il semble qu'un certain élitisme soit encore trop fort pour permettre l'élargissement de la démocratisation de ce conseil.

CONCLUSION

La nouvelle *Loi sur les services de santé et les services sociaux* constitue tout de même un certain progrès en ce qui concerne la démocratisation interne et externe des établissements, même si le ministre s'est arrêté en chemin sur la voie de la démocratisation interne. La population aura théoriquement une place plus significative au sein des conseils d'administration des établissements. Mais la prendra-t-elle, et cette présence plus forte changera-t-elle quelque chose ?

Pour avoir siégé au cours des dernières années au conseil d'administration du CLSC où je travaille, je peux confirmer que la marge de manœuvre des conseils d'administration des établissements est bien mince, coincés qu'ils sont entre les directives ministérielles, la carence de ressources humaines et l'augmentation de la demande de services. Le fait pour les usagers d'être majoritaires au conseil d'administration modifiera-t-il le rapport de forces avec le Ministère à cet égard, dans le contexte de rétro-libéralisme dans lequel nous vivons ?

Concernant la démocratisation interne, les nouveaux mécanismes mis en place sont des mesures plutôt timides vers un engagement réel du personnel. Dans ce domaine, la direction des établissements devra accepter que la participation du personnel soit tantôt consensuelle, tantôt conflictuelle, selon les sujets abordés. C'est à ce prix que le potentiel des ressources humaines sera pleinement utilisé dans les établissements.

Avec la réforme Côté, les progrès sont possibles, mais ils ne sont pas assurés, tant côté cour que côté jardin.

Bibliographie

Assemblée nationale du Québec(1991). *Loi sur les services de santé et les services sociaux*, projet de loi 120, chapitre 42, première version présentée le 10 décembre 1990 et version finale sanctionnée le 4 septembre 1991.

Bélanger, Paul R.(1991). « La gestion des ressources humaines dans les établissements de santé et de services sociaux : une impasse », *Nouvelles pratiques sociales*, vol. 4, n° 1, printemps,133-140.

Bozzini, L. (1989). « Les conseils d'administration selon l'avant-projet de loi Lavoie-Roux : prudence et volontarisme ou mur-à-mur imposé et improvisé ? », *Artères*, vol. 7, n° 9, novembre.

D'Amours, M., Cadorette, M., Gagnon, D., Théoret, J. L., Charbonneau, C. et Y. Vaillancourt (1989). *La participation des syndiqués aux conseils d'administration des établissements publics et parapublics*, Montréal, Conseil central de Montréal, CSN.

FOURNIER, J. (1989). «Les défis que posent les nouvelles orientations ministérielles à la pratique professionnelle et à la coordination des services en CLSC», *Actes du colloque sur l'encadrement et le support aux ressources professionnelles*, Fédération des CLSC, 21-36.

FOURNIER, J. (1990). «Les enjeux de la réforme : du scepticisme à la mobilisation», *Interaction communautaire*, vol. 4, n° 3, octobre, 24-27.

GODBOUT, J. T. (1991). «La participation politique : leçons des dernières décennies», dans GODBOUT, Jacques T.(sous la direction de), *La participation politique : leçons des dernières décennies*, Québec, Institut québécois de recherche sur la culture, 11-31.

GODBOUT, J. T. et M. LEDUC (1987). *Une vision de l'extérieur du réseau des affaires sociales*, Montréal, INRS-Urbanisation, rapport présenté à la Commission d'enquête sur les services de santé et les services sociaux.

GODBOUT, J. T. (1987). *La démocratie des usagers*, Montréal, Boréal, 236 pages.

GODBOUT, J. T. (1983). *La participation contre la démocratie*, Montréal, Éditions Saint-Martin, 190 pages.

JULIEN, G. (1982). «La gestion des établissements publics : où la participation pose plus de problèmes qu'elle n'en résout», *Le Devoir*, 19-20 octobre.

MINISTÈRE DE LA SANTÉ ET DES SERVICES SOCIAUX (MSSS) (1989). *Pour améliorer la santé et le bien-être au Québec. Orientations, Québec*, MSSS.

MSSS (1990). *Une réforme axée sur le citoyen*, Québec, Les Publications du Québec, 91 p.

O'NEIL, M. (1991). «La participation dans le secteur des affaires sociales : le Québec face aux récentes suggestions de l'Organisation mondiale de la santé», dans GODBOUT, Jacques T. (sous la direction de), *La participation politique : leçons des dernières décennies*, Québec, Institut québécois de recherche sur la culture, 79-118.

ROCHON, JEAN et al.(1988). *Rapport de la Commission d'enquête sur les services de santé et les services sociaux*, Québec, Les Publications du Québec, 803 p.

SAINT-GEORGES, C. (1991). «La loi 120, du pour et du contre», *Nouvelles CSN*, Supplément au n° 329, 20 septembre.

Les acteurs gouvernementaux dans le champ des politiques sociales à Québec et à Ottawa au milieu des années 60

Yves VAILLANCOURT
Université du Québec à Montréal

L'article vise à introduire et à caractériser les acteurs gouvernementaux québécois et fédéraux influents dans le champ des politiques sociales québécoises au milieu des années 60. Il vise également à dégager le sens de la dynamique des relations Québec-Canada en rapport avec les politiques sociales dans le domaine de l'assistance publique en particulier à l'époque de la contestation québécoise des programmes conjoints et de l'*opting out*. Les acteurs gouvernementaux dont il est question sont à la fois des gouvernements, des ministères à vocation sociale et des personnalités influentes en politique sociale (ministres et hauts fonctionnaires). Au Québec, il y a le gouvernement Lesage, le ministère des Affaires fédérales-provinciales et le ministère de la Famille et du Bien-être social. À Ottawa, il y a le gouvernement de Pearson, le Bureau du Conseil privé, le ministère des Finances et le ministère de la Santé nationale et du Bien-être social. L'article fait ressortir la présence de « bureaucrates réformistes » et de

« politiques réformistes » dans le domaine social à Québec comme à Ottawa. Mais, en raison de la question nationale québécoise, il y a un fossé culturel qui sépare les réformistes québécois des réformistes fédéraux.

INTRODUCTION

En présentant une revue de la littérature canadienne sur le Régime d'assistance publique du Canada (RAPC), j'ai eu l'occasion, récemment (Vaillancourt, 1991a), de mettre en relief les lacunes des analyses de politiques et de pratiques sociales, malheureusement fort nombreuses, qui oublient le Québec au Canada ou le Canada au Québec. Dans un cas comme dans l'autre, le résultat s'avère boiteux et fait obstacle à la compréhension des politiques sociales d'hier comme d'aujourd'hui.

C'est en tenant compte de ce constat, que j'ai mené des recherches sur l'évolution des programmes à frais partagés au Québec au cours des 30 dernières années et, plus particulièrement, sur l'émergence et l'évolution du RAPC au Québec. Je l'ai fait en mettant à contribution une problématique à la fois progressiste, nationaliste québécoise et soucieuse de faire de la place à la dynamique des relations fédérales-provinciales en privilégiant la place du Québec dans cette dynamique.

Dans une telle démarche de recherche, j'ai dû évidemment donner de l'importance à certains points de repère qui déterminent le contexte spatio-temporel dans lequel apparaissent les origines autant que l'histoire du RAPC à partir du milieu des années 60. C'est ce qui m'a amené à m'arrêter sur les acteurs gouvernementaux dans le champ du social, au Québec et au Canada, en conférant mon attention à l'orientation générale des gouvernements, ainsi qu'à celle des ministères, des élus politiques et des hauts fonctionnaires mandatés pour s'occuper des dossiers de politiques sociales.

Dans le présent article, je compte jeter un éclairage sur les acteurs gouvernementaux, en privilégiant la période des années 1963 à 1966. Cette période m'intéresse, parce qu'elle représente un moment intense de gestation de réformes dans le champ des politiques sociales tant à Québec qu'à Ottawa. En effet, cette période correspond à celle des origines des régimes de pensions du Québec et du Canada, du *medicare* et du RAPC[1].

---

1. Pour la période considérée, sans négliger le rôle des élus politiques, je m'intéresse de façon particulière au rôle des hauts fonctionnaires dans le domaine des politiques sociales tant à Québec qu'à Ottawa. Ce choix m'apparaît justifié par le fait que pendant les années 60, les administrateurs du social (Roger Marier, Claude Morin, Joe Willard, Al Johnson) restent en poste longtemps, beaucoup plus longtemps que les ministres qui passent. Du même coup, les hauts fonctionnaires de l'époque sont axés sur les contenus des politiques et des programmes.

Il s'agit donc d'une période où des acteurs gouvernementaux, à Québec comme à Ottawa, véhiculent des orientations et des propositions réformistes sur le plan des politiques sociales, en se montrant ainsi influencés par les demandes de réformes faites par les mouvements sociaux dans l'ensemble de la société québécoise et canadienne[2].

Les points de repère qui servent de fil conducteur à mon analyse des acteurs gouvernementaux du milieu des années 60 sont les suivants : 1) Au cours des années 1963 à 1966, le gouvernement de Lesage à Québec et le gouvernement de Pearson à Ottawa développent d'importantes propositions de réformes dans le domaine des politiques sociales. 2) Cette orientation sociale réformiste est rendue possible dans la mesure où il y a entre autres, au sein des deux gouvernements, un certain nombre d'élus politiques et de bureaucrates, tant à Québec qu'à Ottawa, qui jouent un rôle clé dans la promotion des réformes sociales. 3) L'existence tant à Québec qu'à Ottawa d'équipes de politiques et de bureaucrates réformistes travaillant sur les dossiers de politiques sociales dans l'appareil gouvernemental amène des possibilités de convergence entre les deux groupes d'acteurs. 4) Toutefois, en raison de leur nationalisme, les acteurs gouvernementaux réformistes du Québec vivent des tensions dans leurs négociations avec les acteurs gouvernementaux réformistes à Ottawa, ce qui fait surgir de vives tensions dans les rapports Québec-Ottawa en matière de politiques sociales.

L'hypothèse principale de l'article peut alors être formulée de la façon suivante : En dépit des points de convergence qui les rapprochent les uns des autres en tant que réformistes, les acteurs gouvernementaux fédéraux et québécois ne s'entendent pas facilement dans leurs débats sur les politiques sociales en raison de leur appartenance à deux cultures sociales distinctes. D'un côté, les acteurs gouvernementaux réformistes fédéraux souscrivent à une culture sociale canadienne qui confère à l'État fédéral le rôle de principal levier de développement social. De l'autre, leurs homologues québécois souscrivent, en tant que nationalistes, à une culture sociale québécoise qui confère à l'État québécois le rôle de principal levier de développement social.

---

2. Sur le plan théorique et politique, j'établis évidemment un lien entre les politiques sociales réformistes véhiculées dans certaines conjonctures par les gouvernements et par des acteurs gouvernementaux individuels (des élus et des bureaucrates réformistes) et les demandes sociales des mouvements sociaux progressistes qui réclament des réformes sociales à l'extérieur des cercles gouvernementaux. Mais comme il n'est pas possible dans un seul texte de parler de tout à la fois, je me concentre dans le présent article sur les acteurs gouvernementaux dont on sous-estime parfois l'influence dans les analyses progressistes des politiques sociales et des pratiques sociales.

Les données, sur lesquelles je m'appuie principalement pour faire mon analyse, sont tirées des Archives du Canada, des archives personnelles de Roger Marier[3] et d'entrevues avec quelques témoins clés de la fonction publique québécoise et fédérale de l'époque.

L'article comprend deux parties. Une première porte sur les acteurs gouvernementaux à Québec, tandis que la seconde porte sur leurs homologues à Ottawa.

L'ORIENTATION DU GOUVERNEMENT LESAGE EN MATIÈRE SOCIALE ET CONSTITUTIONNELLE

Du 22 juin 1960 au 6 juin 1966, le Parti libéral du Québec sous la direction de Jean Lesage est au pouvoir à Québec. Contrairement à l'image souvent véhiculée, le gouvernement de la Révolution tranquille n'est pas homogène. Une tendance plus conservatrice cohabite avec une tendance plus réformiste au sein du Cabinet et le Premier ministre dans certains dossiers met parfois du temps avant de pencher dans le sens des projets de réforme, qu'il s'agisse de la nationalisation de l'électricité, de la création d'un ministère de l'Éducation, ou d'autres projets. Mais comme en ont témoigné la grande majorité des analystes dans un colloque récent sur Jean Lesage (Comeau, 1990), le gouvernement Lesage a néanmoins laissé sa marque comme un gouvernement nettement dédié à la mise en route de réformes permettant la modernisation et la démocratisation du Québec. Malgré ses tergiversations dans certains dossiers, le gouvernement majoritaire de Lesage s'est révélé en même temps réformiste (ou progressiste) sur la question sociale et nationaliste dans ses rapports avec le gouvernement fédéral.

D'ailleurs, à mesure que les réformes de la Révolution tranquille se déploient et drainent les ressources publiques, les demandes du Québec deviennent plus pressantes en direction d'Ottawa pour obtenir un plus grand respect de ses juridictions et un partage plus équitable des ressources fiscales. C'est ce qui explique qu'à partir de 1963 le nationalisme et le réformisme du gouvernement Lesage s'alimentent l'un l'autre, ce qui contraste avec la situation qui prévalait au cours des quinze années antérieures de gouvernement de l'Union nationale (1944-1960), lorsque le nationalisme s'accouplait avec le conservatisme et l'inaction sociale (Vaillancourt, 1988).

Paradoxalement, au cours des premières années du gouvernement Lesage, des initiatives ont été prises dans certains dossiers de politiques

---

3. Au cours des deux dernières années, Roger Marier m'a soutenu et accompagné d'une façon extraordinaire dans mes recherches. Je le remercie infiniment.

sociales, mais le ministère de la Famille et du Bien-être n'a pas joué le rôle de maître d'œuvre auquel on aurait pu s'attendre, ce qui révèle bien jusqu'à quel point le domaine du bien-être n'était pas une priorité au début de la Révolution tranquille[4]. À l'époque, la santé et le bien-être relevaient de deux ministères différents. Conformément aux engagements pris dans la campagne électorale, le Québec s'est empressé de signer un accord de cinq ans avec le fédéral dans le but d'instaurer l'assurance-hospitalisation à partir du 1er janvier 1961. L'administration de cet important programme à frais partagés relevait du ministère de la Santé. De même, lorsque le dossier du Régime des rentes est devenu chaud et prioritaire en 1963 et 1964, ce n'est pas Famille et Bien-être qui était impliqué, mais d'abord le Bureau du Premier ministre et le ministère des Affaires fédérales-provinciales.

Le ministère de la Famille et du Bien-être social : tiraillements entre l'ancien et le nouveau

Pendant les cinq premières années du gouvernement Lesage, soit de juin 1960 à juillet 1965, le ministère de la Famille et du Bien-être a été confié à Émilien Lafrance, un ministre faible et conservateur qui s'était illustré à l'époque du régime Duplessis (M. Lévesque, 1987). Les témoignages de plusieurs de ses proches de l'époque le confirment. Pendant ces années, la priorité de Lafrance était la lutte contre l'alcoolisme. Dans les autres dossiers importants de politiques sociales, il n'était pas à la hauteur. Il pouvait reprendre à son compte les propositions de ses collaborateurs. Mais lorsqu'il se retrouvait aux réunions du Conseil des ministres ou dans des rencontres fédérales-provinciales, il ne faisait pas le poids et il éprouvait de la difficulté à défendre seul ses dossiers (Marier, 1990a et 1990b; Escojido, 1991; Beausoleil, 1989, 1990).

Pendant ses deux premières années à la direction du ministère, le sous-ministre en titre de Lafrance était Fernand Dostie, un ancien collaborateur de Paul Sauvé au ministère du Bien-être au temps de l'Union nationale. En outre, pour tous les dossiers ayant trait à l'assistance sociale, Lafrance devait composer avec J.-Rodolphe Forest, président de la toute-puissante Commission des allocations sociales depuis la fin des années 30. Paradoxalement, les décisions de la Commission engageaient les budgets de Famille et Bien-être, mais dans l'organigramme du ministère, jusqu'à la restructuration administrative d'août 1963, la Commission n'avait aucun compte à rendre

---

4. Marier rappelle à ce sujet : « Au Québec, l'ordre de priorité qui a été développé [au début de la Révolution tranquille], c'est l'éducation. L'élection avait été faite là-dessus. Alors je comprenais très bien les implications pour nous [à Famille et Bien-être]. J'étais pas tout à fait d'accord avec le "jeûne" qu'on nous imposait. Mais je comprenais très bien » (1990b : 3).

au sous-ministre. Il est intéressant de prendre note du jugement de Marier sur Forest et la Commission :

> Forest était vraiment un homme de l'ancien régime. [...] À la Commission des allocations sociales, chaque unité de travail était conçue comme un empire. On passait de cette unité-là à cette unité-là. Il n'y avait aucune structure d'ensemble. C'était difficile de savoir qu'est-ce qui arrivait et où (Marier, 1990b : 4).

Ce jugement est sévère, mais fondé. Il est corroboré par d'autres (Morin, 1988; Escojido, 1991 : 17).

Un exemple permet de se faire une idée sur les pratiques plutôt surprenantes de Forest en plein contexte de Révolution tranquille. Au tournant des années 1961 et 1962, le taux de chômage est élevé au Québec. Les coûts de l'assistance sociale aux chômeurs augmentent en conséquence. Ces augmentations de coûts inquiètent Jean Lesage qui est ministre des Finances en plus d'être Premier ministre. C'est dans ce contexte que le Comité Boucher est créé pour enquêter sur divers problèmes liés à l'assistance publique. Or, au même moment, Forest fait parvenir au Premier ministre une série de trois longues lettres « personnelles et confidentielles » (Forest, 1961a, 1961b, 1962). Dans ces lettres, Forest tente de convaincre Lesage que l'augmentation des coûts de l'aide sociale est attribuable au zèle des Bérets blancs et des travailleurs sociaux qui encouragent les familles pauvres à se tourner vers les agences de service social qui distribuent l'assistance sociale aux chômeurs depuis 1960. Or, des personnes qui ont côtoyé Jean Lesage au moment de la création du Comité Boucher se souviennent qu'il faisait l'hypothèse que les pratiques frauduleuses des assistés sociaux étaient à l'origine d'une bonne partie des augmentations de coûts de l'assistance. Lors de la sortie du Rapport Boucher, deux ans plus tard (1963), Lesage se montre d'abord très déçu de ne pas retrouver son hypothèse dans le rapport. Heureusement, avec le temps, il parvient à dépasser cette première réaction (Morin, 1988 :7; 1991 : 29-30).

À partir de juillet 1962, Roger Marier remplace Dostie comme sous-ministre à Famille et Bien-être. Il est formé en droit et en travail social. Il a enseigné les politiques sociales à l'Université Laval et à l'Université McGill pendant 15 ans. Il a exercé un poste de vice-président à la Société centrale d'hypothèques et de logements de 1958 à 1962. Il jouit d'une réputation enviable dans les milieux québécois et canadiens concernés par les services sociaux et le développement social[5]. Il demeure au ministère pendant huit

---

5. Richard Splane a précisé en entrevue que, pour les hauts fonctionnaires de son ministère, il était évident que les épaules de Marier dépassaient de beaucoup celle de ses collègues dont J.-R. Forest (SPLANE, 1990). En fait l'équipe de Marier était moins homogène que celle de Willard à Ottawa. Certes, au fil des ans, Marier favorisa l'embauche de ressources comme Gilles Beausoleil

ans. Son influence fut déterminante pour accomplir la réorganisation administrative du ministère après la sortie du Rapport Boucher, pour relever la qualité des ressources humaines du ministère[6], pour développer un réseau de bureaux régionaux et locaux du ministère et préparer des réformes dans divers champs de politiques sociales, notamment dans celui de l'assistance sociale (MFBES, 1964; Marier, 1990a, 1990b; Lafrance, 1965a).

De juillet 1962 à octobre 1965, Marier a dû composer avec les faiblesses de Lafrance et l'aider à gérer le social en tenant compte des paramètres de la Révolution tranquille[7]. En entrevue, Marier a résumé ses liens avec Lafrance de la façon suivante :

> M. Lafrance a toujours endossé les recommandations que je lui ai faites et les documents pour transmission au Cabinet ou au Conseil du trésor. Il avait un intérêt et c'était l'anti-alcoolisme. Il n'avait guère d'intérêt pour autre chose. Lui-même disait, un peu à la blague : « J'ai un bon sous-ministre. Les ministres valent ce que les sous-ministres valent ». Mais l'embarras, c'était que moi je ne siégeais pas autour de la table du Conseil des ministres. J'avais l'impression qu'il n'était jamais là, au bon moment, pour défendre les positions du ministère. Mais M. Lafrance était par ailleurs tout à fait estimable et j'ai travaillé avec lui et non pas dans son dos (Marier, 1990a : 5).

> C'était un homme qui avait conquis sa réputation dans l'opposition mais qui n'avait pas les capacités pour assumer un ministère, notamment un ministère aussi lourd que le ministère de la Famille et du Bien-être social. [...] Je lui envoyais des mémoires, des projets de prises de position. Il ne suggérait jamais de changement. Ah mon Dieu ! Dès les premiers jours de notre collaboration

---

qui s'inscrivaient bien dans l'orientation de la Révolution tranquille. Mais il a dû pendant longtemps composer avec des collaborateurs de la vieille école comme J.-R. Forest, Edgard Guay, etc. Guay, par exemple, avait développé ses entrées au ministère du Bien-être social au temps de l'Union nationale. Il fut invité à devenir sous-ministre adjoint en 1960 par Émilien Lafrance. Il fait des évaluations significatives des personnes qu'il a côtoyées au ministère : par exemple, il a conservé un bon souvenir de Dostie, Forest et Lafrance et un mauvais souvenir de René Lévesque. Il demeure plus hésitant au sujet de Marier. Ces évaluations de Guay contrastent avec celles des Marier, Escojido et Beausoleil. Elles suggèrent que Guay appartenait à la vieille école conservatrice, même s'il avait été nommé sous-ministre adjoint au début de la Révolution tranquille. Cela ne l'a pas empêché d'être un précurseur dans certains domaines, notamment dans celui du retour à la vie normale des assistés sociaux et de la concertation interministérielle (GUAY, 1990).

6. Il y avait une véritable pénurie de ressources humaines à Famille et Bien-être au milieu des années 60. René Lévesque attirait l'attention sur ce problème après la défaite des Libéraux en juin 1966 (LÉVESQUE, 1966). Une entrevue de Beausoleil met en relief la contribution de Marier à ce chapitre : « [...] Il faut dire que la qualité du fonctionnarisme était vraiment faible au ministère de la Famille et du Bien-être. Il a fallu que Marier travaille beaucoup pour remonter tout cela » (BEAUSOLEIL, 1990 : 13).

7. Claude Morin en entrevue a décrit Émilien Lafrance de la façon suivante : « C'était un catholique convaincu. On était tous catholiques à l'époque et je le suis encore, mais ce que je veux dire, c'est qu'il appartenait à un certain type de nationalisme québécois fréquent dans les années 50 » (MORIN, 1988 : 5).

j'avais été étonné. Je lui envoyais des projets de lettres ou de mémos et il les reprenait tels quels. Je pense à un mémo confidentiel que j'avais préparé pour réagir à un incident. Il a pris mon texte et il l'a donné à la presse ! (Marier, 1990b : 6).

En somme, sous Lafrance, le sous-ministre devait encadrer son ministre pour les moindres gestes et certains textes de Marier témoignent de cette sollicitude (Marier, 1963a et 1963b).

À la différence des Arthur Tremblay, Michel Bélanger et Claude Morin, qui pouvaient compter dans leur ministère sur un ministre réformiste et fort, Roger Marier était « orphelin ». D'ailleurs, plusieurs des textes attribués à Lafrance ou au ministère au cours de ces années portent la marque de la plume de Marier (Lafrance, 1962, 1964, 1965a et 1965b; MFBES, 1964 et 1965)[8]. Cependant, même avec de bons textes, les faiblesses de Lafrance pouvaient réapparaître à tout moment et ses proches, comme Escojido, s'en rappellent :

> [...] Et puis on patinait un peu pour pallier aux difficultés que certaines incompréhensions de M. Lafrance nous créaient sur place. C'est pas toujours facile de discuter et de faire valoir une argumentation par personne interposée.[...] Il n'y a rien de pire que de voir le gars qui parle en escamotant des réalités ou en réduisant à son insu des arguments majeurs. On enregistre des frustrations et c'est le lot des joyeux fonctionnaires que nous voulions être (Escojido, 1991 : 6).

Par contre, à partir de l'automne 1965, Marier a eu le bonheur de travailler avec un ministre préoccupé de réformes et compétent dans les questions sociales (Vaillancourt, 1991b). La transition de Lafrance à Lévesque, en octobre 1965, s'est apparentée à un passage du jour à la nuit[9]. Toutefois, la défaite des Libéraux, aux élections provinciales du 6 juin 1966, devait écourter brutalement l'œuvre de René Lévesque. Mais en l'espace de 8 mois, Lévesque a eu le temps de faire énormément, soit plus que son prédécesseur en 5 ans. En particulier, il a conféré une impulsion décisive au dossier de la réforme de l'aide sociale dans le sens des propositions du Rapport Boucher. Il a fait avancer les préparatifs de cette réforme en ne perdant jamais de vue les positions du gouvernement du Québec sur le

---

8. La contribution de Marier s'est faite sentir aussi sur le plan de la facture rédactionnelle des sections de l'*Annuaire statistique du Québec*, consacrées au ministère de la Famille et du Bien-être social à partir de 1963.

9. L'arrivée de René Lévesque à Famille et Bien-être en octobre 1965 représentait un contraste d'autant plus marqué avec l'ère Lafrance que ce dernier, dans les trois mois qui avaient précédé sa démission officielle, avait pratiquement été absent du ministère, soit pour cause de maladie, soit parce qu'il était absorbé par les débats au Cabinet touchant la réforme de la législation sur la consommation de l'alcool (LAFRANCE, 1965c, 1965d).

retrait des programmes à frais partagés. À cet égard, voici le témoignage de Gilles Beausoleil, l'un de ses collaborateurs de l'époque :

> René Lévesque s'est beaucoup impliqué dans la question du RAPC et de la réforme de l'aide sociale dans le peu de temps qu'il a été à Famille et Bien-être. Il a hautement contribué à faire avancer le dossier. Mais il surveillait la question des points d'impôt (Beausoleil, 1989 : 2).

Par rapport à l'objet de ce texte, il importe de montrer que Famille et Bien-être avait un mandat de première importance dans les programmes d'assistance sociale, voire de services sociaux, concernés par la préparation du RAPC. Lors de l'arrivée du Parti libéral au pouvoir, à l'été 1960, le Québec avait déjà signé quatre ententes avec le fédéral dans le domaine de l'assistance. Ces ententes faisaient référence à quatre programmes fédéraux à frais partagés (qu'on appelait au Québec « programmes conjoints »). Elles avaient trait à l'assistance-chômage depuis l'été 1959 (soit au cours des derniers mois du gouvernement de Duplessis), à l'assistance aux aveugles (depuis 1952), à l'assistance aux personnes âgées de 65 à 70 ans (depuis 1952) et à l'assistance aux personnes invalides (depuis 1955). Pour signer ces quatre ententes en vertu des programmes fédéraux à frais partagés, le gouvernement du Québec avait dû, au préalable, adopter trois lois spéciales concernant l'assistance aux aveugles, aux personnes âgées de 65-70 ans et aux invalides; en outre, il avait dû amender sa vieille *Loi de l'assistance publique* en vertu de laquelle il versait des prestations à des personnes en chômage et dans le besoin, prestations qui étaient « partageables » selon la *Loi fédérale d'assistance-chômage*.

Au cours de ces années, le gouvernement Lesage a décidé, en tenant compte des dispositions de la *Loi fédérale d'assistance-chômage*, d'introduire de nouveaux programmes provinciaux d'assistance dont les dépenses étaient partageables avec le fédéral, à condition que soit administré un test de besoins aux bénéficiaires. Il s'agissait d'abord, en 1961, d'un programme d'assistance aux filles et veuves de 60 à 65 ans. Il s'agissait, toujours en 1961, d'un programme permettant de verser des suppléments d'assistance, de l'ordre de 10 $ au début, aux bénéficiaires des allocations aux aveugles, aux personnes âgées de 65 à 70 ans, aux invalides, aux filles et veuves de 60 à 65 ans. Par contre, les coûts de la loi québécoise d'assistance aux mères nécessiteuses n'étaient pas partageables avec Ottawa.

Au printemps 1966, peu de temps avant les élections, le gouvernement Lesage a fait adopter une loi permettant d'instaurer, à partir d'avril 1966, un programme d'assistance médicale dont on prévoyait que les coûts seraient partageables.

En outre, au début des années 60, le Québec gère et finance, seul, un autre programme d'assistance qui, à la différence des précédents, ne renvoie pas à un programme fédéral à frais partagés. Il s'agit du programme d'assistance aux mères nécessiteuses.

C'est l'ensemble de ces lois dites « catégorisées » comme elles s'adressaient à des catégories distinctes de personnes pauvres (chômeurs, invalides, mères nécessiteuses, etc.) que Famille et Bien-être, dans la foulée du *Rapport Boucher*, voulait regrouper à l'intérieur d'une loi unique d'assistance sociale, tenant compte des besoins et non plus de la cause du besoin (Boucher, 1963).

Le ministère des Affaires fédérales-provinciales

Mais il n'y avait pas que Famille et Bien-être qui était concerné à l'intérieur du gouvernement du Québec par les dossiers d'assistance sociale. Il y avait aussi le ministère des Affaires fédérales-provinciales qui surveillait de très près, notamment à partir de l'automne 1963, tout ce qui avait trait aux programmes fédéraux à frais partagés dont le Québec voulait sortir. À partir de juin 1963, le sous-ministre de ce nouveau ministère était Claude Morin qui avait d'abord commencé sa carrière comme professeur de politiques sociales à l'Université Laval (de 1957 à 1963), puis avait été conseiller de Jean Lesage depuis 1961 et enfin avait été, avec Marcel Bélanger, un membre influent du Comité Boucher dont le rapport fut rendu public en juin 1963 (Morin, 1988 : 4-5). Morin avait étudié en économie à l'Université Laval et en organisation communautaire à l'Université Columbia. En outre, dans la mesure où le ministre des Affaires fédérales-provinciales était Jean Lesage qui en plus était ministre des Finances, Morin avait accès directement à des centres décisionnels extrêmement importants au sein du gouvernement (Morin, 1991 : 14-211).

Parmi les collaborateurs de Morin, on retrouve, à partir de 1964, Louis Bernard, un jeune juriste qui rapidement jouera, à la demande de René Lévesque et de Claude Morin, le rôle de trait d'union entre les Affaires fédérales-provinciales et Famille et Bien-être (Bernard, 1991; Escojido, 1991; Marier, 1990a, 1990b). Dans la préparation tant de la réforme de l'aide sociale à Québec que du RAPC à Ottawa, Claude Morin et Louis Bernard assumeront des rôles clés, participeront aux discussions fédérales-provinciales et bénéficieront de la confiance de la direction de Famille et Bien-être (Marier, 1990b).

Dans la période considérée, sur le plan de la politique fédérale, la situation est caractérisée par une moins grande stabilité qu'à Québec. Dans les années 1960 à 1966, pas moins de quatre gouvernements se succèdent :

un gouvernement conservateur majoritaire de Diefenbaker de 1958 à 1962;
un gouvernement conservateur minoritaire de Diefenbaker de 1962 au
printemps 1963; un gouvernement minoritaire de Pearson d'avril 1963 à
novembre 1965; un deuxième gouvernement minoritaire de Pearson de
novembre 1965 à 1968. À partir de 1962, en particulier, avec la succession
de trois gouvernements minoritaires, la position des partis au pouvoir se
trouvait caractérisée par une très grande vulnérabilité.

LES DEUX GOUVERNEMENTS MINORITAIRES DE PEARSON

Comme les années 1963 à 1966 sont les plus importantes pour les dossiers
du retrait des programmes à frais partagés et du RAPC, il importe de se
pencher davantage sur la fragilité politique des deux gouvernements de
Pearson et sur l'impact de cette situation de fragilité dans les dossiers qui
nous intéressent. Dans les campagnes électorales de 1962 et de 1963, le
Parti libéral fédéral dirigé par Pearson et conseillé par Tom Kent avait pris
des engagements publics clairs et compromettants pour introduire à
l'intérieur de délais très courts (*sixty days of decision*) des réformes sociales
dans le domaine des pensions de retraite et de l'assurance-santé (Johnson,
1987 : 40; Osborne, 1990 : 5-6). En outre, il avait été question de « fédéralisme coopératif » et Pearson avait fait des ouvertures aux provinces intéres-
sées, comme le Québec, à sortir de programmes à frais partagés bien
« établis » en retour d'une juste compensation fiscale (Maxwell, 1968 : 440).
Le gouvernement du Québec avait pris bonne note de ces engagements et
ne manquerait pas l'occasion de les rappeler par la suite (Québec, 1964;
Lesage, 1964 : 14-15).

À la suite des élections de 1963 et de 1965, le gouvernement libéral
de Pearson devait faire alliance avec le Nouveau Parti démocratique (NPD)
pour conserver la majorité en Chambre. En effet, sur 265 sièges, les
Libéraux, en 1963, en avaient 129, les Progressistes-conservateurs 95, les
députés NPD 17 et les Créditistes 24 (dont 20 au Québec). En 1965, les
Libéraux avaient 131 sièges, les Progressistes-conservateurs 97, les députés
NPD 21 et les Créditistes 14 (dont 9 au Québec) (Bernard, 1988 : 16-17).
Et pour maintenir l'appui du NPD, les Libéraux avaient une chose à faire :
livrer la marchandise dans le domaine des politiques sociales. En d'autres
termes, pour emprunter la formule d'un témoin perspicace de l'époque : « A
high priority was assured for an expansion of Canada's social security
system » (Johnson, 1987 : 41).

En rapport avec l'objet de ma recherche, il y a trois centres d'influence
à surveiller dans le gouvernement fédéral. Il y a d'abord le Bureau du

Premier ministre et le Conseil privé. Il y a ensuite le ministère des Finances. Il y a enfin Santé et Bien-être, sur lequel je mettrai l'accent.

Le Bureau du Premier ministre et le Conseil privé

Au Bureau du Premier ministre et au Conseil privé, pendant le premier gouvernement de Pearson, trois personnes jouent un rôle central en plus du Premier ministre. Il y a Tom Kent, conseiller spécial de Pearson et « agent de liaison entre le Premier ministre et les différents ministères » (Osborne, 1990 : 5). Il y a Gordon Robertson, nouvellement nommé greffier du Conseil privé et Secrétaire du Cabinet. Il y a aussi J.E.G. Hardy, Secrétaire adjoint du Cabinet. Jusqu'au début de l'année 1966, cette équipe a un préjugé favorable au développement de nouveaux programmes sociaux et à l'acceptation dans les relations fédérales-provinciales d'un statut particulier pour le Québec. Appuyés par quelques ministres dont Maurice Sauvé, ces hauts fonctionnaires encouragent Pearson à faire preuve de pragmatisme et de flexibilité face au Québec. Cette équipe s'intéresse à l'impact de chaque dossier dans la stratégie globale. Elle veut l'avancement du développement des politiques sociales pour maintenir l'alliance avec le NPD et, en ce sens, elle compte sur l'expertise et les propositions réformistes de Santé et Bien-être. Elle compte aussi, notamment au lendemain de la Conférence fédérale-provinciale du printemps 1964, apporter un règlement au problème du Québec et elle est prête à payer un certain prix pour assurer le maintien du fédéralisme canadien.

Mais à la suite des élections de 1965, on assiste graduellement à un changement de stratégie politique du Bureau du Premier ministre et du Conseil privé dans les relations fédérales-provinciales. Ce changement apparaît au cours de l'année 1966, après le départ de Tom Kent du Bureau du Premier ministre et l'arrivée de Marc Lalonde comme Secrétaire du Premier ministre et de Pierre Elliot Trudeau comme Secrétaire parlementaire de Pearson (Clarkson et McCall, 1991 : 99-101). Il se traduira notamment par une plus grande réticence face à toute concession s'apparentant à une reconnaissance de fait du statut particulier du Québec. Des personnes comme Pearson, Robertson et Hardy conservent leur poste au cours des années 1966 à 1968. Mais leur position dans le dossier Québec-Canada change de façon sensible au cours de ces années. Avec le temps, l'ensemble du gouvernement devient de plus en plus réticent devant la pente, hier acceptable, du fédéralisme asymétrique.

Le ministère des Finances du Canada

Aux Finances, au cours de la première année de gouvernement Pearson, du printemps 1963 au printemps 1964, on assiste à certains remaniements dans l'équipe des hauts fonctionnaires à la direction du ministère. Walter W. Gordon, le ministre de 1963 à 1965, est vu comme un ami de Pearson. Il est craint dans les milieux d'affaires, en raison de son « nationalisme économique » (Newman, 1990 : 299-324). En juin 1963, arrive un nouveau sous-ministre, Robert B. Bryce, un économiste ayant fait ses armes aux Finances depuis 1937 et jouissant d'une grande influence sur le Cabinet et le Conseil privé, à la suite de son passage comme greffier du Conseil privé de 1954 à 1963.

À partir de juin 1964, on retrouve Al W. Johnson, comme sous-ministre adjoint spécialement affecté aux dossiers touchant le partage des ressources fiscales et la division des relations fédérales-provinciales des Finances. Johnson avait été haut fonctionnaire au ministère des Finances du gouvernement CCF de la Saskatchewan pendant une dizaine d'années (Newman, 1990 : 447). Dès son arrivée à Ottawa, au printemps 1964, en dépit d'un modeste titre de sous-ministre adjoint, il jouit d'un exceptionnel degré de confiance de la part de son ministre et de son sous-ministre. Il joue un rôle clé dans les dossiers de politiques sociales et fiscales. Notamment, c'est lui qui coordonne l'équipe des Finances qui élabore la stratégie au sujet des arrangements fiscaux et des programmes à frais partagés dans les domaines de l'assistance sociale, de la main-d'œuvre, de la santé et de l'éducation. À la fin des années 60, Johnson se retrouve à proximité du Conseil privé. En 1970, il est Secrétaire du Conseil du Trésor. Au cours des Conférences fédérales-provinciales sur la Constitution de 1968 à 1971, il est l'un des fonctionnaires fédéraux les plus influents sous le gouvernement Trudeau.

Sous l'influence de Johnson, les Finances, dès le printemps 1964, ont commencé à mettre au point une stratégie fort astucieuse pour banaliser le statut particulier que le Québec avait en matière de politiques fiscales et sociales. En somme, l'équipe de Johnson aux Finances a commencé à s'opposer au statut particulier du Québec avant même que le Premier ministre Pearson et le Conseil privé se rallient à cette position dure au cours de l'année 1966 (Vaillancourt, 1992b).

Lorsque Mitchell Sharp remplace Walter Gordon à la tête du ministère des Finances après les élections de novembre 1965, l'opposition au fédéralisme asymétrique symbolisé par le droit de retrait devient plus claire. Elle se manifestera officiellement, quoique subtilement, dans les offres fédérales à la Conférence fédérale sur le régime fiscal en septembre 1966.

Elle s'exprimera plus nettement et brutalement encore après la montée au pouvoir de Pierre Trudeau.

Le ministère de la Santé nationale et du Bien-être social

Le rôle de Santé et Bien-être a souvent été mis en relief dans la littérature concernant le RAPC. Depuis son apparition en 1945, ce ministère n'avait pas tardé à se faire connaître pour la qualité de l'expertise tant professionnelle qu'administrative de plusieurs de ses dirigeants comme George Davidson, qui fut sous-ministre de la division Bien-être de 1945 à 1960 (Vaillancourt, 1988 : chap. 2). De 1960 à 1972, cette tradition se continue avec le sous-ministre Joe W. Willard. Diplômé de Harvard tout comme son prédécesseur, Willard avait développé une solide expertise en politique sociale au cours des années 50, en tant que directeur de la division recherche et statistiques du ministère. Il était vu comme un *policy deputy minister*, pour reprendre l'expression d'un fonctionnaire qui l'a côtoyé (Byrne, 1990 : 2). Il avait de l'ascendant non seulement sur ses subalternes, mais aussi sur les ministres avec lesquels il travaillait, dont Judy LaMarsh (1963-1965), Allan MacEachen (décembre 1965-1968) et John Munro (1968-1972).

Autour de lui, Willard avait su constituer une équipe de « bureaucrates réformistes », pour reprendre l'expression de Splane (1978). Parmi ses proches collaborateurs, nous retrouvons plusieurs travailleurs sociaux comme Richard B. Splane, Norman Cragg, Brian Iverson, Eric Smït et Réal Rouleau. Il y a aussi des gens formés dans d'autres disciplines comme John E. Osborne (économiste), Desmond Byrne (comptable agréé) et Ron Draper.

Splane était lui-même le plus proche collaborateur, voire l'*alter ego*, de Willard, comme en témoigne Norman Knight :

> Dick was a key in the operation. He came in from the child welfare field. This must have been back in the fifties or earlier. He came in first to the Research Division of the Department. Dick was always research minded. He was an unusual person. He was a good administrator and a good researcher. And also a warm human being. He was always interested in people. Because of the kind of person he was, he had the same sort of idealism and drive as Willard. The two of them worked well together. They both inspired not only confidence but affection in the people who worked for them. Both Willard and Splane were workaholics. Dick, at the time I worked with them, was always the first in the office and the last to leave (Knight, 1990 : 5).

La majorité des membres de l'équipe Willard-Splane détenaient à la fois une bonne formation académique et une solide préparation pour œuvrer dans la fonction publique[10]. Ils entretenaient de multiples contacts avec les milieux académiques, professionnels et bénévoles concernés dans le champ du bien-être et du développement social. En outre, ils éprouvaient de la sympathie pour les propositions réformistes en politique sociale, notamment pour celles issues du Conseil canadien de bien-être social[11], de l'Association canadienne des travailleurs sociaux. Ils avaient un penchant pour l'orientation du NPD[12], ce qui ne les empêchait pas, en tant que fonctionnaires rompus à l'éthique du *civil servant*, de conserver leurs distances vis-à-vis la politique partisane : « As federal public servants, we could not be overtly active in politics. But I would say that the political allegiance of these people would have been CCF or NDP » (Knight, 1990 : 7)[13].

La position de Willard et son équipe de collaborateurs admiratifs était définie principalement par l'objectif du développement de normes nationales au plan des programmes sociaux et sanitaires dans l'ensemble du Canada (Willard, 1966)[14]. C'est en raison de cet objectif qu'ils avaient un fort attachement pour la méthode des programmes à frais partagés ou des

---

10. Jusqu'aux années 60, l'administration publique fédérale avait une longueur d'avance sur celles des gouvernements provinciaux, même si la fonction publique en Saskatchewan sous le gouvernement de Tommy Douglas avait la réputation d'être bien formée. C'est dans les années 60 que la fonction publique fédérale commença à être concurrencée par une meilleure fonction publique dans des provinces comme le Québec et l'Ontario (Osborne,1990 : 4).

11. Les liens entre le ministère et le Conseil canadien de bien-être social étaient particulièrement valorisés. Ainsi dans le dossier du développement du RAPC, l'appui du Conseil sera fréquemment mentionné par les dirigeants de Santé et Bien-être (CANADA, 1966a : 6408, 6926) et par Pearson (CANADA, 1965 : 39). Parmi les hauts fonctionnaires de Santé et Bien-être, certains avaient déjà travaillé au Conseil, dont Norman Cragg, Eric Smït, Réal Rouleau. Cragg était fier de rappeler dans un discours à des travailleurs sociaux en mars 1966 (CRAGG, 1966 : 7-8), qu'il était salarié du Conseil en 1958, soit au moment où cet organisme avait rendu public un important document pour demander l'assistance publique générale axée sur le concept de besoin. D'autres fonctionnaires de Santé et Bien-être, comme Dick Splane, Brian Iverson et Norman Knight étaient actifs sur des comités de travail du Conseil pendant les années 60 et 70 (KNIGHT, 1990). Quant à Willard, il gardait plus de distance, mais il était toujours heureux d'accepter des invitations du Conseil pour faire des conférences lors de réunions publiques du Conseil et il encourageait ses ministres à faire de même.

12. À la lecture du procès-verbal des réunions du Comité permanent de la Santé et du Bien-être social entre le 30 juin et le 5 juillet 1966, on sent bien passer les ondes positives dans les questions de Stanley Knowles (député NPD connu pour sa contribution au développement des politiques sociales) à Willard et dans les réponses de Willard à Knowles (CANADA, 1966b). Manifestement, le député et le haut fonctionnaire avaient du respect l'un pour l'autre.

13. Les lignes de communication entre Santé et Bien-être et le Conseil étaient particulièrement soignées. Au dire de Réal Rouleau qui a travaillé successivement aux deux endroits, le Conseil était utilisé par le ministère comme un laboratoire pour tester certaines idées : « Ils [les gens du Conseil] se prenaient pour la conscience de Santé et Bien-être. Quand le Ministre, au temps de Joe [Willard] ou de son prédécesseur [Davidson], avait une idée dans le domaine du bien-être, avant de mettre en marche cette idée, il demandait au Conseil de l'expérimenter. Le Ministère demandait au Conseil : "What do you think ?" Le Conseil disait : "Oh, let's organize a Conference, a Seminar !" » (ROULEAU, 1990).

14. Ce point est approfondi dans un autre article (VAILLANCOURT, 1992a).

« subventions conditionnelles ». Willard et ses collaborateurs croyaient que dans un système politique de type fédéral, le pouvoir de dépenser était particulièrement bien utilisé au plan social dans les programmes où des normes clairement établies par l'État fédéral, en concertation avec les provinces, permettaient à ce même État fédéral de demander des comptes professionnels et comptables en retour des sommes versées. Réal Rouleau qui a travaillé dans l'entourage immédiat de Willard et Splane, de 1961 à 1970, résume de la façon suivante leur « philosophie » :

> Dick et Joe avaient la même philosophie. C'était la question des normes. Ce que j'ai appris de Joe et de Dick, c'était de travailler pour relever les normes. Naturellement, il faut donner de l'argent [aux provinces]. Mais en relevant les normes, il y a une façon de le faire. C'est la façon dont on établit des méthodes de réclamation; ensuite on les analyse et on les vérifie pour voir si réellement les normes sont observées (Rouleau, 1990 : 13).

À l'intérieur du gouvernement, le poids de Santé et Bien-être était considérable, particulièrement lorsque le gouvernement était minoritaire et que des élections pointaient à l'horizon, comme c'était le cas en 1965. Dans ces moments-là, la conservation du pouvoir passait par le développement de nouvelles politiques sociales.

CONCLUSION

Si je prends le risque de dégager une synthèse dialectique de ce qui précède, je puis faire ressortir les éléments suivants.

À la faveur de la Révolution tranquille, un courant réformiste commence à apparaître, à Québec, au sein des acteurs gouvernementaux actifs dans le champ du bien-être. Ce courant émerge tardivement et lentement, comparativement à ce qui se passe dans d'autres secteurs de l'activité gouvernementale comme l'éducation, les ressources naturelles, etc. En outre, il cohabite longtemps avec un autre courant, plus conservateur, hérité de la période duplessiste et représenté au ministère de la Famille et Bien-être par un ministre comme Lafrance et des hauts fonctionnaires comme Forest et Guay. Le remplacement de Lafrance par Lévesque à la tête de Famille et Bien-être, à l'automne 1965, favorise un renforcement du courant réformiste dans le domaine du bien-être pendant les derniers mois du gouvernement Lesage. En outre, l'émergence de ce courant à Famille et Bien-être peut miser sur l'appui d'un courant semblable au ministère des Affaires fédérales-provinciales où se retrouvent le Premier ministre Jean Lesage qui s'intéresse vivement aux dossiers de politiques sociales et fiscales ainsi que des « bureaucrates réformistes » comme Claude Morin et Louis Bernard ayant à l'époque une bonne expertise en politique sociale.

Sur le plan des relations fédérales-provinciales, l'émergence d'un groupe de politiciens (Lesage, Lévesque, Kierans) et de fonctionnaires réformistes (Marier, Beausoleil, Morin, Bernard) dans l'appareil gouvernemental québécois rend possible le développement de certaines alliances avec un groupe semblable existant au sein de l'appareil gouvernemental fédéral, notamment au sein du ministère de la Santé nationale et du Bien-être social, où la tradition réformiste a pris un essor dès la création du ministère en 1945 et a été redynamisée par le retour des Libéraux au pouvoir en 1963. En tant que réformistes, les politiques et les bureaucrates de Québec et d'Ottawa partagent certaines visions et valeurs communes. Par exemple, ils s'entendent sur une manière de voir les responsabilités d'un État moderne dans les politiques sociales, etc.

Toutefois, le caractère nationaliste de la Révolution tranquille, à partir de 1963 en particulier, a des répercussions dans le domaine du bien-être sur les interactions entre Québec et Ottawa. Malgré leurs points d'entente, les politiciens et bureaucrates réformistes du Québec ne s'entendent pas toujours avec leurs homologues à Ottawa. Au contraire, des points de frictions apparaissent à partir du moment où le Québec, dans le domaine des politiques sociales, aspire de *facto* à réaliser un certain statut particulier. Ces aspirations, dans un premier temps, au printemps 1964, semblent acceptées par le gouvernement fédéral, notamment par le Bureau de Pearson et par le Conseil privé. Mais dans un deuxième temps – ce qui ressort dès l'été 1964 pour le ministère fédéral des Finances et deviendra plus clairement une ligne de conduite pour l'ensemble du gouvernement en 1966 –, le statut particulier du Québec doit être banalisé et démantelé.

En somme, dans ce contexte de négociation entre Québec et Ottawa sur les politiques sociales où la question du statut particulier du Québec devient un enjeu, il est possible de déceler de plus en plus nettement deux cultures sociales distinctes. Le dialogue entre ces deux cultures amène dans plusieurs dossiers des tensions et des affrontements. Le dossier des origines et du développement du RAPC au Québec est l'un de ces dossiers dans lequel Québec et Ottawa ne seront pas sur la même longueur d'onde en dépit de certaines visées réformistes partagées. Je compte le démontrer systématiquement dans d'autres articles consacrés aux origines et au développement du RAPC (Vaillancourt, 1992a, 1992b, 1992c).

Bibliographie (entrevues incluses)

BEAUSOLEIL, G. (1989). *Entrevue faite par Y. Vaillancourt avec Gilles Beausoleil, à Montréal, le 17 novembre 1989*, transcription validée, 6 p.

BEAUSOLEIL, G. (1990). *Entrevue faite par Y. Vaillancourt avec Gilles Beausoleil à Montréal, le 12 juin 1990*, transcription validée, 17 p.

BERNARD, A. (1988). « Vingt ans de pouvoir libéral à Ottawa : la conjoncture politique » dans BÉLANGER, Y. et D. BRUNELLE (sous la direction de) (1988), *L'ère des Libéraux. Le pouvoir fédéral de 1963 à 1984*, Québec, PUQ, 13-36.

BERNARD, L. (1991). *Entrevue faite par Y. Vaillancourt avec Louis Bernard à Montréal, le 17 juillet 1991*, transcription validée, 18 p.

BOUCHER, J.-É. (1963). *Rapport du Comité d'étude sur l'assistance publique*, Québec, Gouvernement du Québec, 230 p.

BYRNE, D. J. (1990). *Entrevue faite par Y. Vaillancourt avec Desmond J. Byrne à Ottawa le 27 juin 1990*, transcription validée, 26 p.

CANADA (1965). *Journal des débats à la Chambre des Communes*, Ottawa, 5 et 6 avril, 1-59.

CANADA (1966a). *Journal des débats à la Chambre des Communes*, Ottawa, 14 juin au 8 juillet, 6407-7417.

CANADA (1966b). *Procès-verbaux et témoignages du Comité permanent de la Santé et du Bien-être social*, fascicule 17, séances du jeudi 30 juin, du mardi 5 juillet et du jeudi 14 juillet concernant le budget principal des dépenses pour 1966-1967 de Santé et Bien-être Canada, Ottawa, Imprimeur de la Reine, 511-540.

CLARKSON, S. et C. MCCALL (1991). *Trudeau and our Times*. Volume 1 : *The Magnificent Obsession*, Toronto, An McClelland and Stewart Paperback, 502 p.

COMEAU, R. (sous la direction de) (1990). *Jean Lesage et l'éveil d'une nation*, Québec, Presses de l'Université du Québec, 367 p.

CRAGG, N. F. (1966). *Poverty and Opportunity*. Texte dactylographié d'une conférence faite le 31 mars 1966 devant la branche torontoise de l'Association canadienne des travailleurs sociaux, 18 p. ANC, RG 29, vol. 1622, dos. 1.

ESCOJIDO, A. (1991). *Entrevue faite par Y. Vaillancourt avec André Escojido à Québec, le 27 février 1991*, transcription validée, 34 p.

FOREST, J.-R. (1961a). *Forest à J. Lesage*, 5 décembre, 3 p. Archives de Roger Marier.

FOREST, J.-R. (1961b). *Forest à J. Lesage*, 5 décembre, 7 p. Archives de Roger Marier.

FOREST, J.-R. (1962). *Forest à J. Lesage*, 10 janvier, 8 p. Archives de Roger Marier.

GUAY, R. E. (1990). *Entrevue faite par Y. Vaillancourt avec R. Edgard Guay, à Québec, le 11 avril 1990*, transcription validée, 24 p.

JOHNSON, A. W. (1987). « Social Policy in Canada : The Past as it Conditions the Present », dans SEWARD, Shirley B. (1987), *The Future of Social Welfare Systems in Canada and the United Kingdom*, Halifax, The Institute for Research on Social Policy, 29-70.

KNIGHT, N. (1990). *Entrevue faite par Y. Vaillancourt avec Norman Knight à Ottawa, le 20 juin 1990*, transcription validée, 14 p.

LAFRANCE, É. (1962). *Allocution de l'honorable Émilien Lafrance à l'occasion d'une réunion des chefs de bureaux régionaux les 12 et 13 décembre*, Québec, 14 p. Archives de Roger Marier.

LAFRANCE, É. (1964). *Déclaration de l'honorable Émilien Lafrance*, ministre de la Famille et du Bien-être social, Conférence fédérale-provinciale des ministres du Bien-être tenue à Ottawa les 28-29 mai 1964, Québec, Gouvernement du Québec, 18 p.

LAFRANCE, É. (1965a). *Orientations et réalisations nouvelles en matière de bien-être familial et social au Québec*, Québec, Cabinet du ministre de la Famille et du Bien-être social, 11 mars, 23 p. Archives de Roger Marier.

LAFRANCE, É. (1965b). *Lafrance à LaMarsh*, 21 juin, 4 p. ANC, RG 19, vol. 4719, dos. 5515-04 (65-1)-1.

LAFRANCE, É. (1965c). *Lafrance à Lesage*, 21 juillet, 2 p. Fonds d'archive d'Émilien Lafrance transmis par Michel Lévesque.

LAFRANCE, É. (1965d). *Démission*. Journal personnel rédigé à l'été 1965 et reproduit en annexe dans LÉVESQUE, M. (1987), *Le conservatisme au Québec. Le cheminement politique d'Émilien Lafrance (1952-1970)*, mémoire de maîtrise en science politique, Montréal, Université McGill, annexe 3, 257-263.

LESAGE, J. (1964). « Déclaration de J. Lesage », dans Conférence fédérale-provinciale, 31 mars-2 avril 1964, Québec, *Compte rendu des délibérations*, Ottawa, Imprimeur de la Reine, 11-23.

LÉVESQUE, M. (1987). *Le conservatisme au Québec. Le cheminement politique d'Émilien Lafrance (1952-1970)*, mémoire de maîtrise en science politique, Montréal, Université McGill.

LÉVESQUE, R. (1966). *René Lévesque à son successeur*, Québec, 15 juin, 4 p. Archives de Roger Marier.

MARIER, R. (1963a). *Notes à l'usage de l'honorable Émilien Lafrance à l'occasion de la présentation des prévisions budgétaires 1963-1964*, Québec, mai, 7 p. Archives de Roger Marier.

MARIER, R. (1963b). *Mémoire à l'honorable Émilien Lafrance au sujet de la réorganisation du ministère*, 20 août, 4 p. Archives de Roger Marier.

MARIER, R. (1990a). *Entrevue faite par Y. Vaillancourt avec Roger Marier, à Québec, le 17 mai 1990*, transcription validée, 16 p.

MARIER, R. (1990b). *Entrevue faite par Y. Vaillancourt avec Roger Marier, à Québec, le 20 juillet 1990*, transcription validée, 20 p.

MAXWELL, J. A. (1968). « Tax Abatements and Opting : An Appraisal », *Canadian Tax Journal*, vol. 16, n° 6, novembre-décembre, 438-444.

MINISTÈRE DE LA FAMILLE ET DU BIEN-ÊTRE SOCIAL (MFBES) (1964). *Rapport-progrès sur le développement des politiques et des programmes administrés par le ministère de la Famille et du Bien-être social, sur l'organisation du ministère et la formulation d'ordres de priorités*, Québec, décembre, 17 p. Archives de Roger Marier.

MFBES (1965). *Nouveau programme de subventions pour fins de réhabilitation*, Québec, mars, 4 p. Archives de Roger Marier.

MORIN, C. (1988). *Entrevue faite par Y. Vaillancourt avec Claude Morin, à Sainte-Foy, le 18 mai 1988,* transcription validée, 17 p.

MORIN, C. (1991). *Mes Premiers ministres,* Montréal, Boréal, 630 p.

NEWMAN, P.C. (1990). *The Distemper of our Times. Canadian Politics in Transition 1963-1968,* Toronto, McClelland and Stewart Inc, nouvelle édition en *paperback,* 664 p.

OSBORNE, J. E. (1990). *Entrevue faite par Y. Vaillancourt avec John E. Osborne, à Nepean, le 21 juin 1990,* transcription validée, 22 p.

QUÉBEC (1964). *Les propositions du Québec sur la question des programmes conjoints,* Québec, 13 février, 7 p. ANC, RG 19, vol. 3884, dos. 5515-04, par. 2.

ROULEAU, R. (1990). *Entrevue faite par Y. Vaillancourt avec Réal Rouleau, à Orléans, le 24 juillet 1990,* transcription validée, 17 p.

SPLANE, R. B. (1978). « Social Policy-Making in the Government of Canada : Reflections of a Reformist Bureaucrat », dans YELAJA, Shankar A. (sous la direction de), *Canadian Social Policy,* Waterloo, Wilfrid Laurier University Press, 209-226.

SPLANE, R. B. (1990). *Entrevue téléphonique faite par Y. Vaillancourt avec Richard B. Splane, le 21 août 1990,* 60 minutes, résumé de 4 p.

VAILLANCOURT, Y. (1988). *L'évolution des politiques sociales au Québec (1940-1960),* Montréal, Les Presses de l'Université de Montréal.

VAILLANCOURT, Y. (1991a). « Le Régime d'assistance publique du Canada : revue de la littérature québécoise et canadienne », *Canadian Review of Social Policy/Revue canadienne de politique sociale,* n° 27, mai, 20-33.

VAILLANCOURT, Y. (1991b). « René Lévesque et les politiques sociales dans les années 60 », *Nouvelles pratiques sociales,* vol. 4, n° 1, printemps, 153-166.

VAILLANCOURT, Y. (1992a). « Les origines du RAPC examinées en mettant l'accent sur le rôle du ministère de la Santé nationale et du Bien-être social : une lecture québécoise (1960-1966) », article à paraître dans *Canadian Review of Social Policy/Revue canadienne de politique sociale,* n° 29, mai.

VAILLANCOURT, Y. (1992b). « Les origines du RAPC examinées en mettant l'accent sur le rôle du ministère des Finances : une lecture québécoise (1960-1966) », article soumis à *Canadian Review of Social Policy/Revue canadienne de politique sociale,* n° 29, mai.

VAILLANCOURT, Y. (1992c). « Un bilan québécois des quinze premières années du Régime d'assistance publique du Canada (1966-1981) : la dimension sociale », article à paraître dans *Service social,* vol. 41, n° 1, mai.

WILLARD, J. W. (1966). *Collaboration des secteurs public et privé dans le domaine du bien-être,* Ottawa, Santé et Bien-être Canada, Division de la recherche et de la statistique, 20 p.

Travail social alternatif
en Amérique du Sud

Gisèle LEGAULT
École de service social
Université de Montréal

Le développement et le déclin de l'État-providence ont influencé la pratique du travail social, en Amérique latine comme ailleurs. Cet article présente les efforts de reconceptualisation entrepris par les travailleurs sociaux latino-américains, les courants où on les retrouve, les associations qu'ils ont mises sur pied de même que le genre de projets dans lesquels ils se sont engagés.

Un séjour de six mois en Amérique latine en 1989 nous a permis de mieux connaître ce continent et plus particulièrement le Pérou, l'Uruguay et le Brésil où nous avons séjourné plus longuement. Nous avons établi des contacts avec certaines écoles et professeurs en travail social de ces pays, avec des coopérants canadiens affiliés au CECI (Centre d'étude et de coopération internationale) et avec certains groupes de femmes. Le présent article est le fruit d'une réflexion à la suite de ce séjour.

EXPORTATION D'UN MODÈLE D'ÉTAT-PROVIDENCE

À la suite de la Deuxième Guerre mondiale, plusieurs pays d'Amérique latine, de concert avec les États-Unis et à la suite de pressions exercées par les secteurs moyens de leurs populations, mettent en place un certain modèle d'État-providence[1]. Ces secteurs moyens sont un agglomérat de groupes sociaux et ne constituent pas une classe sociale dans le sens marxiste du terme; ce sont des fonctionnaires, des employés des services et de grandes organisations ouvrières qui se situent entre la bourgeoisie et le prolétariat. Les gouvernements sud-américains réagissent favorablement à leurs pressions et mettent en place ce filet qu'offre une certaine sécurité sociale, couvrant environ 40 % de la population, et permettant à ces secteurs de faire face à la crise. Les gouvernements espèrent ainsi se mettre à l'abri de ces populations considérées comme les plus dangereuses, c'est-à-dire les plus susceptibles de les déstabiliser; en outre, la grande majorité des populations d'Amérique latine vit en dehors des villes à ce moment-là.

L'engagement des États-Unis est alors très prudent; ils se méfient de ces gouvernements qu'ils voient comme nationalistes, radicaux et de gauche. Les États-Unis, partisans de la libre enteprise et de la non-intervention étatique, se méfient en effet de ces États interventionnistes d'Amérique du Sud qui considèrent l'intervention gouvernementale dans l'économie comme un moyen de sauvegarder le pouvoir d'achat et de défendre les intérêts des travailleurs organisés. Les États-Unis voient ces gouvernements comme radicaux dans le sens qu'ils limitent les investissements étrangers, exercent des contrôles sur les secteurs d'investissements et le rapatriement des profits, et réservent certains secteurs aux investissements nationaux. Ces gouvernements sont aussi vus comme de gauche en ce qu'ils s'associent à une certaine portion de travailleurs dont les syndicats deviennent alors des courroies de transmission des desiderata des gouvernements et des partis politiques au pouvoir; aussi, le discours ouvriériste de ces gouvernements

1. Je voudrais ici remercier Claude Morin, responsable du Programme d'études latino-américaines de la Faculté des arts et des sciences de l'Université de Montréal pour ses commentaires en rapport avec une première version de ce texte.

suscite-t-il des craintes. Néanmoins, les États d'Amérique du Sud et des États-Unis s'associent à la construction de ce modèle embryonnaire d'État-providence latino-américain.

Cependant, ce n'est que dans les années 60 et avec le spectre d'une autre révolution cubaine que s'articulera l'Alliance pour le progrès, c'est-à-dire cet ensemble de réformes sociales, orchestré par les États-Unis et visant à aider les pays d'Amérique latine à développer leur économie et à améliorer les conditions de travail et de vie des secteurs moyens et des travailleurs syndiqués.

La mise en place d'une infrastructure socio-économique contient des éléments empruntés au modèle américain d'État-providence, dont une certaine sécurité sociale, le salaire minimum, l'assurance-chômage, des logements populaires, une infrastructure routière, certaines réformes agraires, le tout destiné à éviter des mécontentements susceptibles d'être canalisés et orientés par des leaders ou des partis de gauche et de déboucher sur de possibles « révolutions ». Ce volet progressiste ou éclairé est toutefois contrebalancé par un volet répressif qui vise à renforcer la capacité militaire et policière des pays concernés à faire face aux mouvements de contestation et de guérillas des secteurs insatisfaits. De l'équipement militaire, de même que des méthodes d'intervention sont ainsi prodigués aux pays d'Amérique latine qui ne sont pas prêts par ailleurs à assumer les frais des réformes amorcées. Leurs oligarchies ne désirent pas contribuer financièrement, notamment par le biais des réformes fiscales, à l'application de l'ensemble des réformes.

Cette adoption du modèle d'État-providence a changé et la conception du bien-être et celle du travail social également. D'une conception du bien-être défini comme une certaine qualité de vie résultant du jeu des forces naturelles de la société où l'individu reçoit de la société autant et en proportion de ce qu'il y investit, on passe à une conception du bien-être défini par l'État à partir d'objectifs sociétaux à atteindre. Plusieurs travailleurs sociaux jusque-là centrés sur un travail social résiduel, se joignent aux efforts de concrétisation d'un État-providence pour l'Amérique latine. La fondation de l'Association latino-américaine des écoles de service social (ALAETS) s'est constituée à ce moment là, en 1965. En plus de coordonner, informer et représenter la profession en Amérique latine, l'Association recherche et appuie le développement d'un travail social proprement latino-américain du point de vue théorique et pratique. L'Association vise à unifier les efforts de tous les pays d'Amérique latine vers le développement d'un exercice professionnel identifié aux secteurs populaires et à conserver en même temps une conception pluraliste du travail social adapté aux réalités propres à chaque pays et à chaque région.

On peut distinguer dans l'ALAETS et chez les travailleurs sociaux latino-américains en général deux principales positions vis-à-vis l'État-providence (Quiroz, 1986). Une approche dite « réformiste » vise à améliorer la situation générale d'un pays donné en favorisant le passage du pouvoir de la classe oligarchique à cette nouvelle classe composée de la bourgeoisie, des secteurs moyens et du mouvement syndical organisé. Les travailleurs sociaux liés à cette approche essaient d'améliorer le fonctionnement de l'appareil d'État et vont puiser largement aux modèles du service social américain. Une autre approche, dite « révolutionnaire », cherche à changer la société en une nouvelle qui soit plus favorable à la classe des travailleurs organisés et non organisés. Ces travailleurs sociaux s'inscrivent dans le mouvement de reconceptualisation du travail social (Lusk, 1981), mouvement inspiré de l'expérience de Paulo Freire au Brésil et de ses méthodes d'éducation de la classe ouvrière et paysanne. Ces travailleurs sociaux prônent la proximité des milieux populaires, la mise sur pied d'organisations solides dans les milieux en vue d'une élaboration des changements souhaités et d'une « surveillance » de la direction de la « nouvelle » société. Le concept du travail social alternatif est ainsi né et, dans sa lignée, la création en 1975 du Centre d'études latino-américain en travail social (CELATS), localisé à Lima au Pérou.

ÉCHEC DU MODÈLE D'ÉTAT-PROVIDENCE

Plus ou moins vingt-cinq ans plus tard, on peut affirmer que ni le modèle de société moderne ni celui d'État-providence n'ont changé les conditions de base du continent sud-américain. La société moderne ne s'est jamais réalisée non plus que ses promesses de justice, d'égalité sociale ou même de démocratie.

Certains progrès et une certaine modernisation ont pu se réaliser dans des secteurs sociaux très définis, comprenant les classes moyennes et supérieures et une partie de la classe des travailleurs des secteurs industriels avancés. Par contre, pour les paysans, les sous-employés (la majorité) et les chômeurs, leurs conditions sont pires qu'avant ces tentatives d'appliquer le modèle américain. Ce qui frappe le plus dans tous les pays d'Amérique latine, c'est la polarisation prononcée dans la distribution des ressources. Les premiers 10 % les plus riches touchent des revenus entre 35 et 50 fois supérieurs à ceux dont doivent se contenter les 20 % les plus pauvres; au moins 40 % de la population est considérée comme pauvre et incapable de répondre à ses besoins essentiels et, de ce nombre, 20 % ne peut se procurer le minimum alimentaire vital.

Un modèle latino-américain d'État-providence ne s'est pas concrétisé, parce que ni les États-Unis, ni les élites des pays engagés, n'avaient de véritable volonté politique d'effectuer les réformes amorcées. Vers la fin des années 60, les États-Unis se désengageaient : alors qu'ils devaient investir dix milliards $, ils n'en ont fourni qu'une fraction et se sont trouvés absorbés sur d'autres fronts, par la guerre au Vietnam notamment. En outre, les gouvernements d'Amérique latine étaient plus préoccupés d'éviter un second Cuba que de mettre en place de véritables réformes qui auraient exigé qu'ils imposent les hauts revenus et les patrimoines et qu'ils allouent les budgets nécessaires au développement social amorcé. Les quelques mesures sociales ayant calmé les esprits, les résultats escomptés n'ayant pas été atteints par ailleurs, ils se désengagent également. L'Alliance entre les États-Unis et l'Amérique latine prend fin et, avec elle, l'Alliance pour le progrès.

Deux autres facteurs (Quiroz, 1986) ont aussi contribué à l'échec du modèle d'État-providence, facteurs liés au fonctionnement du capitalisme à la périphérie : le choix des cultures et la croissance du secteur industriel.

Choix des cultures : les cultures favorisées par les gouvernements, à travers les politiques de prix et de crédit, sont celles qui sont rentables pour l'exportation : la canne à sucre, le café, le soya, les bananes, le coton. Cette stratégie agricole a pour effet de priver les populations des denrées nécessaires à leur survie telles le maïs, le blé, les céréales, et de ne fournir de l'emploi qu'à une infime proportion de la population, d'où la migration considérable des ruraux vers les villes à la recherche de travail et de survie. On estime à environ 60 % la population qui vit dans de grandes villes en Amérique latine, ce qui est beaucoup trop ! C'est ainsi qu'on peut maintenant observer les métropoles gigantesques que sont Mexico, Lima, São Paulo, Rio de Janeiro, Montevideo, Buenos Aires entourées de larges ceintures de bidonvilles aux dénominations variées : *pueblos jovenes* (Pérou), *favelas* (Brésil), *villas miserias* (Argentine), *cantegriles* (Uruguay). Dans les bidonvilles, une proportion importante de la population (entre 15 et 60 %) vit dans des logements insalubres sans service d'eau, d'égout, d'enlèvement des ordures; le transport y est aussi très difficile, car les autobus sont peu nombreux et en mauvaise condition.

Croissance du secteur industriel : cette croissance est en effet indéniable, mais elle est très liée au capital étranger, d'où l'accumulation de la dette extérieure et à l'apport d'une technologie souvent étrangère et inadaptée aux besoins du pays. C'est une croissance anarchique et dysfonctionnelle, plutôt qu'un développement du secteur industriel, qui aurait exigé une planification et la production entre autres de biens-machines qui servent à équiper les industries de transformation. En quoi, par exemple, la production de pièces d'automobiles au Brésil sert-elle les populations qui doivent

ensuite acheter à des prix exhorbitants le produit fini ailleurs ? Cette croissance du secteur industriel a donc amené un accroissement assez faible de
main-d'œuvre; de plus, payé à des salaires cinq fois inférieurs à ceux des
États-Unis, le travailleur latino-américain est forcé, soit à travailler plus, soit
à consommer moins et à devoir compter non seulement sur le salaire de son
conjoint, mais aussi sur celui de ses enfants.

CONTEXTE SOCIAL ET COURANTS EN SERVICE SOCIAL

Les États n'ont donc implanté nulle part l'État-providence de façon
significative en raison d'un manque de volonté politique de s'en donner les
moyens, d'absence de fonds et de ressources pour répondre aux problèmes
et aux besoins par ailleurs très nombreux des populations; les gens, souvent
muselés dans leurs revendications par des politiques répressives, ont dû
trouver eux-mêmes réponses et solutions. Plusieurs travailleurs sociaux se
sont associés à ces efforts (Michea, 1987), ceux-là mêmes qui avaient
entrepris le processus de reconceptualisation du travail social latino-américain
quelques années auparavant.

Le CELATS (Centre d'études latino-américain en travail social)
constitue ce point de rencontre de ces travailleurs sociaux. Il rallie actuellement 21 pays, majoritairement d'Amérique latine. Son objectif principal
est le soutien théorique et pratique aux activités et aux professionnels du
travail social en Amérique latine, afin que tous les efforts contribuent à la
transformation des conditions de vie et de travail des secteurs les plus
défavorisés de ce continent.

Le CELATS a quatre domaines d'action principaux : la recherche, la
systématisation de l'action, la formation et la communication. La *recherche*
porte sur les problèmes théoriques et pratiques de l'exercice de la profession.
Elle se concentre sur l'analyse scientifique des secteurs populaires où le
travail social s'exerce et sur les politiques sociales qui les affectent. *La systématisation de l'action* vise à récupérer les expériences pratiques et à les
analyser de façon à ce qu'elles puissent être utiles à l'action des travailleurs
sociaux latino-américains. La formation par correspondance vise à renforcer
et approfondir la formation théorique et pratique de base des travailleurs
sociaux dans leurs divers domaines d'action, incluant les exigences
particulières de leurs contextes de pratique. Le secteur communication
publie et distribue les travaux effectués au Centre ou par ses collaborateurs
immédiats. Jusqu'à présent, il y a eu publication de livres et de cahiers
relatant des expériences novatrices, publication de la revue *Accion Critica*
qui compte actuellement une vingtaine de numéros. Le secteur communication produit aussi du matériel didactique utilisé par les secteurs formation
et action.

Le CELATS est un lieu de réflexion et de questionnement pour le travail social latino-américain : il favorise et engage des échanges à l'intérieur et entre les trois principales régions que constituent les Antilles, le Bloc andin et le Cône sud (Brésil, Uruguay, Argentine et Chili). Le Centre a été à l'origine de la rencontre de l'Association internationale des écoles de service social à Lima en 1990.

Écoles et travailleurs sociaux alliés des secteurs populaires

La perspective des travailleuses sociales et des travailleurs sociaux progressistes est la mise sur pied, le fonctionnement et l'enseignement de méthodes de travail pour aborder et résoudre les problèmes rencontrés. Ils et elles se mettent au service des organisations populaires et ont une perspective communautaire d'action. Nous avons été en contact avec ces travailleurs sociaux et ces professeurs, principalement lors du Colloque de Montevideo en juin 1989, lequel réunissait les écoles et associations professionnelles du Cône sud, affiliées au CELATS. Citons à titre d'exemples deux types de projets que nous avons pu observer de près au cours de notre séjour et représentatifs de ce courant : les cuisines communautaires de quartier et les cliniques de santé.

Les cuisines communautaires de quartier ont, pour la plupart, été mises sur pied grâce à des fonds internationaux; nous avons visité ces cuisines à Villa El Salvador, un immense bidonville de 300 000 habitants à la périphérie de Lima, de même qu'à São Paulo et à Rio de Janeiro au Brésil. Il s'agit toujours d'organisations de femmes qui se mettent ensemble pour acheter et préparer la nourriture pour les familles-membres qui versent une cotisation et doivent donner de leur temps au fonctionnement de la cuisine. Des équipes de femmes se chargent d'aller au marché et d'acheter la nourriture en grande quantité; d'autres la préparent, une fois par jour, pour tous les membres; d'autres enfin nettoient et rangent. Il s'effectue, à travers ces projets, tout un travail d'éducation et d'administration qui dépasse, et de loin, ce à quoi ces femmes étaient habituées à faire en tant que mères, épouses et ménagères. Elles y apprennent la division des tâches et des responsabilités, la prise de décision et le fonctionnement en groupe, la planification et l'administration des ressources, etc. Plusieurs travailleurs sociaux collaborent à ces projets, plus particulièrement ceux et celles travaillant au CELATS; d'autres sont rattachés à des projets de développement international ou aux regroupements élargis de femmes tels celui de Manuella Ramos à Lima. Ce mouvement de femmes péruvien travaille de préférence avec les femmes des quartiers défavorisés de Lima; il est d'orientation féministe et populaire et comporte des volets d'intervention sanitaire, juridique, d'organisation de quartier et de communication.

Les cliniques de santé de quartier fonctionnent selon les mêmes principes : locaux et matériel fournis par des fonds internationaux, implication des femmes du quartier dans l'administration et le fonctionnement de la clinique, soutien et aide concrète de travailleurs sociaux, de coopérants étrangers et de femmes du mouvement Manuella Ramos si l'on réfère à l'exemple de Villa El Salvador au Pérou. Il y a aussi de multiples collaborations entre les projets d'un même quartier et des collaborations également autour d'initiatives de nature plus politique telles des protestations concernant les prix des articles essentiels, l'enlèvement des ordures et la défense des droits humains et de la démocratie.

Un syndicalisme militant

Parallèlement aux luttes des secteurs populaires, les travailleurs sociaux eux-mêmes luttent pour l'amélioration de leurs propres conditions de travail. En cela, les travailleurs sociaux se joignent aux larges regroupements de syndiqués où l'accent n'est pas tant mis sur la reconnaissance professionnelle que sur la critique, pour prendre le cas du Brésil, des modalités de remboursement de la dette extérieure, des budgets de défense militaire et policière et de la discussion des impacts de ces facteurs sur leurs conditions de travail et de vie et celles de leurs clients.

La situation est difficile pour tous : il règne une incertitude économique constante, les projets sont difficiles à réaliser à cause surtout du changement constant de valeur de la monnaie nationale. J'ai souvent vu ces files de travailleurs et travailleuses convertir rapidement, le jour même de la paye, leur salaire en dollars US, pour éviter « qu'il ne fonde » et pour ensuite le reconvertir en monnaie locale en fonction de leurs besoins de consommation. Les travailleurs sociaux n'échappent pas à cette situation. Les professionnels du secteur des services gagnent 450 $ par mois au Brésil et de 150 à 200 $ par mois en Uruguay et en Argentine; plusieurs doivent cumuler deux ou trois emplois en recherche, à l'université, ou en pratique, pour arriver à s'assurer un niveau de vie décent et se procurer un certain confort; ils se sentent bousculés d'un milieu de travail à l'autre et ne peuvent consacrer à chacun le temps requis.

Le contexte du colloque était aussi révélateur des conditions de travail de ces professionnels. Il se déroulait dans un couvent assez spacieux bien que modeste mais non chauffé et humide alors que la température à l'extérieur était de 5 °C. Le contexte physique dans lequel se faisaient les échanges était donc très inconfortable; il correspondait toutefois avec les conditions de vie encore plus difficiles des clients du travail social dont il était question. De petits radiateurs palliaient le manque de chauffage central, mais leur utilisation était réduite en raison d'une pénurie d'électricité dans tout le Cône sud, imputable à la sécheresse. Le coût de participation au colloque (30 $ pour trois jours, le CELATS défrayant les coûts du transport) était considéré comme à la limite de l'abordable par les participants. C'est dire que la participation à des rencontres de concertation nationales, continentales et internationales est conséquemment impossible pour les Latino-Américains, à moins qu'ils ne bénéficient d'une aide financière extérieure. Ainsi, leur participation au 12e Séminaire latino-américain de travail social, à Quito, en juillet 1989, au coût de 70 $ US, était jugée impensable pour la plupart. Nous comprenons mieux, dès lors, les conditions de travail et de vie différentes de nos collègues d'Amérique latine et les conséquences de ces conditions sur le développement d'un travail social proprement latino-américain.

Cette situation économique difficile provoque le mécontentement généralisé des travailleurs qui s'exprime par des grèves multiples. Au Brésil, on a dénombré 1 500 grèves en 1987 et 2 000 en 1988. Toutes les universités que j'ai visitées étaient en grève. De même plusieurs industries et autres secteurs de la société étaient en grève, en particulier à São Paulo où le militantisme syndical est très fort et où les coalitions au niveau national se concrétisent. Partout, on observe une méfiance à l'endroit des dirigeants politiques en raison de la corruption et des scandales passés et présents. L'influence des militaires demeure encore très considérable.

La confrontation avec l'État est particulièrement importante; on exige que les faibles ressources dont dispose celui-ci servent à renforcer les initiatives du peuple organisé. Devant l'âpreté de la crise, les travailleurs sociaux latino-américains estiment qu'on ne peut se défendre d'une manière individuelle; il faut le faire en groupe, afin d'intervenir dans le maniement de la chose publique et l'organisation d'un nouvel ordre social qui ne pourra être érigé sans une confrontation avec l'ordre actuel. Ils espèrent une force unificatrice, que ce soit un parti, un front, une coalition de partis, qui projette et renforce les luttes pour la redistribution des biens et services. Il y a eu de fait une montée rapide des secteurs de gauche au cours des années 80; les coopérants canadiens rencontrés étaient très confiants et optimistes face au Parti des travailleurs qui avait réussi à faire élire Luiza Erundina, une travailleuse sociale, à la mairie de São Paulo, en novembre 1988. Lula (Luis Inacio Lula Da Silva), candidat de ce parti, ralliait également une proportion importante et respectable de l'électorat aux élections nationales de l'automne 1989. Il fut battu de peu par le président Collor de Mello.

L'Association des travailleurs sociaux brésiliens, l'ANAS, est très proche et solidaire des autres syndicats de travailleurs. Leur regroupement syndical est d'ailleurs affilié à la plus large centrale syndicale du pays, perçue comme gauchiste et radicale dans ses positions et revendications. L'ANAS participe à cette coalition tout en préservant son autonomie en tant qu'organisation professionnelle du service social; elle s'allie ouvertement aux secteurs populaires et met de l'avant un projet social de changement réclamant de meilleures conditions de vie et de travail, de meilleures conditions de santé et d'éducation principalement.

L'Association des écoles de service social brésilienne (ABESS), association très dynamique, partage également la perspective du CELATS d'un travail social progressiste ou alternatif. Ces éducateurs s'estiment solidaires des secteurs populaires et considèrent leur responsabilité d'œuvrer à l'amélioration des conditions de vie et de travail de ces secteurs. Comme l'expliquait Justina Iva De Araiyo Silva, de l'École de service social de Natal au Colloque de Montevidéo, beaucoup de travail reste à faire pour adapter la pratique et la formation en travail social à la situation précise du Brésil et de l'Amérique latine. Cette professeure souligne la nécessité pour les enseignants de compléter leur formation, notamment au niveau du doctorat, afin de combler les faiblesses théoriques de la pensée en service social, principalement au chapitre de son adéquation au contexte latino-américain. Elle notait aussi une lacune au niveau des méthodologies d'intervention, encore d'inspiration trop américaine ou insuffisamment articulées aux analyses progressites; elle se référait ainsi à l'articulation théorie-pratique si difficile à mettre en œuvre où que ce soit.

Les acteurs et actrices du travail social latino-américain me sont apparus finalement très dynamiques et optimistes en dépit de la situation difficile qu'ils vivent; ils sont préoccupés d'identifier avec justesse leur conjoncture spécifique et d'articuler la formation et la pratique en travail social à cette conjoncture. Béatriz Abramirez, présidente de l'Association des assistantes sociales brésiliennes, que j'ai rencontrée à São Paulo, à la suite d'un important congrès national à Natal en avril 1989 (3 000 personnes y assistaient), parle de la nécessité d'unifier davantage la profession autour d'objectifs communs, de liens privilégiés avec les secteurs populaires et d'une pratique spécifiquement brésilienne ou sud-américaine progressiste. Le projet de société mis de l'avant par les travailleurs sociaux brésiliens défend la préservation et la consolidation d'une démocratie encore fragile après vingt ans de dictature.

Une perspective conservatrice

Plusieurs travailleurs sociaux rencontrés ne débordent pas d'optimisme. Ils estiment que même si le capitalisme réussissait à surmonter la crise, il est impossible que l'Amérique latine revienne à la situation des années 1955-

1970; on ne prévoit pas d'afflux de crédits bon marché ni de hausse des prix des produits d'exportation. On prévoit au contraire que les capitalistes orienteront leurs investissements vers d'autres régions et que le commerce s'intensifiera plutôt entre les États-Unis, l'Europe et le Japon. Ces problèmes économiques amènent de l'eau au moulin de la tendance conservatrice, car tous les travailleurs sociaux latino-américains ne partagent pas les perspectives progressistes : ceux qui ont été formés pendant la dictature ont une conception conservatrice du travail social. Constatant que l'État n'est pas en mesure de lancer et de soutenir des politiques sociales, ils reviennent à la perspective individuelle et familiale du travail social; ils renouent ainsi avec les écoles américaines et leurs méthodes spécifiques d'intervention.

CONCLUSION

Des expériences antérieures de collaborations québécoises en Amérique du Sud[2] se sont situées majoritairement dans le courant du travail social alternatif décrit et situé dans cet article; notre propre collaboration s'y inscrit également. Nous avons donné notamment à Brasilia une session de formation à des travailleuses des centres d'aide aux femmes victimes de violence conjugale de quelques villes du sud du Brésil. L'analyse et l'intervention féministe étant déjà présentes, cette session venait compléter, en ajoutant des moyens et des instruments concrets d'action, davantage développés au Québec. D'autres collaborations demeurent possibles, principalement au Brésil où deux professeurs de Brasilia, Eva et Vincente Fareiros, ayant déjà demeuré au Québec, assurent le relais et aident à articuler l'arrimage entre les besoins brésiliens et les compétences québécoises.

En résumé, malgré une situation éprouvante, les travailleurs sociaux rencontrés estimaient que la conjoncture était bonne pour occuper une place plus importante dans les échanges internationaux en service social. L'accession de plusieurs pays à la démocratie libérale, à partir des années 1984-1985, a en effet permis une articulation et une consolidation des positions latino-américaines en service social. De plus, l'instauration de la langue espagnole comme langue officielle au plan international était entrevue comme possible et le contexte des rencontres internationales de Lima et de Buenos Aires en juillet et août 1990 appuient cette vision des choses.

---

2. À titre d'exemples : Louis FAVREAU et Lucie FRÉCHETTE, « Projet de coopération au Pérou », ACFAS, 1990; M. Vermette, « Projet de coopération au Chili » rapporté par L. MASSICOTTE dans *Info 9*, vol. 12, n° 10, Montréal, CSS-MM, juin 1991.

Bibliographie

Dumont, R. (1981). *Le mal développement en Amérique Latine*, Paris, Seuil.

Fanon, F. (1987). *Les damnés de la terre*, Paris, La Découverte.

Galeano, E. (1971). *Las venas abiertas de America Latina*, Mexico, Siglo 21 Editores.

Lusk, Mark W. (1981). «Philosophical Changes in Latin American Social Work», *International Social Work*, vol. 24, n° 2.

Michea, R. (1987). «Les approches intégrées dans l'histoire du service social latino-américain : analyse de trois modèles», *Service Social, vol. 36, n°s 2 et 3*.

Quiroz, T. (1986). «Latin American Reality and Social Work», *International Social work*, vol. 29, n° 2.

Touraine, A. (1988). *La parole et le sang*, Paris, Odile Jacob.

Félicitations, André Jacob!

Réjean MATHIEU
Université du Québec à Montréal

Jean-Pierre DESLAURIERS
Université du Québec à Hull

Le 10 décembre 1991, le ministre de la Justice du Québec remettait à André Jacob le prix Droits et Liberté. Le 5 janvier 1992, le journal *La Presse* le nommait personnalité de la semaine. André fait partie du comité de rédaction de la revue depuis les tout débuts et l'occasion est bonne pour le « reconnaître » : nous savions qu'il était bon mais nous nous rendons bien compte qu'il est encore meilleur que nous ne le pensions!

La reconnaissance publique qu'on accorde à André est des plus justifiées et amplement méritée, car il s'intéresse aux relations interethniques et internationales depuis une vingtaine d'années, bien avant que le sujet ne devienne à la mode. En 1965-1966, il fait du travail communautaire au Chili et participe à la mise sur pied d'une clinique communautaire, de comités d'action sur l'amélioration des conditions de vie de quartier, etc. Il gardera pour ce pays un attachement qui ne se démentira pas au cours des années. Aussi, lors du plébiscite du 5 octobre 1988 marquant le retour de ce pays à la démocratie, n'a-t-il pas été étonnant de le retrouver membre de la délégation du Québec au Chili chargée d'attester du bon déroulement de la consultation. En 1972-1973, il est coordonnateur à l'École nationale de service social à Tunis. Après avoir enseigné à l'École de service social de l'Université Laval (1973-1975), il travaille comme agent d'éducation à la Commission des droits de la personne en 1976-1977; il est notamment responsable du dossier « Droits des minorités ethniques ». Il enseigne au Département de travail social de l'UQAM depuis 1977.

Entre temps, il fut maintes fois invité à prononcer des conférences dans divers pays d'Europe et d'Amérique latine; il a publié livres, rapports de recherche et articles sur la question interethnique mais aussi sur l'organisation communautaire, le Chili, bien sûr, et l'immigration. Dernièrement, il a été un des membres du comité organisateur de la chaire d'études en immigration et relations interethniques de l'UQAM. Ce comité est à l'origine du certificat en relations multiethniques qu'offre maintenant cette même université. La revue n'a pas manqué de profiter de ses connaissances : avec Micheline Labelle (sociologie, UQAM), André coordonnera la publication du dossier portant sur l'intervention en milieu interethnique. Ce numéro est prévu pour l'automne 1992.

Ce prix couronne donc vingt ans d'engagement et de recherche dans la promotion des droits et libertés, au Québec et ailleurs, et la revue est heureuse de souligner la contribution de ce collaborateur de la première heure. Félicitations, André !

Théorie et pratiques en organisation communautaire

Laval Doucet *et Louis* Favreau
(sous la direction de)
Québec, Presses de l'Université du Québec
1991, 464 p.

Certains ouvrages sont des outils de base pour approfondir les pratiques. Celui-ci tient plutôt du coffre à outils. Partant du modèle d'explication de l'organisation communautaire développé aux États-Unis par Jack Rothman (1987) et mettant à contribution dix-huit auteurs, Doucet et Favreau nous offrent un panorama de points de vue complémentaires sur l'organisation communautaire au Québec. Ils précisent en avant-propos que ce projet leur paraît opportun « à l'heure où la pratique québécoise de l'organisation communautaire est en processus de clarification tant sur le plan théorique que sur le plan pratique » (p. x-xi), une pratique qu'ils estiment d'ailleurs en pleine expansion.

L'ouvrage est divisé en trois parties. La première est consacrée à une présentation de chacune des trois stratégies : développement local, action sociale et planning social. La seconde s'intéresse aux champs de pratique tandis que la troisième traite de l'organisation communautaire en Afrique et en Amérique latine. L'ensemble est précédé d'une introduction substantielle d'une cinquantaine de pages qui « campe » le cadre de référence en mettant en perspective les trois modèles et en les appliquant à l'itinéraire de l'organisation communautaire au Québec.

Ce qui frappe à la lecture de Théorie et pratiques, c'est l'équilibre de l'ensemble, en termes d'espace aussi bien que de diversité des approches. Un cinquième du livre est consacré au cadre théorique dans lequel s'inscrivent les diverses contributions; une portion équivalente est consacrée à chacun des blocs de textes traitant des trois stratégies; quant au dernier cinquième, il est consacré aux groupes identitaires (jeunes, femmes, personnes âgées, groupes ethniques) et aux groupes d'intérêt. Dès l'avant-propos, les auteurs soulignent que « la documentation disponible sur les pratiques d'organisation communautaire [est] encore trop fragmentaire pour qu'il soit pensable de proposer une théorie englobante » (p. ix). Le produit de leur démarche collective s'inscrit par ailleurs dans la lignée des maîtres-livres susceptibles de faire progresser la question, à la manière des Taylor et Roberts (1985) ou Cox et al. (1987) dont la facture leur a servi d'inspiration.

À la suite de Rothman, Doucet et Favreau considèrent que les trois stratégies explicatives des pratiques d'organisation communautaire peuvent se déployer en séquence, comme étapes d'un même processus d'intervention, ou bien prévaloir à un moment ou à un autre en fonction de la diversité des situations. La stratégie constitue selon eux l'« indispensable trajectoire de longue durée du travail dans une communauté locale » (p. 59). Chacune des trois stratégies proposées a ses caractéristiques propres, mais sur le terrain, c'est souvent la « mixité des stratégies » qui prévaut, l'organisation communautaire se définissant en fonction des besoins de la communauté. Du point de vue de l'État, ce concept de communauté renvoie à une collectivité locale dont la population est plutôt indifférenciée. Du point de vue du communautaire autonome, c'est à partir des classes populaires « géographiquement localisées » (p. 237), de « segments [...] partageant les mêmes conditions socio-économiques » (p. 238) ou de « groupes identitaires [...] à l'intérieur de ces classes » (p. 236) que la communauté est considérée. Le premier de ces points de vue amène à privilégier les stratégies de développement local; le second, celles de l'action sociale; tandis que le troisième ouvre aux trois stratégies.

Avant 1960 au Québec, c'est « un christianisme social monolithique d'orientation conservatrice qui prévaut » (p. 39) en même temps que pointent, au fur et à mesure de l'industrialisation, des signes de changement tels la professionnalisation des services sociaux ou le développement des syndicats et des coopératives. La Révolution tranquille consomme la rupture avec cette approche caritative traditionnelle et le terrain devient propice à l'expérimentation sociale. De 1960 à 1975, dans la foulée de la mise en place d'un État-providence, de nouvelles pratiques surgissent, inspirées des courants américains d'action sociale, de la gauche européenne et de la tradition chrétienne latino-américaine. Depuis 1975 jusqu'à aujourd'hui, le désengagement de l'État et l'effondrement des idéologies n'ont pas entraîné le recul appréhendé par certains. On note plutôt chez les intervenants communautaires une capacité nouvelle de combiner les diverses stratégies et une prolifération de groupes qui constitue « la plus réconfortante des tendances sur le front de la pauvreté » (p. 67).

Les auteurs ne prétendent pas innover en termes théoriques, mais leur contribution est majeure dans la mesure où elle constitue une vérification au Québec – dans un contexte nord-américain, mais aussi francophone – d'un modèle qui, depuis une vingtaine d'années, s'avère fécond, en milieu anglo-saxon principalement, pour l'analyse de pratiques communautaires. La démonstration peut encore gagner en clarté et en pertinence, mais elle constitue une base permettant de mettre en perspective divers essais théoriques élaborés au Québec.

Il faut souligner la qualité des contributions particulières qui présentent les diverses stratégies à partir des pratiques. Les textes traitant du développement local globalement (Favreau), à Montréal (Primeau) et dans les Bois-Francs (Ninacs) aussi bien qu'en Afrique (Assogba) ou en Amérique latine (Favreau et Fréchette), offrent une base substantielle aux réflexions qu'il convient d'entreprendre sur cette stratégie, à l'heure du déclin démographique de larges secteurs du territoire québécois. À cet égard, on peut seulement déplorer qu'il n'ait pas été possible d'obtenir un texte sur les pratiques de développement en milieu rural, alors que se vivent des expériences déterminantes en Abitibi, dans le Bas-du-Fleuve et en Gaspésie.

Relativement à l'action sociale, le plus grand intérêt des textes réside dans le fait qu'on n'y tient jamais pour acquis que le lecteur connaît la question. Cela nous vaut une présentation de la défense des droits sociaux (Mayer et Panet-Raymond) qui se donne la peine de préciser la notion de droit et de présenter l'évolution des interventions avant de décrire quelques pratiques actuelles. Le texte sur l'action politique locale (Favreau et Hurtubise) nous offre une coupe longitudinale des expériences du FRAP puis du RCM à Montréal et du Rassemblement populaire (RP) à Québec. La contribution de Julio Fernandez sur l'éducation populaire contient à la fois un aperçu historique et une réflexion-choc sur les exigences pédagogiques de ces pratiques. L'article de Yves Hurtubise sur l'action conscientisante est lui aussi un excellent révélateur de l'itinéraire de ce courant dans la pratique de Freire puis dans celle d'intervenantes québécoises. L'auteur indique aussi l'apport significatif de ces pratiques à l'action communautaire au Québec (dimension totalisante, attention à la culture populaire, richesse des instruments et durée de la jonction entre universitaires et intervenants). En conclusion, il prend toutefois ses distances en soulevant des questions percutantes à l'égard des tenants de cette approche. Peut-être auraient-elles trouvé réponse, si le texte avait pu être produit par une personne s'identifiant encore à la conscientisation.

La section sur le planning social comprend trois textes d'excellente venue sur l'approche communautaire (Gingras), l'action communautaire (Hurtubise) et l'action environnementale (Doucet), trois concepts de base permettant de situer les débats actuels sur l'action communautaire en CLSC. Cela me semble par contre un inconvénient de limiter la présentation aux pratiques en CLSC : si importantes soient-elles, sur le plan du personnel impliqué et de la liaison avec le terrain communautaire, elles ne représentent qu'une facette du planning social. À titre d'illustration, on peut penser à l'implication des DSC – de conversion récente il faut le reconnaître ! – dans le réseau de *Villes et villages en santé*, à celle des CRSSS dans le soutien aux organismes communautaires et au rôle qu'ils ont commencé à jouer dans l'élaboration des plans régionaux d'organisation des services (PROS), rôle qui gagnera en ampleur quand ils seront devenus des régies régionales. Il n'aurait pas été inutile non plus, compte tenu de l'importance accrue du planning social, de prévoir une présentation générale de cette stratégie, un peu comme on le fait avec le développement local.

La deuxième partie du livre est consacrée aux champs de pratique : communautés locales (voir développement local), groupes identitaires et groupes d'intérêt. Les textes sur les jeunes (René), les femmes (Fournier et Gagnon), les personnes âgées (Pilon) et les groupes ethniques (Jacob) sont de véritables mines d'information dans la mesure où ils brossent un tableau des pratiques auprès de chacune de ces catégories de citoyens. Le texte sur les groupes d'intérêt (Mathieu et Mercier) procède tout autrement en fournissant plutôt des catégories d'analyse d'actions par ailleurs fort diversifiées. Sa principale qualité est sans conteste d'être une réflexion stimulante, voire dérangeante, dont la lecture ouvre sur la possibilité d'une solution de rechange. Sans doute la position la plus réaliste dans la conjoncture actuelle.

Quant à la troisième partie traitant de l'organisation communautaire dans le tiers monde, si elle peut à première vue paraître comme un hors-d'œuvre, elle révèle à la lecture une perspective complémentaire sur l'organisation communautaire au Québec. D'abord parce qu'elle permet de situer une fraction non négligeable de pratiques d'organisation communautaire ayant cours dans les organisations non gouvernementales de coopération internationale : éducation et collecte de fonds ici; coopération dans les pays du Sud. Mais aussi, et c'est sans doute l'apport le plus stimulant, parce que les expériences réalisées dans les pays du tiers monde sont à bien des égards révélatrices pour celles d'ici.

Déjà trop longue, cette recension laisse dans l'ombre plusieurs dimensions : c'est sans doute inévitable quand on aborde un ouvrage collectif de plus de quatre cents pages. J'aimerais toutefois, avant de conclure, soulever deux questions permettant, me semble-t-il, d'ouvrir des pistes supplémentaires pour une théorie de l'organisation communautaire.

La première concerne la dimension historique. L'itinéraire présenté dans *Théorie et pratiques* est substantiel, mais il laisse dans l'ombre un pan important de notre héritage en survalorisant la rupture marquée par la Révolution tranquille. Il me semble qu'on gagnerait à établir une distinction entre les positions dominantes de la hiérarchie ecclésiastique et l'action à la base de femmes et d'hommes dont la recherche nous apprendra probablement à reconnaître l'autonomie créatrice. On y découvrira sans doute des précédents conduisant en droite ligne à l'action sociale novatrice des années 60. On sait déjà d'ailleurs qu'il en était ainsi dans le mouvement syndical où l'action était loin d'être une simple application de la doctrine sociale de l'Église. Plusieurs textes de *Théorie et pratiques* font état de l'influence et de l'action des chrétiens sans qu'on y souligne que les rapports de classe jouent aussi un rôle dans une institution comme l'Église. On peut sur ce plan souhaiter que des chercheurs intéressés à la pastorale sociale prennent le relais.

Dans une autre direction, Doucet et Favreau établissent clairement que l'organisation communautaire est « une intervention planifiée de changement social dans les communautés locales », orientée de façon « à s'attaquer à ces inégalités » qui caractérisent nos sociétés (p. 7). On peut déplorer cependant qu'ils n'aient pas considéré dans leur argumentation le paradigme présenté par Gérald Doré (1985) à partir de l'expérience d'enseignement de l'équipe mouvement populaire à l'Université Laval. Cette caractérisation de l'organisation communautaire par les visées pourrait permettre un enrichissement et un assouplissement des trois stratégies de Rothman.

Au bilan, il faut saluer la publication de *Théorie et pratiques en organisation communautaire* comme un événement heureux et une contribution significative aux débats en cours. On ne peut que souhaiter à cet ouvrage des suites en termes théoriques bien sûr, mais surtout en termes de jonction entre la recherche universitaire et les pratiques.

Bibliographie

Cox, Fred M. *et al.* (sous la direction de) (1987). *Strategies of Community Organization Macro Practice*, 4e édition, Itasca, F.E. Peacock Publishers Inc., 552 p.

Doré, Gérald (1985). « L'organisation communautaire : définition et paradigme » *Service social*, vol. 34, nos 2-3, 210-230.

ROTHMAN, Jack et John E. TROPMAN (1987). « Models of Community Organization and Macro Practice Perspectives : Their Mixing and Phasing », dans COX, Fred M. *et al.* (sous la direction de) (1987). *Strategies of Community Organization Macro Practice*, 4ᵉ édition, Itasca, F.E. Peacock Publishers Inc., 3-25.

TAYLOR, Samuel H. et Robert W. ROBERTS (sous la direction de) (1985). *Theory and Practice of Community Social Work*, New York, Columbia University Press, 1-214.

René LACHAPELLE
Organisateur communautaire
CLSC du Havre

L'aire du soupçon. Contributions à l'histoire de la psychiatrie au Québec

Michel CLÉMENT
Montréal, Triptyque
1990, 218 p.

L'ouvrage que nous propose Michel Clément est composé d'une série de quatre articles sur le développement de la psychiatrie au Québec depuis la fin de la première moitié du XIXᵉ siècle jusqu'au début du XXᵉ. L'intérêt pour la recherche actuelle de se pencher sur cette période de l'histoire de la psychiatrie au Québec est évident. Il s'agit, en effet, d'un moment de transition où la société québécoise rompt avec une pratique conviviale de prise en charge des aliénés et autres marginaux pour entrer dans l'ère de leur institutionnalisation. Au moment où la désinstitutionnalisation est mise à l'ordre du jour, il importe de comprendre de quelles logiques – clinique, politique et sociale –, relevait ce mouvement que nous souhaitons aujourd'hui inverser.

Le premier article présente, sous forme de revue de littérature, différentes perspectives, sociologique, historique, politique et anthropologique, à partir desquelles les chercheurs d'ici ont abordés cette problématique. On s'attardera particulièrement aux travaux de Françoise Boudreau (1984), Cellard et Nadon (1986), Henri Dorvil (1988), Peter Keating (1986), Paradis (1977) et Paradis et al. (1977). Le second article trace un parallèle entre le discours psychiatrique et le champ littéraire québécois de cette même époque. L'auteur s'intéresse ici particulièrement à une étude de l'œuvre de Guy de Maupassant publiée dans l'Union médicale du Canada en 1917 sous la plume du Dr Albert Le Sage qui allait, en 1938, devenir doyen de la Faculté de médecine de l'Université de Montréal. La troisième contribution passe en revue les écrits du Dr Georges Villeneuve (1862-1918) qui fut surintendant de St-Jean de Dieu de 1894 jusqu'à 1918, date de sa mort. C'est lui, incidemment, qui signa le rapport d'admission d'Émile Nelligan à Saint-Benoît en avril 1904. Il fut, de plus, expert en médecine légale et Clément rend compte de ses publications à ces deux titres. Enfin, l'auteur nous propose une « Étude comparative des éléments théoriques et cliniques en psychiatrie » dans les trois éditions du *Traité élémentaire de matière médicale et guide pratique des Sœurs de la Charité de l'asile de la Providence*. Comme son nom l'indique, ce traité rédigé par des sommités médicales d'alors (trois éditions publiées de 1869 à 1890) constituait un *compendium* à l'intention des Sœurs de la Providence qui avaient à charge de nombreux malades. L'auteur souligne qu'en 1943, lors de son centenaire, cette communauté possédait 169 maisons en Amérique du Nord, hôpitaux, hospices, écoles et instituts tous confondus.

Attardons-nous d'abord au premier article où l'auteur présente les principaux éléments de sa problématique de recherche, lesquels éclaireront notre lecture des articles subséquents. Le passage en revue des thèses parmi les mieux connues issues de l'histoire, de la sociologie, de la science politique et de l'anthropologie permettent à Michel Clément de faire ressortir le caractère encore mal dégrossi de l'historiographie et du discours universitaire sur les questions de la folie dans la deuxième moitié du XIXe siècle au Québec. Au niveau de la recherche historique l'auteur commente la thèse de Keating (1986) et un article de Cellard et Nadon (1986). L'objectif commun à ces auteurs est de cerner l'événement que constituent « [...] les multiples aspects de l'apparition de l'asile au Québec ». Ces auteurs s'opposent les uns à l'autre dans la mesure où Keating attribue une assez grande autonomie au développement technique de la psychiatrie par rapport au contexte politique et social où il se produit, tandis que Cellard et Nadon adoptent une perspective contraire. Dans un cas comme dans l'autre, Clément reproche aux auteurs une certaine unilatéralité dans l'exposé de leur thèse. Ainsi, lorsqu'on accepte d'adopter le point de vue selon lequel l'événement se fonderait sur l'approfondissement d'une technique de soin et de sa généralisation dans le corps professionnel, il faudrait encore rendre compte des tensions qui les habitent. Comment ont-elles pu coexister, nous demande l'auteur, deux doctrines dont les sources conceptuelles sont opposées ? Le « traitement moral », en effet, est en accord avec une vision métaphysique du monde, tandis que la théorie de la « dégénérescence » se rattache plus à un certain matérialisme. Dans la même optique, cette thèse n'arrive pas à élucider la part des aliénistes francophones dans l'évolution des théories et pratiques psychiatriques de l'époque en tenant pour acquis que celles-ci n'auraient pas, dans leur champ d'activité spécifique, reflété les luttes entre les factions libérales (ex. : l'Institut canadien) et conservatrices de leur classe d'appartenance ainsi que de ses rapports avec la bourgeoisie rivale canadienne-anglaise. Par contre, si on limite le sens de l'émergence de la période asilaire au Québec à une nouvelle forme de régulation rendue nécessaire par l'afflux de nouvelles populations indigentes issues de la migration des populations pauvres des îles britanniques vers le Canada, de la crise économique qui sévit à cette époque et des troubles de 1837-1838, on échappe aussi une partie de la réalité. La bourgeoisie anglophone ne disposait-elle pas déjà de moyens de régulation et de répression des populations avec les prisons, les mesures d'exil et la peine de mort ? L'apparition de l'asile ne peut donc s'expliquer à cette seule source. Elle devait offrir quand même quelque chose en plus pour obtenir un soutien de l'État.

Du côté de la sociologie, Clément s'attarde cette fois aux ouvrages de Boudreau, *De l'asile à la santé mentale* (1984) et de Dorvil, *Histoire de la folie dans la communauté, 1962-1987* (1988). Le premier ouvrage, considéré comme très important, trouverait sa limite dans une restriction de sa problématique aux seuls enjeux sociopolitiques d'une classe professionnelle déterminée, laissant en suspens l'analyse des processus d'institutionnalisation et de théorisation qui ont animé le champ de la santé mentale particulièrement pour les périodes qui précèdent les années 60. De la thèse de Dorvil, l'auteur retient deux considérations. La première est qu'une cohabitation de 25 années des habitants de l'Annonciation avec les personnes traitées en psychiatrie a modifié sensiblement leur représentation de la maladie mentale et cela dans le sens du développement d'une plus grande tolérance; deuxièmement, le groupe désinstitutionnalisé aurait adopté une mentalité d'autosurveillance pour se faire accepter dans la quotidienneté du village. L'auteur ajoute que cette harmonisation des rapports des uns avec les autres est en partie attribuable à l'apport économique qu'amenaient les mesures de désinstitutionnalisation pour le village en question. La critique adressée à ces approches sociologiques est qu'elles n'arrivent pas à cerner les aspects « refoulés » ou « inconscients » qui animent les interprétations et perceptions que l'on se fait du phénomène. Trop préoccupé par la cohérence de ses modèles, la sociologie et le discours universitaire en général, échapperaient à ce « questionnement fou » de la souffrance physique.

En ce qui concerne la critique politique, Clément résume les articles de Jean Lafrance et de Andrée-Bertrand Ferretti (dans Paradis, 1977). Ces deux articles tentent d'expliquer la propension à l'enfermement de deux communautés dominées par la bourgeoisie anglaise du Canada de l'époque de l'Union, les Irlandais et les Canadiens français. Il s'agirait du produit d'un effet de décalage entre le discours psychiatrique importé d'Europe et de la structure économique prévalante dans la colonie. L'éthique du travail propre à la Révolution industrielle exportée brutalement ici aurait contribué à un enfermement extensif des improductifs. Par ailleurs, la structure économique locale demeurant préindustrielle expliquerait le « retard » du développement asilaire, particulièrement du côté francophone, qui n'aura pas dans ce cadre à se modeler aux règles du rendement et de la technique avant l'apparition d'une véritable bourgeoisie nationale dont l'émergence sera sanctionnée par la Confédération. L'approche anthropologique, enfin, situe le développement asilaire dans une perspective générale de maîtrise du corps. Ici, il y aurait rencontre des deux éthiques rivales, celle du clergé francophone à dominante métaphysique et celle des médecins à dominante matérialiste. L'asile, en effet, peut être perçu à la fois comme lieu de dressage du corps, siège de l'animalité et de l'excitation, et comme espace d'observation systématique. Ce qui permet à l'auteur de poser la question d'une possible collaboration entre les deux groupes rivaux.

Les articles subséquents constituent des illustrations pertinentes pour étayer les questionnements posés par Clément au corpus historiographique québécois à propos de l'évolution du champ psychiatrique. L'article portant sur les rapports entre le discours scientifique et l'activité littéraire au Québec, de 1885 à 1918, illustre assez bien la collaboration ou, du moins, le compromis, entre les promoteurs de l'idéologie scientiste et la perspective morale des éléments conservateurs de la bourgeoisie francophone. Côté ultramontain, le développement d'une littérature nationale, dans un contexte de dilution de la culture paysanne provoquée par l'industrialisation, se pose comme facteur de cohésion nécessaire autour de son élite. Cependant, le passage d'une culture orale à une culture écrite n'en constituait pas moins une occasion d'autonomisation du champ littéraire. De plus, l'influence européenne d'alors encourage certains artistes d'ici à promouvoir la primauté de l'art sur l'utilitarisme socioculturel de leur activité. Le discours scientifico-psychiatrique quant à lui, s'autonomise aussi en acquérant ses organes de diffusion et d'enseignement propres. Bien que les uns et les autres partagent un fond culturel commun propre à l'élite sociale canadienne-française, on constatera que les médecins tendent à édulcorer leur discours de façon à ne pas se démarquer aussi nettement que les poètes et écrivains de celui de l'aile clérico-conservatrice de la bourgeoisie francophone. « Les aliénistes pouvaient se transformer paradoxalement, à la fois en Chevaliers de l'Ordre et en réformistes humanistes d'inspiration chrétienne », nous indique l'auteur et ce dans une perspective visant à ménager une position de classe chèrement gagnée.

Les deux derniers articles de l'ouvrage sont essentiellement descriptifs. Pour l'un, il s'agit d'une recension des écrits du Dr Villeneuve et, pour l'autre, de la description de différentes éditions d'un manuel de formation en matière médicale destinée aux Sœurs de la Providence. L'intérêt de ces recensions réside dans le fait que le premier témoigne d'une diffusion effective du discours scientifico-psychiatrique dans le cadre de la prise en charge de la folie au Québec dès la fin du XIXe siècle alors que l'autre atteste la compénétration de celui-ci et de la pratique asilaire sous l'égide du clergé.

Ce volume intéressera particulièrement l'étudiant ou le chercheur qui désire connaître l'évolution du champ de la santé mentale au Québec puisqu'il résume des documents d'archives difficilement accessibles en bibliothèque non spécialisée. De plus, il a l'avantage de nous introduire à un questionnement essentiel sur ce champ de recherche, c'est-à-dire son caractère inéluctablement subjectif : l'impalpable lieu de la folie.

Jean Gagné
Maison St-Jacques
Montréal

❖ L'abus sexuel et l'institutionnalisation de la protection de la jeunesse

Hélène MANSEAU
Sillery, Presses de l'Université du Québec
1990, 169 p.

« [...] et à tous les enfants qui, en plus de souffrir des graves égarements de leurs parents, peuvent en subir d'autres des personnes ou des organismes chargés de leur venir en aide. »

Cet ouvrage d'Hélène Manseau est le fruit d'un long et méthodique travail de recherche que nécessitent les études doctorales. Ce format plus réduit est destiné à une plus large population de lecteurs et lectrices et, plus spécifiquement, à tous ceux et celles qui ont à s'impliquer au niveau de la gestion et de l'intervention dans le domaine de la protection de la jeunesse. Dès les quelques lignes citées en dédicace, l'auteure donne le ton aux préoccupations qui l'animent dans l'examen minutieux qu'elle fait de la problématique de l'abus sexuel.

À une première lecture centrée sur l'objet de la recherche, des idées impressionnistes se dégagent rapidement. Le sujet est d' actualité et tombe à point : les abus sexuels, sujet de l'heure, problème évident dans notre société, problème vu à travers différentes lentilles, grossissantes, réduisantes selon que l'individu est de telle école de pensée, homme ou femme, gestionnaire ou intervenant, chercheur ou praticien...

Toutefois, réfléchir sur l'abus sexuel à partir du point de vue institutionnel, voilà qui est moins familier. Questionner les « lieux où se définit la notion même de l'abus, où se côtoient gestionnaires et intervenants, où les perspectives et les enjeux ont tendance à différer ». C'est dans les sentiers parfois contraignants des prises de conscience que nous amène l'auteure.

La présente recherche a été effectuée entre 1979 et 1984, donc dans la période des débuts de l'implantation de la *Loi sur la protection de la jeunesse*. Il s'agit d'une étude empirique qui se penche plus spécifiquement sur l'analyse du processus de définition de l'abus sexuel depuis la mise en application de cette loi. La réflexion porte à la fois sur des témoignages verbaux d'intervenants engagés dans le cadre de la nouvelle loi et sur l'analyse de discours provenant de la documentation produite en ce domaine (Manseau, 1990 : XVIII). Le matériel d'entrevues a surtout été fourni par des intervenants et des gestionnaires de la Direction de la protection de la jeunesse du Centre de services sociaux du Montréal métropolitain.

Cet ouvrage est dense et chaque chapitre peut constituer à lui seul un quasi-ouvrage. Il se partage en deux parties. La première se penche sur le contrôle social vu à travers différents courants de pensée et permet d'analyser sous cet angle le mouvement de la protection de la jeunesse au Québec et, plus spécifiquement, la question des abus sexuels. Se dégagent alors de façon plus marquée les enjeux institutionnels et professionnels de pratiques en protection de la jeunesse.

L'auteure démontre par la recension des écrits des années 1965 à 1975 que les objectifs de la réforme allaient dans le sens d'un anti-contrôle social à l'égard de la jeunesse. Les moyens alors préconisés sont de l'ordre du traitement psychosocial et des mesures dites volontaires. Au lieu d'être vus sous l'angle du contrôle social, ces moyens sont plutôt de l'ordre de la relation d'aide. Donc, un changement radical envisagé par la réforme du passage des méthodes dites dures aux méthodes douces. C'est pour ainsi dire envisager le beau risque du mariage harmonieux du thérapeutique et du judiciaire.

De l'intention à la réalité... C'est en examinant de plus près la réforme elle-même avec les divers changements qu'elle a suscités qu'il est possible de comprendre son impact en matière de contrôle social. L'auteure met en évidence que l'évolution du contrôle social ne semble pas être allée dans le sens souhaité dans l'énoncé des objectifs initiaux de la réforme.

Il en a été ainsi des lois visant à mieux protéger les droits des enfants et des femmes. Ces lois ont entraîné des effets pervers et engendré des formes de contrôle non souhaitées par les groupes de pression, notamment ceux des femmes, au cours de la dernière décennie.

Certains auteurs (Sarfatti-Larson, 1977; Godbout, 1987) en arrivent même à affirmer à partir de leurs travaux de recherche que les professionnels de tout acabit semblent avoir contribué à façonner les nouvelles formes de contrôle social contemporain (Manseau, 1990 : 7)

Les réformes sociales sont aussi porteuses d'enjeux la plupart du temps peu connues ou non explicites. L'auteure en relève trois principaux, reliés à la protection de la jeunesse : l'augmentation des clientèles, l'augmentation des budgets et des effectifs, la bureaucratisation des services ainsi que les intérêts professionnels.

La première partie conclut que « [...] les réformes semblent conduire à plus de répression et à l'étiquetage de plus en plus répandu de personnes considérées comme indésirables ou requérant de l'aide » (Manseau, 1990 : 21).

La deuxième partie sur l'abus sexuel cerne de plus près l'expérience québécoise de la protection de la jeunesse. En s'appuyant sur les données recueillies au moyen d'une recherche qualitative, l'auteure y examine en profondeur une réforme qui promettait, à l'origine, d'aider les enfants et familles en difficulté en leur offrant des interventions préventives et curatives.

Un premier chapitre donne une vue d'ensemble de l'évolution des interventions de l'État québécois dans le domaine de la jeunesse. On y constate une place grandissante de ce dernier soit en instituant des mécanismes de consultation, en créant des commissions parlementaires, ou en adoptant des lois. Les budgets ont aussi augmenté en conséquence, marquant par là le poids et les pouvoirs de l'intervention étatique.

Différents *modes d'intervention* ont aussi prévalu, porteurs des idéologies des intervenantes et intervenants. Il demeure que pour la décennie étudiée, c'est l'approche de type service social qui a prévalu. Cependant, compte tenu du contexte étatique de la loi pour définir les abus sexuels, il ressort que les instances officielles administratives détiennent un rôle privilégié dans la définition des abus sexuels au Québec. Par contre, les intervenants qui appliquent cette loi demeurent les agents réels du processus définitionnel de l'abus sexuel.

Le *contexte d'intervention bureaucratique* tel qu'abordé par la chercheure a-t-il de l'impact dans la perception ou la définition de l'abus sexuel ? La structure d'intervention est différente selon la position occupée dans l'organisme (gestionnaire ou intervenant) et selon la taille de l'entité administrative d'appartenance. Les personnes rencontrées occupant un poste administratif peuvent envisager l'amélioration de la structure ou la possibilité d'y travailler harmonieusement. Il en est ainsi des intervenantes et intervenants rattachés aux unités administratives plus restreintes. Les autres intervenants directs de la région de Montréal manifestent avec force leur impuissance d'agir pour contrer les lacunes structurelles.

Quant aux *représentations* de l'abus sexuels comme objet d'intervention, elles sont diverses et complexes. Les données recueillies révèlent que la conception traditionnelle de l'inceste en tant que pathologie intrafamiliale reliée à une confusion des rôles demeure la thèse sur laquelle repose la plupart des actions thérapeutiques. La majorité des thérapeutes visent des objectifs de traitement de tous les membres de la famille malade (Manseau, 1990 : 74).

Manseau tend aussi à élucider les rapports entre le sujet intervenant en situation d'intervention et la structure d'intervention. Elle analyse cette dernière en se référant au modèle proposé par Goffman relativement aux institutions et en retient deux caractéristiques : d'abord la référence constante à une idéologie consacrée au sein des intervenants en protection et la possibilité de développer des mécanismes d'adaptation secondaires les amenant à contourner les directives institutionnelles (Manseau, 1990 : 86).

À ce propos, les données révèlent que les intervenants jouissent d'une certaine marge de manœuvre dans la définition ou l'identification des situations d'abus sexuels, marge de manœuvre qui les amène à retenir ou ne pas retenir des situations d'abus sexuels. La clientèle la plus démunie serait celle où l'on retrouve le plus de cas d'abus sexuels, y rapporte-t-on. C'est ce qui amène la chercheure à affirmer que c'est dans les milieux défavorisés que le pouvoir décisionnel des intervenants est le plus fort.

En dernière analyse, Manseau se penche sur l'importance qu'a prise l'abus sexuel au cours de la dernière décennie, comment l'abus sexuel est un construit social et enfin l'impact de la situation définitionnelle étudiée.

L'abus sexuel et l'institutionnalisation de la protection de la jeunesse représente une œuvre dans laquelle l'abondance des thèmes abordés est équilibrée par la présentation des parties et chapitres. Les rubriques sont clairement énoncées et rapidement le fil conducteur mène à l'essentiel. Il faut louer le mérite d'Hélène Manseau d'avoir rendu accessibles aux intervenants et gestionnaires « au quotidien » les réflexions et les conclusions d'un travail scientifique de cette ampleur.

Certains pourront y voir quelques limites relativement à la prescription du temps de publication, car le matériel a été recueilli au début de la décennie, et pourraient conclure à du « dépassé ». Toutefois, il aurait été pertinent d'avoir élargi l'échantillon des intervenants pour les entrevues à d'autres régions que celle de Montréal. Des points de vue de personnes œuvrant ailleurs et dans des DPJ plus restreintes, à caractère urbain et rural, etc. auraient probablement apporté d'autres éclairages. De même, aurait-il été intéressant d'avoir exploré davantage l'ampleur et l'impact du discours parallèle sur l'intervention et la structure organisationnelle. Des entrevues recueillies dans d'autres régions auraient probablement fait état d'influences externes diverses sur la problématique de l'abus sexuel. Citons, par exemple, les actions et le leadership de certaines tables régionales de concertation sur la violence faite aux femmes et aux enfants instituées par des Conseils régionaux de santé et de services sociaux (CRSSS) immédiate-ment après les Colloques régionaux de 1979-1980, l'élaboration de proto-coles d'intervention qui ont amené une réflexion continue dans les milieux d'intervention.

Quant au discours utilisé pour définir l'abus sexuel par les interviewés et les différents paramètres d'intervention qui en découlent, il peut paraître limité, dans le contexte actuel, de situer l'inceste dans le créneau du problème familial. Les concepts de responsabilisation, de pouvoir et d'appropriation par l'abuseur de ses actes sont absents dans les témoignages dont il est fait mention. À ce chapitre, il est à souhaiter que les revendications de groupes de pressions comme les Centres d'aide et de lutte contre les agressions sexuelles aient amené des dimensions nouvelles au modèle d'intervention utilisé dans la première moitié des années 80.

À l'heure des bilans de la décennie, à l'heure où des comités sont mis sur pied pour apporter des correctifs à l'application de la *Loi sur la protection de la jeunesse*, notamment le tout dernier comité présidé par le juge Michel Jasmin, l'ouvrage d'Hélène Manseau, situé au cœur même de l'action, est un outil de réflexion indéniable qui est de nature à faire avancer la cause des enfants et des jeunes.

Léa DIOTTE, t.s.
Professeure en travail social
Département des sciences humaines
Université du Québec à Hull

❖ L'aide par les proches : mythes ou réalités

Louise GARANT

Mario BOLDUC
Gouvernement du Québec
Ministère de la Santé et des Services sociaux
Direction de la planification et de l'évaluation
Québec, juin 1990, 157 p.

La fin du XXe siècle laisse entrevoir des changements démographiques se caractérisant, entre autres, par un vieillissement de la population. Cet état de fait suscite déjà une réflexion de même qu'une remise en question des politiques et de l'intervention auprès des personnes âgées, notamment des personnes âgées en perte d'autonomie.

L'aide par les proches : mythes et réalités alimente cette réflexion en dressant un bilan fort intéressant de la recherche existante au niveau de la situation des personnes âgées en besoin d'aide, tant au Québec qu'au Canada, aux États-Unis et dans les pays européens. Les auteurs soulignent cependant certaines lacunes au plan de la recherche effectuée jusqu'à maintenant en ce domaine, en ce qui concerne entre autres la complexité des variables et la quasi-absence de recherches longitudinales.

Le document fait le lien entre d'une part, les connaissances acquises et, d'autre part, les orientations adoptées dans les politiques et programmes de soutien à domicile au Québec. Ces propos, bien appuyés par la recherche, apportent un éclairage parfois surprenant et viennent ébranler certaines croyances, jusque-là reconnues par les professionnels impliqués auprès des personnes âgées en perte d'autonomie.

Pour mieux situer le lecteur, il faut mentionner que le pourcentage de la population âgée en lourde perte d'autonomie, prise en charge par le milieu institutionnel, se situe autour de 7 %. Pour chacune de ces personnes âgées, il y en a au moins une autre, de niveau d'incapacité presque similaire, qui vit dans son milieu naturel. Le soutien des proches devient alors une dimension fondamentale de son maintien à domicile.

Dans un premier temps, le document tente de détruire le mythe, très tenace, du désengagement de plus en plus grand des proches dans l'aide apportée aux personnes âgées en perte d'autonomie. Le discours des administrateurs et des intervenants fait donc appel à une plus grande responsabilité des proches à l'égard de leurs aînés en besoin d'aide, et l'on cherche constamment des incitatifs efficaces pour y arriver.

Or, les recherches des deux dernières décennies démontrent que de 70 à 80 % des soins et services personnels des personnes âgées en perte d'autonomie sont assurés par les familles. Celles-ci, ou plus exactement les femmes dans les familles, constituent encore aujourd'hui, la plus importante source d'aide pour ces personnes âgées en besoin.

L'appel aux services formels, comme le maintien à domicile des CLSC par exemple, ou les demandes d'hébergement, surviennent souvent au moment de l'épuisement des familles. Il s'agit alors d'un dernier recours et non d'un signe de désengagement familial.

L'engagement envers un proche en perte d'autonomie semble motivé par un équilibre entre d'une part, une responsabilité et une obligation, en partie basée sur les normes sociales ou un sentiment de culpabilité. Il s'agit rarement d'un véritable choix, mais plutôt du résultat d'une succession d'événements, ce qui produit à long terme des impacts négatifs sur les aidants naturels.

Le texte souligne également que l'aidant principal se retrouve seul dans 40 % des cas et que le temps consacré aux activités d'assistance varie selon la nature du lien entre l'aidant naturel et la personne âgée en besoin d'aide, ainsi que le fait qu'il y ait ou non, cohabitation.

Les impacts sont d'autant plus grands qu'il y a proximité du lien entre l'aidant et l'aidé. Les services de soutien à domicile peuvent alors minimiser les impacts négatifs et augmenter la qualité de vie des proches. Le fait de prendre soin d'un conjoint ou d'un parent atteint de démence sénile de type Alzheimer constitue, selon plusieurs chercheurs, la situation la plus à risque pour le bien-être des aidants.

Quant aux abus des personnes âgées en perte d'autonomie, ils semblent reliés, d'après les recherches, à des situations d'interdépendance et à la présence de problèmes tels que la pauvreté, l'alcoolisme, les difficultés psychologiques et le manque de support social.

Le cœur du problème semble se situer davantage dans le partage des rôles entre les réseaux familiaux et publics en ce qui concerne la réponse aux besoins des personnes âgées en perte d'autonomie. À cet égard, un chercheur en est arrivé à déterminer les tâches qui correspondent à chacun des groupes de personnes qui entourent la personne âgée, comme le voisinage, la parenté, les amis et les couples. Les tâches assumées par chacun de ces groupes sont en fonction de la proximité de leurs liens avec la personne âgée en besoin d'aide, de leur engagement et de la différence dans leur style de vie. Ainsi, plusieurs recherches concluent que :

> [...] le seul réseau impliqué « naturellement » dans des activités soutenues est la *famille immédiate* ou plus exactement, les femmes dans la famille. La non-implication des autres groupes ne constitue en aucune façon un phénomène pathologique ou un « manque ». De par leur nature même, ces groupes reposent plutôt sur des relations d'*échanges réciproques* entre leurs membres et tenter de les transformer en réseaux d'assistance revient à les *dénaturer* (p. 85-86).

Par conséquent,

> [...] il est illusoire de penser que l'on puisse manipuler les relations des membres des groupes informels de façon à augmenter significativement leur implication dans la réponse aux besoins quotidiens d'assistance aux personnes âgées en perte d'autonomie (p. 88).

En outre, un chercheur a déterminé trois modèles possibles de relations entre le système de services formels et les aidants naturels, c'est-à-dire : les aidants naturels considérés comme ressources ou comme partenaires ou comme co-clients.

En percevant les aidants naturels comme ressources, par exemple, les organismes visent à maximiser et accroître l'implication des proches, se souciant marginalement de leur bien-être. La crainte qu'une participation plus grande des services formels entraîne une diminution des services informels est alors continuellement omniprésente.

Par contre, considérer les aidants naturels comme des partenaires permet de tisser des liens entre les deux systèmes, ce qui est plus valorisant pour les proches. Maintenir le bien-être des aidants devient alors un des objectifs importants.

Or, « il apparaît qu'au Québec comme dans la plupart des sociétés occidentales, le modèle dominant qui prévaut dans l'allocation des services est celui qui considère les aidants d'abord comme des ressources » (p. 92).

Toutefois, à une exception près, les recherches démontrent que l'implication des organismes formels dans les services à domicile n'a « aucunement pour conséquence de provoquer le retrait ou le désengagement des proches » (p. 93).

Bien au contraire, « le résultat concret est que l'on pénalise l'engagement des proches [...] ». Autrement dit, si les aidants paraissent bien s'en tirer, ils reçoivent des éloges, mais peu ou pas d'aide concrète. Par ailleurs, s'ils reconnaissent n'être plus en mesure de supporter le fardeau ou se retirent effectivement, ils peuvent dès lors bénéficier des services publics. En somme, de telles pratiques constituent « un réel désincitatif à l'engagement des proches » (p. 97).

Il y a là matière à réflexion pour les administrateurs et les intervenants dans les services de soutien à domicile.

Par ailleurs, les études précisent que les services à domicile peuvent favoriser de façon significative le maintien des personnes âgées en perte d'autonomie à domicile, à condition que les services soient suffisamment intensifs et variés pour bien s'adapter aux besoins de la clientèle, et qu'ils soient offerts avant l'épuisement des familles ou l'apparition d'une situation de crise.

Finalement, à la lumière des résultats d'un grand éventail de recherches, le document dégage des pistes d'action pour favoriser un maintien à domicile plus adéquat.

En conclusion, il faut reconnaître que le document apparaît bien fouillé, qu'il présente un intérêt certain pour les administrateurs et les intervenants de services de soutien à domicile, qu'il ébranle des croyances profondément implantées et qu'il suscite de nombreuses réflexions quant aux critères de « priorisation » pour la dispensation des services.

L'aidant par les proches : mythes ou réalités s'inscrit dans la foulée des orientations ministérielles favorisant le maintien à domicile. Reste à espérer que les budgets de développement permettront d'atteindre les besoins des clientèles appelées à s'accroître dans les prochaines décennies.

Jeannine Loiselle
Adjointe clinique
Maintien à domicile et troisième âge
CLSC de Hull

❖ *Entraide et associations*

Marie-Marthe T. Brault et de Lise St-Jean
(sous la direction de)
Institut de recherche sur la culture, Québec
1990, 282 p.

Entraide et Associations est un livre qui contribue à faire reconnaître ce qui se passe dans le domaine de l'entraide au Québec. Il m'apparaît être, jusqu'ici, le meilleur livre traitant des formes d'entraide au Québec au point où plusieurs des thèmes abordés pourraient constituer des sujets de volumes en eux-mêmes. Le caractère particulier de l'entraide au Québec ressort bien de cet ouvrage, et cela permettra peut-être de mieux faire connaître cette expérience ailleurs. Des bénévoles et militants actifs hors du Québec auraient avantage à prendre connaissance de cette expérience québécoise pour en intégrer certains éléments à leur propre expérience d'entraide. C'est pourquoi je souhaiterais fortement que ce livre soit traduit en anglais et dans d'autres langues afin de le rendre accessible sur le plan international.

L'impression laissée par ce livre est qu'il existe une richesse de groupes d'entraide au Québec et que la mission de bon nombre d'entre eux est l'action sociale dans une proportion beaucoup plus élevée que dans les pays anglo-saxons. Il se peut que le rétrécissement des services de l'État-providence ait été plus marqué au Québec qu'ailleurs en Amérique du Nord. C'est ce qui a peut-être animé le désir de conscientisation et l'esprit de revendication d'une portion de la population québécoise. Ce livre nous sensibilise à l'existence au Québec de groupes « politisés » et nous fait aussi remarquer l'incidence de groupes amalgamant avec succès des formes variées d'entraide tel le soutien moral et l'action sociale. Le volume traite de l'entraide au sens large du terme et ne semble pas s'être imposé de restriction en rapport avec l'une ou l'autre des formes d'entraide contrairement aux écrits qui, souvent, font des distinctions marquées entre l'entraide et les groupes d'action sociale.

Cet amalgame est à la fois force et faiblesse. Il laisse croire au lecteur non averti que l'expérience personnelle des membres est assez semblable d'un type d'entraide à l'autre. C'est là une faiblesse du volume qui, à mon avis, n'a pas suffisamment insisté sur ce que les anglophones nomment le *helper therapy principle* (je m'aide en t'aidant) qui fait la force des groupes d'entraide dont le but premier est le soutien mutuel. Ce principe renvoie à l'idée qu'un engagement altruiste est source de renforcement de certains comportements chez les entraidants et contribue à la croissance personnelle ou à la modification de la façon de vivre de plusieurs d'entre eux. Ceci est plus ou moins unique à l'expérience qui se vit à l'intérieur de ce qui est appelé « groupe de soutien moral ».

Le système de pairs (*buddy/buddy system*) qui est typique de ce genre de groupe permet un service jour et nuit, sept jours par semaine. Le membre néophyte y est en interaction avec un membre sénior. Cette interaction est à la fois source de motivation pour le nouveau membre et protection contre les tentations de désistement de l'engagement contracté, tentations fréquentes en périodes de crise. Ce genre de groupes d'entraide réunit des gens éprouvant une douleur, un deuil, une perte en raison d'un problème commun ou apparenté. L'entraide du type soutien mutuel crée habituellement des liens très forts entre les membres. Ceux-ci se joignent à un groupe d'abord pour en tirer profit puis, progressivement, en arrivent à une étape où le service à autrui devient un besoin pour l'individu à la suite du constat de son épanouissement personnel à travers cette expérience d'entraide et de soutien mutuel. L'entraide vécue à l'intérieur d'un « groupe de soutien moral » est en général très différente de l'entraide vécue dans le voisinage, là où le service n'est pas lié à la douleur éprouvée mutuellement par les membres. Elle se distingue aussi de l'entraide qui prend forme dans les groupes d'action sociale où l'engagement des membres n'est pas dirigé vers la personne en soi, mais vers la communauté locale ou la société dans un sens plus large.

Ce livre n'aborde pas non plus la question des groupes d'entraide se dotant de services propres aux groupes membres en établissant un centre entièrement consacré aux besoins des groupes. Il y en a une centaine aux États-Unis et en Allemagne, seulement onze au Canada et, à ma connaissance, deux au Québec. Ces centres offrent des services aux groupes d'entraide eux-mêmes et les lecteurs tireraient profit d'une description du fonctionnement de ces centres.

Dans le domaine des groupes orientés vers la mise sur pied de services pour des personnes souffrant d'un problème donné, le volume indique clairement que leur émergence a souvent pour origine l'absence de service dans le milieu ou l'accessibilité limitée aux services. La complémentarité des services d'entraide aux services publics est reconnue. Toutefois, il me semble que cette complémentarité va au-delà de ce que l'on qualifierait en langage populaire d'une fonction de « bouche-trou ». L'entraide a développé tout un secteur de services alternatifs qui ont leur valeur propre. Le domaine de la santé mentale est particulièrement bien garni en services d'entraide dont l'originalité et la valeur sont reconnues par les intervenants professionnels eux-mêmes. Ces groupes d'entraide ont été un adjuvant très efficace et, dans bien des cas, ont pallié la fragilité du support familial ou son absence. Des psychiatres américains ont même reconnu que certains services alternatifs constituaient la meilleure forme de thérapie pour les personnes affectées par certains problèmes de santé mentale et requérant un support social régulier de qualité.

Couvrir un sujet aussi vaste que celui de l'entraide est un réel défi qu'ont su relever avec succès les auteurs de *Entraide et associations*. Les critiques que je me suis permis de formuler renvoient moins au fait que des sujets auraient été omis dans l'ouvrage qu'au fait que leur traitement m'a laissé pour ainsi dire sur mon appétit. Je ne peux terminer sans souligner, qu'à mon avis, cet ouvrage collectif nous offre un produit qui apporte beaucoup à la littérature sur l'entraide.

Hector BALTHAZAR
Conseiller au programme Entraide
Conseil canadien de développement social

Guide pour la présentation des articles

Les personnes qui acheminent des textes à la revue sont invitées à respecter le protocole suivant :

- Inscrire sur la première page, en haut, à gauche et en lettres majuscules, le titre de l'article. Inscrire, deux interlignes plus bas, toujours à gauche, le nom de l'auteure ou de l'auteur en écrivant le nom de famille avec des lettres majuscules. Inscrire, un interligne plus bas, le nom de l'organisme auquel la personne qui signe l'article est associée.

- Présenter le manuscrit (en deux exemplaires) dactylographié à double interligne (26 lignes par page) avec marges d'un pouce. La longueur est de 12 à 15 pages maximum. (Dans certains cas particuliers, le comité de rédaction se réserve le droit de commander des articles plus importants.) Les tableaux et graphiques doivent être présentés sur des pages séparées avec indication du lieu d'insertion dans le corps du texte.

- Dactylographier les notes à double interligne et les numéroter consécutivement à la fin de l'article sur une page à part.

- Placer les références dans le texte en indiquant entre parenthèses le nom de famille de l'auteure ou des auteurs, suivi d'une virgule, suivie de l'année de publication et au besoin, ajouter deux points et indiquer les pages citées, comme dans l'exemple suivant : (Tremblay, 1986 : 7). Si l'on cite deux pages ou plus, on insère un tiret entre la première et la dernière page citée comme dans l'exemple suivant : (Tremblay, 1987 : 7-8). Si l'on cite deux ouvrages publiés par le même auteur la même année, on différencie les deux ouvrages en ajoutant une lettre à l'année comme dans l'exemple suivant : (Tremblay, 1987a, 1987b). Si l'on cite deux ouvrages distincts à l'intérieur de la même parenthèse, on place un point virgule entre les deux ouvrages cités comme dans l'exemple suivant : (Tremblay, 1987; Lévesque, 1982). Une référence suit immédiatement, après les guillemets et avant toute ponctuation, la citation ou le mot auquel elle se rapporte.

- Il n'y a pas de guillemets avant ou après une citation détachée du texte. Mettre entre crochets [...] les lettres et les mots ajoutés ou changés dans une citation, de même que les points de suspension indiquant la coupure d'un passage.

- Les textes présentés à la revue doivent être féminisés en suivant la politique du ministère de l'Enseignement supérieur et de la Science (Québec). On utilisera, dans la mesure du possible, les tournures neutres qui englobent les femmes autant que les hommes (par exemple, les ressources professorales au lieu de les professeur-eure-s) et, à l'occasion, on utilisera le féminin et le masculin pour bien montrer qu'on fait référence aux femmes autant qu'aux hommes et on accordera les adjectifs et les participes passés avec le masculin (par exemple : les intervenantes et intervenants consultés).

- La bibliographie apparaît à la fin de l'article et comprend la liste complète des références faites. Les textes retenus sont classés par ordre alphabétique des noms d'auteures et d'auteurs. Souligner le titre des livres, revues et journaux, mais mettre entre guillemets (sans les souligner) les titres d'articles et de chapitres de livres.

- L'article doit être accompagné d'un résumé en français de 100 mots maximum et lorsque c'est possible, de sa version anglaise.

- La version finale de l'article pourra être accompagnée de la disquette (MacIntosh de préférence).

❖ Les dossiers parus

Vol. 1, n° 1 (automne 1988)
Dossier : Les CLSC à la croisée des chemins
Responsables : Benoît Lévesque et Yves Vaillancourt

Vol. 2, n° 1 (printemps 1989)
Dossier : Quinze mois après le *Rapport Rochon*
Responsable : Yves Vaillancourt

Vol. 2, n° 2 (automne 1989)
Dossier : Chômage et travail
Responsable : Danielle Desmarais

Vol. 3, n° 1, (printemps 1990)
Dossier : Mouvements sociaux
Responsables : Paul-R. Bélanger et Jean-Pierre Deslauriers

Vol. 3, n° 2 (automne 1990)
Dossier : Pratiques féministes
Responsables : Christine Corbeil et Francine Descarries

Vol. 4, n° 1 (printemps 1991)
Dossier : Coopération internationale : nouveaux défis
Responsables : Yao Assogba, Louis Favreau et Guy Lafleur

Vol. 4, n° 2 (automne 1991)
Dossier : La réforme, vingt ans après
Responsables : Denis Bourque et Clément Mercier

❖ **Les dossiers à paraître**

Vol. 5, n° 1 (printemps 1992)
Dossier : Santé mentale
Responsables : Henri Dorvil et Jean Gagné

Vol. 5, n° 2 (automne 1992)
Dossier : Les groupes ethniques
Responsables : André G. Jacob et Micheline Labelle

Vol. 6, n° 1 (printemps 1993)
Dossier : Le champ de la surdité
Responsable : Micheline Vallières

Vol. 6, n° 2 (automne 1993)
Dossier : Les services sociaux aux jeunes
Responsables : Marc-André Deniger et Jacques Hébert

ABONNEMENT

Je m'abonne à la revue *Nouvelles pratiques sociales* à partir
du volume _____ numéro _____

	1 an (2 numéros)	2 ans (4 numéros)	3 ans (6 numéros)
Individu	19 $	33 $	43 $
Étudiant	13 $	22 $	30 $
Institution	27 $	46 $	64 $
Étranger	30 $	52 $	72 $

À l'unité : 14 $ *

* Attention :   Résidents du Canada, ajouter la TPS de 7 % (0,98 $)
                Résidents du Québec, ajouter la TPS et la TVQ de 15,56 % (2,18 $)

Nom _____

Adresse _____

Ville _____

Province ou pays _____ Code postal _____

Occupation _____

Institution _____

☐ Chèque ou mandat postal ci-joint

☐ Visa   ☐ Mastercard

N° de carte _____

Date d'expiration _____

Signature _____

Libellez votre chèque ou mandat postal en dollars canadiens à :

Nouvelles pratiques sociales
Presses de l'Université du Québec
C.P. 250, Sillery (Québec) G1T 2R1
Téléphone : (418) 657-3551, poste 2854
Télécopieur : (418) 657-2096

Achevé d'imprimer
en mai 1992 sur les presses
des Ateliers Graphiques Marc Veilleux Inc.
Cap-Saint-Ignace, Qué.